ちくま学芸文庫

明治商売往来

仲田定之助

筑摩書房

目次

明治商売往来

序

仲田さんの「明治商売往来」は、三年前から雑誌「新文明」に連載されていた。私はその頃からの一愛読者である。

「新文明」は、大人の同人雑誌といったおもむきがあり、毎号滋味に富んだ文章が多いが、その中でも「明治商売往来」は異色があった。

しかし、それが、こんな豊富な内容を持って一冊の本になるなどとは思いも及ばず、いずれ好事家の筆のすさびとして、書き捨てられるものと思っていた。

拙作「石版東京図絵」の中に、その一部を引用させていただいたのも、一つにはそれを惜しむ気持があったからのことである。

「明治商売往来」は、明治時代の東京風俗史であると同時に、東京郷土史でもある。東京が郷土としての血肉を失ってからすでに久しいが、仲田さんは感傷に溺れることなく、深い郷土愛を底に、克明に記憶をたどり文献をあさって、明治の東京、コンクリート禍におかされる前の、生きた東京を再現された。

「東京県人会　会員諸氏に告ぐ」

他県の出身者同様、もし仮りにわれわれがそういう集りを持っているとすれば、この本の上梓のことを、私はそのように声を大にして、会員諸氏に吹聴したに相違ない。

永井龍男

I

みせがまえ

勧工場

「勧工場《かんこうば》というのは入口から出口まで、通路の両側にいろいろな商品がならんでいて、入場者はいったん入ると必ず一巡しなければならぬ仕組になっていた。丁度いまの名店街のような変形デパートメント・ストアで、その頃は銀座一丁目に丸十。銀座二丁目に巾着のマークのついた南谷。新橋ぎわには博品館があった。そのほか神田小川町に東明館、南明館があり、九段下、上野山下にもあった。しかし一番規模が大きかったのは、この芝公園の勧工場で、下町からも山の手からも買物にでかけた。ここには呉服、洋品、化粧品、小間物、陶器、玩具、漆器、文房具、家具から銘木まで多種多様の商品をならべていた。そして構内の休憩所には珍らしい盆栽類が幾段にも棚の上に並んでいた。そこの赤い毛氈をしいた縁台に上がりこんで、わたしは買ってもらった玩具《おもちゃ》をそばに置いて、お汁粉を喰べた。」

わたしは以前、勧工場についてこんなことを書いている。いま思い出せば麹町五丁目あたりにも麹町勧工場というのがあった。まだほかにあったかも知れない。

わたしの一番よく行ったのは地理的関係から銀座の丸十と南谷だった。○に十の字のマークの小柳勧工場は京橋の西詰、読売新聞社の隣りに、巾着の南谷勧工場は銀座二丁目の

神田の東明館勧業場（山本松谷画、「新撰東京名所図会」明治 32 年 7 月）

東側、岸田精錡水本舗の隣りにあった。両者とも二階建で、通り抜けるには程あいの規模だった。

そして二階のバルコンで、客寄せのため楽隊がよく「美しき天然」や「雪の進軍氷を踏んで」など当時流行のメロディを非音楽的な騒音にして繰り返し繰り返し流していた。

勧工場は勧業博覧会の売店の転化したものと考えられるが、いまの百貨店の先駆だった。一ヵ所でいろいろな買物が出来る得点はあったが、出品店が烏合の衆だったし、店番がそれぞれに火鉢や炬燵《こたつ》をかこんだり、腰かけて無駄話をしながら客を待っていた情景は、まこと前時代的だった。

明治後期、三越、白木屋などの百貨店

前進で、手もなく勧工場が潰滅したのは無理もないことだった。

時計台のあった時計屋

文明開化を象徴する時計台が明治時代、都会の建物に簪のように飾られた。それは市街に美観を添えるばかりでなく、まだ懐中時計も、掛時計も一般に普及していなかった時だけに、市民に時刻を告げる重要な役割を果したので、宣伝媒体としても大きな効果をあげた。それに時計屋の屋根に据えられた時計台は時間毎に、あるいは半時毎に妙音を響かせるので著しく世人に親しまれていた。

わたしが少年時代、最も親しんだのは日本橋通二丁目の吉沼時計店のそれだった。その頃新築して、兜町から日本橋大通りに進出して来た吉沼又右衛門の店舗は、煉瓦積みに石を縞模様にしたルネッサンス風三階建の洋館だった。そして大屋根の四隅にはアーチをもつ装飾的小塔が立ち、中央には建築本体とは全くバランスのとれないような大時計台がのっていた。その鐘塔には尖針が高く天を指していた。吉沼は時計ばかりでなく、貴金属装身具を正札販売していた。まだ因習的な紺暖簾に畳式の店構えが殆んどだった当時の日本橋小売商としては進歩的な営業方法だった。しかしこの評判だった大時計・吉沼も五、六年後に他の事業に失敗して経済的蹉跌から閉店し、その看板の時計台が時針を取りはずされた文字板には、南無妙法蓮華経と髭題目が大書されたので、不思議な思いで仰ぎ見たところ、新しい家主が日宗生命保険株式会社だと分かって、納得したことがある。

わたしはまた日本橋通四丁目角の小林与七時計店の時計台にも親しんだ。いまの八重洲通り、津村順天堂の中将湯ビルあたりにその店舗はあった。わたしは毎日学校の往復にその前を通った。ここは二階建土蔵造りの屋根の上に櫓のように和風の時計台が立っていた。塔内のメカニズムは英国製ということで、時打装置によって美しい鐘の音があたりの空気をふるわせた。その音が四〇〇メートル位離れているわが家にも風にのって聴えてきた。

この小林時計店の本店が新橋に近い八官町にあった。いま日航ホテルとなっている場所の角店で、店主小林伝次郎の初代は天保年間、俗曲をかなでるオルゴール入り枕時計を創作したと伝えられる。わたし達が八官町の大時計と呼んで親しんだ時計台は店舗正面の右側、大型の二階建土蔵造りの屋根の上に櫓式和風の時計台が風見や、方角標の尖針をつけていた。これは明治九年竣工したものだそうで、日本に於ける民間最初の時計台である。この時報の鐘の音は初め低く、後は高く、美しい音を長閑《のどか》に響かせていた。

この小林時計店本店のファッサード平面図を見ると、屋根の鬼瓦の上に炎のようなカーブをもつ鋳鉄が植えてある。この髪の毛の逆立つような鬼瓦のある土蔵は他にもいくつかあり、つい何気なく見過して来たが、これは「烏」といい、烏除けの装置だったのだそうである。建設当時、東京の空にはそれほど烏や鳶が多く舞っていたという。

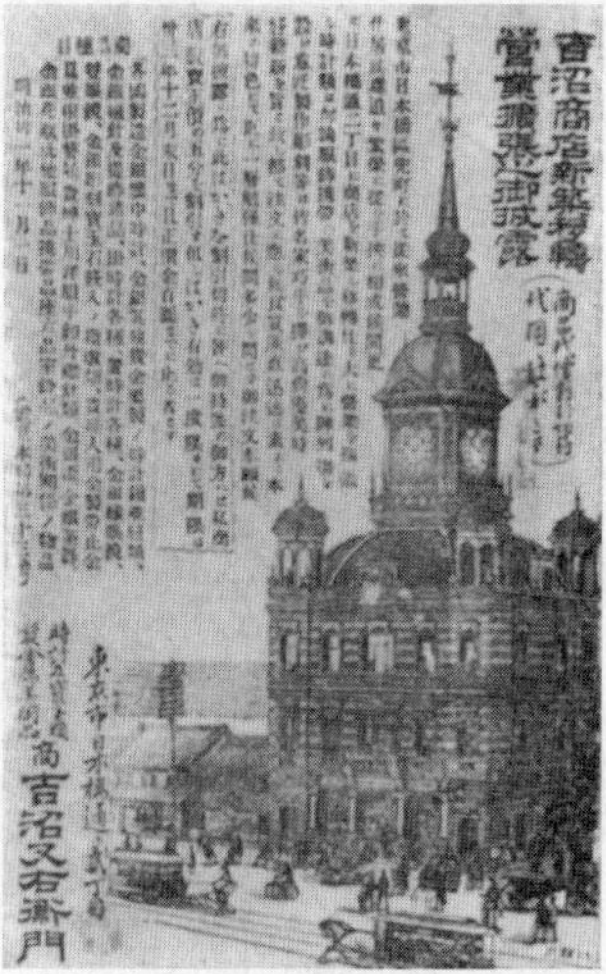

吉沼時計店時計塔
（平野光雄著『明治・東京時計塔記』所載）

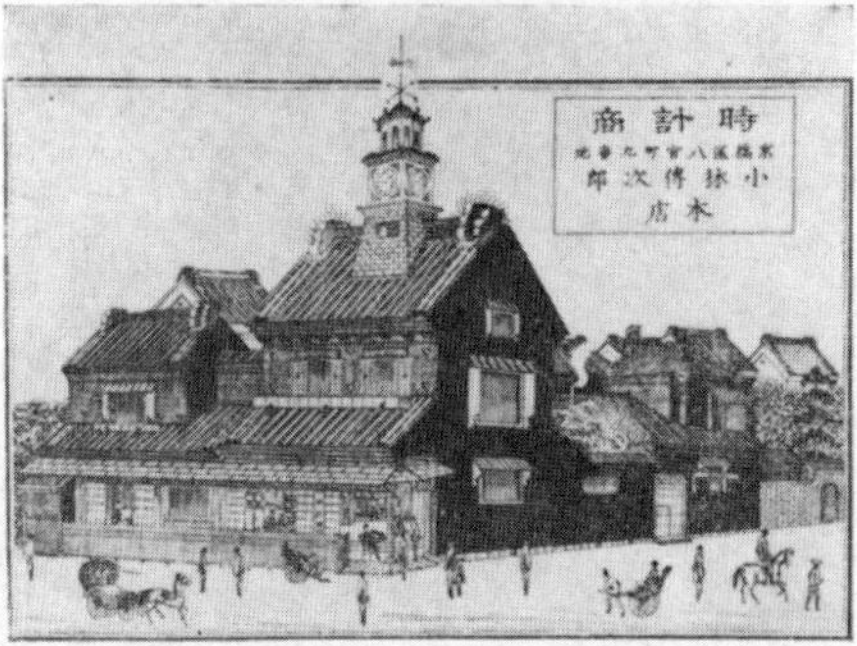

小林時計店の時計塔（『明治・東京時計塔記』所載）

小林時計店は京橋南伝馬町三丁目、いまの第一相互ビル京橋寄りの角にも京橋支店をもっていた。これは本店や、日本橋支店よりやや後れ明治十四年頃の竣工というが、ここは早く手離したらしく、わたしの少年時代の記憶に残っているこの時計台のある店舗は、小山連綿堂という大きな薬屋となっていて、店内には金箔漆塗の木彫看板がたくさん掛かっていた。文献によると「明治三十六年頃、通二丁目にあった吉沼時計店が譲りうけて、以後三、四年間、営業していた期間がある」という記述がある。小林・吉沼両時計店との間に小山連綿堂薬舗が挟まっていたのではないかと思うが、はっきりしない。

書き忘れたが、八官町の本店は戦争中廃業してしまった。

それから外神田の大時計と呼ばれて、東京名物の一つに数えられていたのは、当時神田旅籠町一丁目、いま三菱銀行秋葉原支店のあたりにあった京屋時計店だった。

その店舗は御成《おなり》街道の西南端に瀟洒な二階建土蔵造りで、煉瓦塀から庭木が覗いて風情を見せていた。屋上の置時計を大きくしたような時計台には、円錐型の屋根のある鐘塔がのっていた。当時鉄道馬車は眼鏡橋（万世橋）を渡って、京屋の前から左折し、御成街道を真っ直ぐ上野広小路に向うので、この大時計はいい目標だった。

この時計台はウエストミンスター・チャイムの時打をしたので、かなり遠くでもそのエキゾチックな音を聴くことができた。

京屋は銀座四丁目（いまの三和銀行銀座支店の敷地）にも銀座支店があって、その時計台も銀座煉瓦地に異彩を放っていたから、錦絵にも描かれたりした。その時計台は本店の角型なのに対し、丸味を帯び洋風を加味した様式だった。

本支店とも明治九年ころ初代水野伊和造によって建設されたが、その没後二代目太一が事業に失敗して、大正初期手放さねばならなくなり、長い年月市民に親しまれていた姿も音も永久に失われてしまった。

銀座といえば明治二十七年に竣工した服部時計店の大時計は、その後装いを新たにしても引きつづき尾張町の角に往来する無数の群衆を日夜見おろしていて、確かに銀座のシンボルとなっている。人々は時計台といえば先ず服部のそれを思い浮かべるであろうが、この店は明治、大正、昭和を通じ、ますます繁栄を極めているから、ここでは主題にならない。そんな意味で現在盛業中である鈴木時計店の上野広小路の大時計、神田小川町の吉川時計店の神田の大時計には、触れないことにする。

この項を書くについては平野光雄氏著『明治・東京時計塔記』を参照した。氏によると、明治時代、東京の時計商がその店舗を飾った時計塔は上記小林・京屋以下すべてで十三基の多きに達しているそうである。

蚊帳問屋

夏になると、溝《どぶ》や用水桶にわくぼうふらが蚊に変身して、吸血鬼となるから、夜になると蚊帳《かや》を釣らないでは眠れなかった。それでなくても暑苦しいのに、寝具の上へ低く垂れた萌黄色の蚊帳の中に入ることはうっとうしい限りだった。それでも明け方のそよ風がすがすがしく吹きこんで、青嵐のように揺れる蚊帳を眺めながら、目覚めたばかりのひとときをうつらうつらする気持は快いものだった。

あの頃の蚊帳は麻、綿麻混紡、木綿などの目の荒い網目の短尺幅のものをいくつも長方型に縫い合わせて、その上下に縁《ふち》の布地がついていた。その萌黄色の蚊帳地に、真紅のへりという原色の強い色彩配合がこちたかったが、のちには縫目なし蚊帳というのが出来たり、白地に藍色の暈《ぼか》し染めにして水色のへりがついて、見た眼にも涼しげになったのは大正期に入ってからかもしれない。

蚊帳の上の四隅に出ている青い丸紐の先には真鍮の丸環がついていて、部屋の隅にある折釘や、紐に釣ることになっていた。

近江、奈良が主要な麻蚊帳の産地だったらしい。日本橋の大通りには畳表や、麻布、あるいは布団を兼業とする蚊帳問屋が多かった。日本橋通一丁目の西川甚五郎商店、同じく

通町の近江屋西川商店（『中央区史』所載）

伴伝商店、通四丁目の近江屋西川商店など、いずれも老舗《しにせ》を誇る店頭はいつも賑わっていた。わたしは今でも近江屋の軒の上に「畳表、蚊帳、花莚、麻布」と大書した木の看板の出ていたのを憶えている。

わたしの住んでいた日本橋、京橋あたりの下町では、六、七月から九月の初めころまで蚊帳の厄介になっていたが、大川向うの深川、本所、特に向島あたりでは春から晩秋まで猛烈な蚊群に襲われるので、半年以上、蚊帳をはずせなかったという話である。

それが終戦後は下水工事が完備するいっぽう、農薬の影響もあってか、蚊の発生がめっきり少なくなったので、蚊とり線香か、除虫剤の撒布で防止できるから、都会では蚊帳が不用になってしまったようである。わが家でもそんな無用の蚊帳をもてあましている。とにかく蚊帳問屋は姿は消したし、小売をしていた布団屋の店頭にも蚊帳は見られなくなった。

団扇問屋

『今様職人尽』というのに、二本の細竹へ団扇《うちわ》をたくさん挿して、持ち歩いている団扇売りの絵があって、「さらさうちは、ならうちはめせ、わざをぎの似せ絵もさむらふぞ」と書いてある。更紗団扇というのは花鳥などの絵模様が摺りこんであるのを青紙でへりを取ったもので、奈良団扇というのは白紙のふち取りで、役者の似顔に、せりふが抜き書きしてある。これは江戸時代のことであるが、明治の後半、わたしが東京でよく見かけた団扇にはいろいろな種類のがあった。

割竹の武骨な半分を柄に、その先の一半を粗くさいて骨にしたのに、扇面を六角型にして反古《ほご》紙を貼り、これに柿渋を塗った渋団扇、これは貧乏団扇ともいって、惜し気もなく使えたので、台所でへっついの火起こしに用いた。

山王さん、明神さんなどの祭礼には、この渋団扇と同じような形の白い扇面に三つ巴の紋を描き、「祭礼」と刷りこんだのを、子供たちは手に手に持って騒ぐのだった。

竹の骨に貼った葛布《くずふ》や、紙に漆《うるし》を塗った岐阜団扇というのは扇面に光沢があり、防湿性もあるので、これに水をかけてあおぐと、おのずから涼風を生ずるという。

この岐阜団扇に似た感じの朝鮮団扇がわが家にあった。これは父の朝鮮土産だったが、岐阜団扇よりは大きく、面白い曲線をもつ方形で、木の柄も頑丈で、渋味のある漆の配色がとても美しかった。

それからビンロウの葉を歪んだ円型に折り曲げてふちをつけた檳榔団扇は清楚で、軽やかだった。これは沖縄あたりの製品ではないかと思う。針金の円い枠にぴんと張った絹団扇は支那からの輸入品を模造したらしい。

しかしこれらは変り種で、団扇屋が取扱っていた大部分は東《あずま》団扇だった。細い手ごろの小竹を柄にして、その一半を数多くの骨に仕立て、その表裏に版画を刷りこんだ和紙を貼ったもので、その人物、風景、花鳥の絵には是真《ぜしん》、月耕《げっこう》などの落款があった。

団扇や扇子の類はあの時分、中元用にばらまく宣伝媒体として値ごろの品だったので、中にはあくどい色彩や、俗悪な図柄も少なくはなかった。

団扇の問屋が集まっていたのは日本橋堀江町一、二丁目、里俗団扇河岸《うちわがし》であるが、馬喰町《ばくろちょう》附近にも何軒かあった。わたしの身近かに憶えているのは日本橋四日市にあった紀友商店その他の問屋である。団扇は季節ものだから堀江町の問屋は夏は団扇を、そしてシーズンオフには菓子、芋を商ったと文献にあるが、四日市の団扇問屋では冬になると蜜柑問屋に変貌していた。大正時代になってからは、春から夏にかけて団扇や扇子を取扱っている問屋が、秋から冬にかけてはカレンダーを商うように変っていた。団扇や、扇子の高級品を売っていた店は日本橋通一丁目の榛原《はいばら》紙店と、日本橋通四丁目の金花堂で、この二軒は当時高名な暁斎や是真が染筆した、豪華なものを扱っていた。日清戦争前後には堀江町の問屋筋から年間数百万本を出荷したということであるが、すでに電気扇風機が出現して久しく、いまや流行はルームクーラーに推移しているので、もう団扇問屋の存在を許さないようである。

空樽問屋

むかしは酒、醬油など、液体の容器にはほとんど木樽が使用されていた。しかしその中味がからになってしまうと、一般家庭では僅かに漬物樽に利用するくらいなもので、かさばるし場所ふさぎになるのに、もてあまし気味だった。「初雪やあれも人の子樽拾い」という古句がある。雪の日に捨ててある空樽を拾い集めて、そくばくの銭にかえる貧しい子供をうたったものだが、なにか同情をしている風には見えるにしても、客観的に見下ろしたような態度がわたしには気になる。

わたしの知っている限りでは、明治から大正にかけて、大黒屋星野友七という空樽専門の問屋が京橋に一軒あった。それは鍛冶橋ぎわの城辺河岸に大きな倉庫があって、そこには岩谷天狗煙草の誇大広告に学んだらしく、「樽問屋大王、勉強の親玉」と大書してあった。そして河岸通りの道路を隔てた南鍛冶町には立派な店舗兼住宅があって、その一部は煉瓦積みの塀にかこまれていた。

中味の空になった酒樽や、醬油樽を小売商から買い集めたり、それをまた漬物屋など得意先に納入するらしく、河岸には大伝馬船が出入りし、陸では荷馬車や、荷車で絶えず集配していた。そして大勢の店員たちが四斗樽や、一斗樽の鏡蓋を抜いたり、積みかさねたり、動かしたり、こまめに立ち働いていた。

この古樽専門の商売は当時でも珍らしい業種だと思っていたが、いつか廃業してしまった。これを書いていて念のため職業別電話名簿を繰って見たら、空樽は空俵、空箱、空壜とともに廃品回収業という名称のもとに一括集録されていて、その中に樽平、樽昌と樽を冠称する店が二軒ほど見つかった。

竹問屋

日本橋通りを京橋の手前にきて、いま京橋警察PRセンターのあるあたりから東へ、中の橋、白魚橋《しらおばし》辺まで、京橋川の北側を竹河岸といった。

ここは旧幕時代から竹問屋が集まっていて、この河岸一帯、無数の竹が競うように天を指して聳立していた。初代広重の『名所江戸百景』「京橋竹がし」にはその竹が林立する置場や、川に浮かんでいる竹の筏の真景が描かれている。

むかしから火事は江戸の花とうたわれて、八百八町はよく祝融氏に見舞われたが、その復旧のため年中各所で普請が行なわれたので、木場の材木屋は大いに栄えた。したがって竹材の用途も多かったから、ここ京橋の竹河岸には問屋が集まって繁昌をつづけた。ここで扱う竹材のほとんどは房州から舟積みされて海を渡り、上州方面からは筏に組んで川伝いに集荷されたという。

「新撰東京名所図会」明治 34 年 3 月）

江戸時代繁栄を極めたこの竹河岸も、明治に入って建築様式の変化につれて、竹の需要が急減したので、問屋の数も次第に減るばかりだったらしい。わたしの知っている明治中期にはそれでもまだ天を突きさすような竹の大集団が、ゴシック建築のドームを思わすかたちで、竹河岸独特の風景を形成

竹河岸（山本松谷画、

していた。『中央区史』によれば、そのころ和泉屋、宮田屋、稲屋、竹七、小川屋、駿河屋の六軒が残っていたそうである。

　問屋の印袢天《しるしばんてん》を着て、あたまには手拭のねじり鉢巻、足には脚袢に草鞋という身なりの若い衆たちが、長い竹を担って、だんだんに根元の方へ持ちかえ、置場に立てかけたり、大八車に積んだりしているのを見たのもその時分である。

　わたしの住居の近く、京橋北槙町、いまの東京駅八重洲口正面、ヤンマー・ディーゼルの隣りあたりに竹問屋があった。ただ竹屋、竹屋とのみ呼んでいたので、屋号は記憶にない。これも日露戦争後、廃業したようだが、竹河岸の問屋はその後次第に衰退するいっぽうで、『中央区史』によれば昭和三年三月、区画整理の際には和泉屋一軒が残るだけになったとある。

　現在、京橋川の上にはご多分に洩れず、高速道路が蔽いかぶさるように走っていて、その下のもと竹河岸には、もう立っている一本の竹も見当らないのである。

凧問屋

わたしの少年時代、新春の遊びは凧揚げが全盛だった。東京の都心でも正月の空には大小無数の凧が、高く低く揚がっていたし、凧のうなりが鳴り響いていた。そして屋根近くの電線には紐のきれた凧が幾つかひっかかって、時折りの風にくるくるともがいているのをよく見かけたものである。

凧には絵凧と、字凧、そして奴凧とがあった。絵凧は浮世絵の手法による武者絵で、この頃テレビで見る弘前の「ねぶた」に描いてあるそれによく似ている。字凧は竜、嵐、寿、魚などと画の多い文字を一つ、白抜きに書いて、地を藍色にしている。むろん武者絵の方が多彩で、手がこんでいるから値も高かった。この二つは長方形であるが、奴凧は小さく異型である。これと同種のに鳶凧、福助凧、扇凧、三番叟凧があった。これらは浮揚中の安定性が悪かった。

わたしは海運橋の近く、日本橋青物町に大きな凧問屋があったことを憶えている。屋号は凧善といったかと思う。店先に白い鉢巻をした真っ赤な章魚《たこ》が長い八本をぶら下げている看板が目じるしとして出ていた。いまにして思えば江戸っ子らしい駄洒落の、ユーモラスなものだった。

わたし達は近所の駄菓子屋で小さいのを買ったが、大きいのはその凧善へ買いに行った。その時の蟇口の都合と、好みによって欲しい凧をより出すと、その竹の骨を調べ、糸目を調整し、両横のそり具合を見たりして買ってくるのだが、その凧の大きさに応じて釣合いのとれた太さの麻紐を結んだ。そして両翼下端に細縄を長くつけた。これは浮揚中、風の逆流などによって転倒したり、傾斜するのを防止するためである。

それから凧の上部裏側に薄いゴム紐を弦《つる》とした弓型の「うなり」を取り付けた。これは浮揚中、凧紐の操作や、風の抵抗から微妙な快音を生ずるので、好んでこれを使った。凧の飛揚する始めには苦労するが、一度風にのって浮揚すると、するする紐の延びるにまかせて空高く舞い上がっていく。その紐を延ばしたり、手繰ったりして風の抵抗の感触を味わうのがとても楽しかったが、時には突風に逢ったり、他の凧に接触しそうになると、夢中になって紐をたぐり寄せたり、また難を免れると紐をいっぱいに延ばす。そして他の凧と高さを競って悦《えつ》に入ったりする。それが凧揚げの醍醐味なのである。

闘争心の強い少年達は凧のからめっこをした。揚がった凧と凧との紐をからめあわせて、対手の凧紐を切り、その凧を空遠く飛ばしてしまうのである。そのためには凧紐の中ほどに三方を木で囲んだ薄刃のついた、小さい雁木というのを取り付けておいて、他の凧にからめっこをいどみ、対手の凧紐を雁木にかけて、擦り切ってしまう、空のギャングなのである。

もういまは東京の少年達も単純な凧揚げ遊びをやめてしまって、プラモデルの飛行機で快速記録や、滞空記録を樹立することに熱をあげているらしく、凧問屋の姿はとうに消えてしまった。

和紙の店

明治の後半期はまだ和紙全盛の時代だった。和紙の問屋は主として日本橋辺に集中していたらしいが、大伝馬町、堀留、本石町あたり、日本橋以北に多かったので、地域の関係上、わたしは詳しいことを知らない。

わたしの一番印象に残っているのは日本橋通一丁目、西川蒲団店と貸席常磐木倶楽部との間に挟まって店を構えていた「寿」、榛原《はいばら》だった。どっしりとした二階建土蔵造りの榛原の軒先には「雁皮帋」と書いた白い暖簾がかかっていた。

団扇、扇子、色紙、短冊、襖紙、障子紙、画仙紙、奉書などの紙製品を取扱っていた江戸時代からの老舗で、いつも店頭市をなすように客が集まっていた。

わたしのうちでは祝儀不祝儀に使う紙類、障子紙、ときには半切《はんきれ》、状袋まで榛原のものを買っていた。――あの頃、書翰箋はすべて巻紙をもちいたが、これを「はんきれ」または半切紙と云い、封筒を状袋と呼び慣らしていた。

これは大正初期のことだが、九州に旅行して、別府の亀の井に泊まったら、暮れのことで宿では迎春の用意に大童《おおわらわ》だった。そのとき貼りかえている障子紙や、襖紙は東京の榛原からわざわざ取り寄せたときいて、そこの主人の凝り性にも驚いたが、それほど榛原の名は全国に鳴り響いていたのである。

和紙を扱う店がいまはもうほとんど影を消したのに、この榛原だけは日本橋通二丁目、白木屋の向い側、住友銀行日本橋支店の隣りに移って、三階建土蔵造りに旧態を守り、創業以来百八十余年、ながい風雪に堪えて盛業をつづけている。

同じ通四丁目、時計台をもつ小林与七時計店の隣りにあった金花堂は榛原と親戚ということで、高級な品種を商う老舗だった。数寄者《すきしゃ》に知られていたが、いまはすでにない。

あの頃の紙の小売店では半紙、奉書紙、罫紙、または和紙を折って横長に綴じ、厚紙の表に「大福帳」と書いてある帳面、半切、状袋、さては筆、墨、水引など文房具を売っていた。むろん店は畳敷で、低い格子をかこんだ帳場には番頭が坐り、小僧は罫紙の版木に白紙をおいては、竹の皮で包んだ馬連《ばれん》でこすっていた。

明治三十年前後、わたしは手習いをして墨黒々と塗りつぶしたような半紙を持っていって、新しいのに換えて貰った。これを子供達はお取替えと云った。半紙二〇枚一帖四銭くらいだったが、お取替えだとその半額だった。

（木村荘八編著『銀座界隈』所載）

紙屋には伊勢出身の人が多く、その関係で「伊勢」を屋号にしているのをよく見かけたが、京橋南伝馬町一丁目西南角には伊勢屋紙店。同じ四丁目のこれも西南角には大刀《たち》伊勢屋という、ともに土蔵造りのいかめしい店を構えた老舗があった。その後者の軒先には紺暖簾の真ん中に、大刀の絵柄が朱色で染め出されていた。

大正末期だったと思う。わたしはある会合で熱海に行った。夜の宴席に出た芸者のひとりが京橋生まれだという。きかされた身の上話によると、彼女の生家は京橋の大刀伊勢屋だった。真偽のほどは分からないが、あのしにせの没落をかいまみる感じがしたことであった。

生家といえば今の東京駅八重洲口近く、むかしの京橋南槙町一番地にわたしのうちがあった。その隣りは土佐屋という紙問屋であった。郷土名産の土佐紙ばかりを扱っていたらしく、番頭、若い

榛原紙店

衆、それにお国訛りの小僧二人くらいで、四角い紙の莚包みを蔵に出し入れして、手車に積んでは顧客《とくい》先に納品していた。裕福らしかったが、ひっそりとした店のたたずまいだった。

あの頃の和紙問屋は申し合わせで、洋紙を取扱わなかったとも耳にしたが、この保守的な姿勢が次第に凋落に追いこんでしまったのであろう。

唐物屋

わたしは少年時代、鉄道馬車通りの唐物屋《とうぶつや》の店先にたたずむのが大好きだった。そこにはわたしの周囲に見ることができなかった、不思議なかたちや、美しい色の、珍奇な用途の雑貨があって、わたしのまだ見ぬ西洋への憧れをいやしてくれたからだ。大きな板硝子の嵌まった飾り窓の中には、英吉利製の光沢のあるシルクハット、チェック模様のブランケット、暖かそうなラクダの下着類、紳士用の白手袋、エナメルの短靴。仏蘭西の面白い格好をした香水壜、しゃれたデザインの絹布、珍らしい葡萄酒や三鞭酒《シャンペン》の壜。伊太利製の白大理石の女神彫像、山高や中折のシャッポ、それに革のハンドバック。白耳《ベル》義《ギー》の手のこんだ枠に飾られた鏡に切子硝子の壷と鉢。亜米利加の大きなスーツケースや手提鞄、ワイシャツ、ネクタイ、靴下等。さては土耳古《トルコ》、埃及《エジプト》の葉巻などなど、装身具から洋酒、煙草の類まで、どれもこれも豪華な、いわゆる上等舶来品が雑然混然と陳《なら》べられていて、エキゾチックな香りをふんだんに撒きちらしているのが魅力だった。

わたしはここに産地名をわざとあの頃の漢字で書いたが、これは明治時代の感じが出ると思うからである。ついでにもうひと言——唐物というのは中国、その他からの舶来品という意味で、むかしは「からもの」、江戸時代には「とうもつ」と読んだという。どうも唐物屋では字づらから受ける感じが東洋的で、西欧の品物を取扱う商売にはふさわしくないように考えられるが、わたしには耳馴れていたせいか、「とうぶつや」というと欧米の雑貨を商う店を思いうかべることができる。

またそのころの別名「西洋小間物屋」は小間物というのが、これはまた日本的な感じで、しっくりしない。そんな点、あとで呼び馴らされた洋品店というのは、まず適切な名称のようである。

日本橋から銀座にかけて唐物屋の名店は多かったが、わたしの憶えている範囲では日本

明治30年頃の銀座尾張町新地美濃常（金沢復一氏蔵）

橋通三丁目、丸善の洋品部。京橋南伝馬町二丁目の大津屋。銀座一丁目の田屋。銀座三丁目のさえぐさ。銀座尾張町新地の美濃常。銀座尾張町一丁目の田屋など、それぞれに特色をもってハイカラな顧客を擁していた。

丸善の洋品部は南隣りの書店にくらべて間口も狭かったが、それでも書店のほうはまだ畳敷だったのに、こっちのほうは立売り式で、自由に出入りできた。余談ではあるが、明治三十年ころ白木屋呉服店でも、番頭とお客とは畳の上に坐って取引をしていたが、同じ店内の洋服部では椅子にかけて、大きなテーブルを前に商談していた。

大津屋は洋風なファッサードで、ショーウインドウが高かったからわたしは爪立ちして覗いた。この店と田屋、それからさえぐさとは優良な高級品のみを扱っているので知られていた。

むろんこんな有名店の商品は高価で、とうていわたしたちの手が届くわけもなかったから、店内にもほとんど入ったことがない。明治末期わたしがよく買物したのは、店舗を赤ペンキで塗りたてた銀座出雲町の信盛堂という洋品店で、輸入品とともに国産品を扱っていた。値段も比較的格安だったので非常に繁昌していた。

帽子屋

戦後この国では帽子をかぶる習慣がすっかりすたれて、街を歩いている人はほとんど帽子をあたまにのせていない。たまに帽子をかぶっているのを見ると、それは初老を過ぎた人だけのようである。そのくせふだん帽子に縁のない人でも、ゴルフや野球などスポーツを楽しむ時は、それぞれに帽子をかぶっている。全然廃止されたわけではないが、以前のように必ずかぶるという程ではないようである。

わたしは小学校に通うようになって初めて買ってもらった海軍帽と通称のある学帽をかぶってから、鳥打帽、ソフト帽、山高帽、シルクハット、軍帽、ヘルメット、作業帽、ベレー帽、登山帽、戦闘帽、ゴルフ帽、麦藁帽、経木帽、タスカン帽、パナマ帽など、あらゆる種類の帽子をあたまにのせたが、特に印象深かったのは日清戦争のころ、父が舶来のタスカンパナマのしなやかな子供用夏帽子を買ってきてくれたことだ。ほかの服装とは釣合いのとれぬほど、わたしには分に過ぎた贅沢品だったが、これは白木屋の洋服部が輸入したものの見切り品だったらしいのである。

それからも一つ、わたしが十三歳の秋、亡母の葬式に男の兄弟揃ってボルサリノの山高帽をあてがわれ、五つ紋の黒羽二重の着物に、仙台平の袴をはき、くだんの山高をかぶって参列したのである。それ以来わたしは事あるごとに、大真面目でその山高帽を使用したものである。後年わたしはベルリンで道路工事をしている労働者が葉巻をくわえながら、山高帽をかぶっているのを見て、そぞろに自分の少年時代の山高姿を想起した。

こんな経験をもつわたしも、この頃では流行に迎合するわけではないが、いつか無帽主義者に転向している。

そんなわけで明治時代は帽子専業の店があって相当繁昌していた。わたしの知っている狭い範囲でも日本橋通三丁目丸善の真向かいにあった吉野屋とか、京橋南伝馬町三丁目のたむら帽子店とか、新橋竹川町の大徳などではいろんな種類の帽子の新型をショーウインドーに陳列していた。そのほかにも丸善とか、銀座の田屋のような唐物屋では、クリスティとか、ボルサリノとか、名の通った高級舶来品を扱っていた。

それでも明治時代にはまだ帽子専業店の存在が許されていたが、大正以降デパートの急激な発展によって、いつか専業店はしだいに影を消していった。いまは新橋の大徳だけが孤塁を守って、専業店の誇りをとどめているに過ぎない。

書き忘れたが、あの頃は帽子のことをシャッポと云い慣らして、「シャッポをかぶる」「シャッポが曲がっている」、「シャッポを忘れた」などといった。むろんその語源はフランス語のシャポー Chapeau である。

靴屋

この商売はいま、ますます繁昌していて、マスプロの製靴工場をもつ大手がたくさんあるらしいが、これは六十年もむかしの話なのである。

あの頃の日本橋、京橋あたりの街頭写真を見ても、和服が多く、洋服姿は数えるほどだった。それだけに履物も下駄や、草履が大部分で、靴は少なかった。もっとも羽織袴のいでたちで、頭には中折帽をかぶり、足には編上げ靴をはく、和魂洋才的折衷様式のいわゆる紳士をおおぜい見かけたし、またこれとは反対に、あたまに饅頭笠をかぶり、からだには小倉の洋服らしいものを着、足には脚袢わらじをはく郵便配達夫が丸の内のオフィス・ビルディング街を歩いてもいた。

制服のきまっている中学や、高等学校の生徒たちも学生服の下に、朴歯《ほうば》の下駄を素足にはいて通学するものが多かった。もっとも規律のきびしい官公立中学などは、そんなちぐはぐな服装を許さなかったが。

そんなわけで下駄屋は到る処にあっても、靴屋は大通りにあるくらいで少なかった。しかし、軍隊や警察だけでも莫大な需要はあったから、いわゆる兵隊靴をほとんど一手に製造納入している桜組製靴会社があった。桜組は明治三年頃から設立され、工場は向島にあった。創立者西村勝三は靴のほか洋服、メリヤス、耐火煉瓦、硝子瓶など海外からの技術を導入して、新事業の生産をつぎつぎに手がけた企業家だった。大正の初めころ、わたしは丸の内の明治生命近くにあった桜組のオフィスに知人を訪れたことがあるが、当時は製靴工場を千住に移し、社運隆々たるものがあった。しかしその後のことは知らないが、もうこの会社はなくなっている。

このほか大手には大倉組とか、大塚靴店などがあったが、詳しいことは知らない。銀座竹川町の電車通りにあった伊東靴店のショウウィンドウには、細身のエナメル靴が二、三足飾られていて、いかにも高級品を扱っているような店だった。そこには宮内省御用達の看板が出ていた。

靴の需要が増大するにつれて、手縫いでつくっている靴屋はしだいに多くなったようだが、舶来品もそうとう輸入されていたようだ。

それから思い出すのは京橋南伝馬町一丁目西側、いま埼玉銀行東京支店のあたりに、鞆《とも》絵《え》屋という靴屋があり、広い間口の店構えで、その商品陳列窓には舶来のしゃれた紳士靴や、自店製の靴がたくさん並んでいた。そこでマッキンレー靴というのが大々的に売出されたことがある。当時のアメリカ大統領の名を冠した、これも舶来品だろうくらいに思って、その靴のさきがブルドックのように角張った格好をもの珍らしく眺めたが、これは最初の国産機械製紳士靴だったのだ。しかしそれから間もなく、鞆絵屋靴店は倒産して店を閉じてしまった。最近はからずも眼にふれた石井研堂編『明治事物起原』の中の記述に、「……靴店鞆絵屋が一万四、五千円の資を投じて米国機械会社よりマッケー式と称する製靴法の必要機械を輸入し、米人技師長（年俸千五百弗）を雇入れたるは明治三十八年の暮なりし。翌三十九年一月下旬より新来の工手に其作業を授け、三月一日始めて最新の機械製靴なるもの発売せられたり。唯同店は種々の原因により間もなく破産したり。」とあった。

道明古代裂店

日本橋川瀬石町（現在の江戸橋二丁目）、東仲通の東南角にあった古代裂の道明・岩本商店のことを書き忘れてはならない。

ここは錦襴緞子《きんらんどんす》に刺繡のあるような、豪奢華麗を極めた古代裂《ぎれ》や、古代更紗《さらさ》などを専門に商っていた老舗で、間口は十二メートルもあったろうか。頑丈な二階建の土蔵造りで、軒には高い屋根のある瓦斯燈が出ており、軒廻りの紺暖簾に Domei Iwamoto と英字が染

道明古代裂屋店前（明治 30 年頃）

めぬかれていた。そして店先には諸大名や、侍たちの裃《かみしも》、奥方侍女たちの十二単《ひとえ》衣《え》、打掛、僧正たちの法衣、能役者の用いた能衣裳など、もろもろの絢爛豪華な、工芸的時代衣裳がつり下げられたり、拡げられたりして飾られていた。

東仲通りには古着商の店が幾軒も集まっていたが、こうした稀少価値のある古代裂や、古代更紗を取扱っている店はほかに見当たらなかった。維新後の経済的変動によって窮迫した当時の斜陽階級である一部の旧諸大名の華族たちを初め、僧侶、能役者などが手放した家蔵の古代衣裳を、新らしく権力の座についた富豪の好事《こうず》家《か》たちが道明にやってきて買い漁った。またここに来て舞台衣裳を掘り出して行くものもあって、五代目菊五郎が歌舞伎座での出し物「土蛛《つちぐも》」の衣裳は道明から納めたという話もきいた。

しかしこの店の最大の顧客は、むしろ外国人であった。

内地雑居以前のころは横浜に外国船が入港すると、碧い眼の好事家たちは新橋まで汽車、それから人力車を道明・岩本商店に乗りつけてやってくる。店の畳に坐ってこれを迎える番頭、小僧たちは彼等を奥へ案内する。お客は靴もぬがず赤絨氈をふんで土蔵に入り、言葉もろくに通じない番頭、小僧を相手に、手真似口真似で、手あたり次第に言い値で売り買いするという豪勢な取引をした。それだけに商品の仕入れにも骨を折ったという。そんな昔話を、いまは隠居して悠々自適しているむかしの道明主人岩本さんから聞いたことがある。何かの本に喜多流や、金剛流宗家などが、その伝来の貴重な能衣裳を手放して換金したとあったのも、この道明が扱ったらしい。

今にして思えば、日本固有の文化を表象する絶品の多くを具眼の外人たちが蒐集するに任せてしまったのは惜しい限りである。せんだってもNHKのテレビにボストン博物館所蔵の日本古代裂がたくさん映っていたが、恐らくこれも道明の手を経たものに相違ない。

炭屋

明治時代、家庭の燃料としては薪炭にだけたよっていて、石炭、コークスでさえほとんど使用されなかった。台所の煮炊きには薪《まき》を燃やす土竈《どべっつい》、炭火をおこす七厘《しちりん》を使い、座敷では長火鉢に火を絶やさぬようにし、冬ともなれば手あぶりに客用は桜、ふだんは楢《なら》や、欅《けやき》などの炭、炬燵《こたつ》には炭団《たどん》を入れて暖をとるという簡易さで、ごく一部のところが効率の悪い達磨ストーブに石炭を用いるくらいのものであった。むろん瓦斯も、電気も、軽油も、重油も、燃料としては登場していなかったので、燃料商としてはいわゆる炭屋があるだけだった。

わたしの祖母は明治二十年代に日本橋平松町、いまの通一丁目、東急デパートの一部となっているあたりで、炭屋を営んでいた。小さな店だったが、店じゅう一ぱいに積み上げた炭俵と、薪束《まきたば》の山のあいだの細い谷間を通って住居の座敷に上がるので、黒くよごれそうなのが気になった。戸外ではよく小僧さんが俵から桜炭を出しては金鋸《かねのこ》で挽いていた。

明治三十年代にはわたしの小学校の同級生で、ごく近所に住居のあった及川鉄五郎のうちが、鎌田屋という薪炭問屋だったので、そこへよく遊びに行った。筋向かいの城辺河岸にある倉庫には外濠《そとぼり》を伝馬船《てんません》で運ばれてくる薪や、炭が整頓よく山と積まれていた。真っ黒になって働いている大勢の若い衆は薪を割ったり、炭を切ったり、屑炭を集めては足踏みの杵で石臼に搗いて粉末にしたり、それに麩糊《ふのり》や、灰を加えて型取りしては、手でこねて炭団《たどん》を作ったりしていた。わたしもいたずら半分にその炭団づくりを手伝って、手や顔を真っ黒にしたこともある。

倉庫の前には何台も荷車が置いてあった。若い衆たちは註文の品を荷車にのせては得意先に配達していた。

夜などもよく鎌田屋に行っては、家族の人たちと蠟管のレコードで朝顔型の拡声器のついた蓄音器をきいたが、若い衆たちは店の方で、てんでに浪花節をうなっていた。

新宿の通りに紀伊国屋という薪炭商があった。これがいまの田辺茂一の経営する紀伊國屋書店の前身だった。

薪炭商はいまも絶滅してはいない。しかし現在は燃料商に拡大して、軽油、重油、石炭、コークス、煉炭に重点がおかれ、薪炭や炭団は店の片隅に追いやられてしまっている。

銭湯

せんだって車を拾おうとしたら、親切な青年が「何をお探しですか」ときくので、「円タクです」と返事すると、青年はキョトンとした顔をした。直ぐ気がついて「タクシーです」と言い直したら、分かって、呼んで来てくれた。つい円タクと云ったが、それではもう若い人には通じないのである。

ところで明治時代のお湯屋を銭湯《せんとう》と書いたが、明治三十年代の入浴料は二銭五厘くらいだったが、現在は二十八円となっている。果たして銭湯で通じるだろうか。

水道が東京市内に敷かれるようになったのは明治三十三年ころのことで、それまでは水の使用も思うに任せなかったから、下町では富裕なうちでも自家で風呂を焚くことは稀れだった。仮りにあってもそれは主人たち家族専用で、奉公人は銭湯に行かせるという風習がおおく続いた。それだけに銭湯は一町内に一軒くらいの割合で、どこも繁昌していた。そして業者は一般に越後出身者が多かったようである。表面は番頭さん、陰では三助と呼ばれる銭湯の室内労務者も殆んど越後生まれだった。

銭湯の建物は大体どこも同じような構造で、男湯、女湯がシンメトリーに配置されていた。正面中央一メートルくらいの間隔で入口が二つ並んでいた。中に入ると男湯と女湯との中間、戸外に背をむけて高い番台が扇の要《かなめ》のように立っていた。そこに主人か、家族のものが坐り、内部を見張りつつ、客から湯銭を受取ったり、石鹸や売薬などを売っていた。もし客がながしの料金を払うと、番台から拍子木を打って奥に合図する。すると三助は留《とめ》湯《ゆ》といって、大小の桶になみなみと湯を汲み、客のため適当な洗い場を用意する。そして客がひと風呂あびると、三助は客から石鹸、手拭や、垢すりを借りて、背中や両腕をこすって垢を洗い落すのだった。

この流しは男湯ばかりでなく、女湯でも褌一つの三助が全裸の女体を洗う奇習を誰も不審には思わなかった。

明治時代の銭湯は早暁から夜半遅くまで、二十時間近く営業をつづけていた。

朝は起き抜けにやってくる朝風呂好きの定連も多く、濛々と湯気の立ちこめる湯ぶねの中にジッとつかり、折り畳んだ手拭を禿げ上がった頭にのせ、義太夫や、都々逸をうなって声がよく透るのに自己陶酔している倶利迦羅紋々《くりからもんもん》の老人もいる。朝の客はみんな熱湯に長くつかるから、茹蛸《ゆでだこ》のように赤くなるのを誇りにしているようだった。

昼間はすいているが、夕刻ころから混雑してきて、夜は遅くまで賑わった。垢や汗の臭《にお》いの入りまじって、よごれたしまい湯を使って、三助が風呂場の掃除をするささらの音の聞えてくるのは、十二時を過ぎていた。

客は履物を脱いで下駄箱に入れるか、下足番がいれば木の下足札を貰う。そして広い板の間で、籐《とう》の籠の中に脱衣するか、壁面に四五センチ角くらいに仕切った木のロッカーが四列ほど並んでいる。その一つに入れて扉をしめると、自然に桟が下りる。湯から上がって着衣するときは、番台から古風な大型の手鍵を借りてあけるのである。

素裸になって浴室の硝子戸をあけると、洗い場の奥に高さ六〇センチ、間口三メートル、幅一・五メートルくらいの湯ぶねがあって、夜の混んでいる時などは立ちこめる湯気に、入っている人の顔も見分けられず、石油らんぷの灯光が黄色くかすんでいた。

女湯との境の間仕切りの下には男女共通の上がり湯と、冷水の貯槽があって、洗い場で身体の垢を落した客たちは、ここの湯や水をくみ出して洗い流すのである。

銭湯は五月五日端午の節句には菖蒲湯《しょうぶゆ》を、また師走の冬至には柚湯《ゆずゆ》をする行事がある。

このように銭湯経営者はその客に対していろいろ奉仕をしたが、客もまた松の内、節分、節句、冬至等にはお捻《ひね》りといって若干の祝儀を贈ったし、また別に年末、中元には留桶新調のため心付けを醵出するような習慣もあったが、のちに朝湯が廃止されるようになり、客もまた規定の湯銭以外に心付けを出す者もなくなった。

あの頃の入浴用具は手拭、シャボン（石鹸というより、フランス語をつかった）、それから女のひとは糠袋、アルパカのような布地「ゴロ」の垢すり、糸瓜、そして足の裏をこするための軽石などで、七つ道具を小桶に入れて持って行った。湯上がりタオルは既に用いていたが、わが家ではこれをタープと呼んでいた。タオルをどうしてタープと云ったのか、辞書字典の類を調べても分からない。恐らくわが家独自の誤った用語だろうと思っていたが、石井研堂編『明治事物起原』の「慶応三年版『西洋衣食住』に「手拭（タウル）丈《たけ》二尺五寸幅二尺」と記し、『年表』近頃世に行はるる物の中にタアフを挙ぐるも同じ事ならむ」とあるのを見ると、タアフは明治初期に使用された言葉なのかも知れない。

それはさておき、現在、銭湯は絶滅したわけではないが、都心ではその数が激減しているらしい。そして新らしい形式の現代的浴場が生まれつつあるようだ。わたしは久しく行ったことがないから分からないが、カラン一つひねれば、熱湯も冷水も思うように出るし、木の留桶の代りに軽いプラスティック製小桶が使用されるし、シャワーもあるし、そして郊外の浴場では自動車でやってくる人たちのために駐車場を設けるのが条件だともきいた。

もう銭湯とは云えない。

桂庵

いま桂庵と云っても、おそらく若いひと達には何のことか通じないかも知れない。口入れ屋とか、周旋業といえばよくわかるだろう。現代語でいえば、営利を目的とする私的な職業紹介所である。

徳川幕府の初期、江戸京橋に住んでいた大和慶庵という医者がよく縁談仲介の労をとったところから、縁談、奉公などの周旋をするものを慶庵と呼ぶようになったということである。わたしの子供の頃こうした職業紹介を業とするものを一般に桂庵と云っていた。女中、小僧などの斡旋から売貸家の世話までして、その双方から手数料を取り立てていた。

日本橋葭町《よしちょう》には軒並み桂庵が並んでいたが、中でも大阪屋というのが有名だった。それから屋号は忘れたが、御成街道の鉄道馬車通りの突きあたり、上野松坂屋近くに桂庵があり、その屋根の上に御口入屋と書いた大看板をあげていた。求人求職を半紙に書いたのを店頭の硝子戸一ぱいに貼り出していたのは、いまの売貸家、貸間を斡旋する口入屋と同じ手法である。

わたしの両親も桂庵に頼んで、女中雇入れを幾度かしたが、いつも田舎から出てきたばかりの、頬の赤い、手の荒れた女の子が、付添人の海千山千らしいお婆さんに連れられて、お目見得奉公にやって来た。そして二、三日して異存がなければ雇用契約が成立して、そのまま居付くわけだが、うちではどうもいい人に当たらなかった。話を纏めるために双方に取り繕ろう口をきくのを、桂庵口と云われるほどで、無責任な紹介が多かったようである。

合羽屋

梅雨《つゆ》にはいって降る日がつづくと、鉄道馬車の通っている大通りも道がぬかるので、ひとびとは蛇の目や、番傘をさし、つま掛けのついた足駄《あしだ》をはいて歩いていたが、馬車や、荷車をひくひと達の菅笠や、蓑《みの》を着ている姿も見られた。あのころはレーンコートどころか、布にゴム引の雨合羽《あまがっぱ》すらなく、即乾性の植物油をひいた厚手の防水紙でつくった簡単な合羽しかなかった。わたしたち小学生も遠足で雨に降られる時の要心に四角い油紙を携えて、そんな時は頭からかぶって、僅かに上体のぬれるのを防いだ。

その桐油をひいた合羽や、油紙を売っているのは荒物屋か、合羽屋だったが、そんな軒先には細長い看板が下がっていた。それは上部の方がくくれ、下部は末ひろがりになった長方形の板で、その大部分は黄色く塗ってあり、「万御桐油所《よろづおんとうゆじょ》」とか、「万桐油《よろづとうゆ》」とか書いてあった。

この合羽の語源だが、わたしは水に濡れても平気で歩けるのだから、河童の転化したものとばかりひとり合点していたところ、ポルトガル語のCapaから来ていると知ったのは余程のちのことだった。

刀剣商

鉄道馬車がのちに電車にかわって、朝から晩までベルを賑やかにならして通っていた日本橋通四丁目の東側、吉田堺緞通商店と、国末金庫店とに挟まれて、土蔵造り二階建、磨きこんだこまかい格子戸のはまった仕舞家《しもたや》のような店があった。

土一升金一升とうたわれた東京日本橋の目抜き通りで、どこも店頭に商品を飾っているのに、ここだけは暖簾《のれん》もかけず、いつも格子戸を閉ざしたまま、ひっそり閑としていた。格子戸越しに透き見しても、店の中には人影もなく、商品らしいものも見あたらない。陰気な感じだった。それは島屋といったかと思う、宮沢刀剣店だった。

明治後半には日清戦争があり、義和団事件があり、また日露戦争もあって、出征する将校はもちろん、軍属も日本刀を携えて出かけたのだから、刀剣店は繁昌した時期にあったはずだと思うのだが、この宮沢刀剣店は見たところ門前雀羅《じゃくら》を張る感があった。しかしおそらくは古美術品として銘刀を愛好する蒐集家が少なくはなかったであろうから、お屋敷へ持ち込んでの取引が主だったのであろう。とにかく、大通りに格子戸をしめきった商家はほかに一軒もなかったし、また刀剣専門店というのもほかにはあまり見かけなかったように思う。

その宮沢刀剣店のひとり息子清三郎はわたしの兄の同級生で、わたしの先輩でもあった。一中、一高、帝大出の秀才で、若冠二十幾歳で理学博士となり、のちに高等師範の教授となった。店のあととり息子が学者になったためか、さき細りの商売に見切りをつけたためか、宮沢刀剣店は大正の初め頃、店をしめてしまった。

敗戦後、刀剣の所蔵が厳しく取締られたこともあったというのに、ついせんだって芝西久保あたりに、堂々と"JAPAN SWORD"と看板を出して、古美術品としての日本刀剣を外人相手に商売している店があるのを見て、ふとわたしは明治時代の仕舞家のような刀剣商を思い出した。

絵はがき屋

絵はがきが流行りだしたのは明治三十五、六年ころだったように思う。私製絵葉書の発行がはじめて許可になった日を調べて見ると、明治三十三年十月一日付になっている。それまでは官製葉書のみで、私製葉書を使用することができなかった。

それにつづいて三十五年六月に、逓信省は万国郵便総合加盟二十五年祝典の際、記念絵はがきが発売され、それに記念スタンプを押すことが始まったので、絵はがき熱は急に盛り上がりを見せた。

三宅克己、大下藤次郎ら水彩画家達をはじめ、素人の好事家が競って肉筆絵はがきを描いたり、また色刷りの絵はがきが出版されて、絵はがき趣味は一般大衆に滲透するようになった。

そして明治三十七年には絵はがきの交換を目的とする日本葉書会が創立され、「はがき文学」などという月刊雑誌まで発刊されるにいたり、短文、新体詩、和歌、俳句のほか、絵はがき図案の懸賞募集があり、これにはのち画壇に頭角をあらわした竹久夢二、渡辺與平、太田三郎なども、その投書家仲間で、入選した作品が誌面を賑わせていた。

日露戦争の出征将士への慰問に絵はがきが使われたので、さらに絵葉書熱はたかまりを見せ、政府も戦捷記念絵はがきを発売したので、これを入手するため郵便局に殺到して負傷者がたくさん出たという不祥事まで起り、その記念絵はがきが何十倍かのプレミアムがつくようになった。

それがため、その頃には到るところに絵はがき屋という新商売が出現するようになった。

そして物珍らしさも手伝って、軍人、俳優、芸者、名所旧跡、風俗の写真版や、スケッチ絵などが飛ぶように売れた。

そのうちでもわたしの記憶に残っているのは、銀座尾張町新地にあった上方屋《かみがたや》であった。カッフェ・ライオンの東隣りにあったこの絵はがき屋の店内四壁には、木枠に絵はがきが目白押しにならんでいて、それを物色する客足が絶えず、いつも非常な繁栄ぶりを示していた。

いまはもう絵はがきもすっかり普遍化されたから、専門店の存在理由もなくなったよう

日本で最初に発行された絵葉書
(『東洋インキ六十年史』所載)

である。

軍用雑貨屋

日清戦争、義和団事件、日露戦争と煙硝くさい空気がただよって、軍国調華やかな時代が続いた。東京では赤坂、麻布、麹町、中野、世田ケ谷など兵隊屋敷のある周辺は、朝に晩にりゅうりょうと喇叭《らっぱ》の音が鳴り響いていた。

その兵営近くには、どこにも軍用品の雑貨屋が店を張っていた。ふだんは軍隊に出入りしてその用達をしていたが、店ではあらゆる軍用雑貨を取扱っていた。襯衣《しゃつ》、袴下《こした》、靴下、手袋、肩章、腕章、衿章、釦《ぼたん》、軍靴などの被服から、『野外要務令』、『軍隊内務令』を初めとする陸軍の教科書類、陸地測量部の地図、それに図嚢、刀帯、刀緒、その他の皮革製品類等々、そのほか隊で支給されるような日常必需の雑貨が何でも取り揃えてあった。

軍隊というところはよく物の紛失するところである。見あたらないままに員数《いんずう》を揃えておかないと、土曜日毎の検査に見つけられて、きびしくつるし上げられる。だから兵隊たちにとって、その紛失物を補給するのにこの雑貨屋がどんなに重宝な存在であったことか。

毎年十月ころから十一月にかけて、この雑貨屋の店先には、いつもは見かけぬ商品がならべられ、日曜には大勢の満期兵が押しかけた。それは喰べるメンコの数を楽しみに数えて、帰る日を待ちわびている兵隊達が、風呂敷や、手拭や、酒盃を除隊土産に買うためだった。「満期除隊記念」とか、「近衛歩兵第一聯隊」とか書いた文字に、桜の花や、星のマークをあしらった、野暮くさい図案を染め出したり、焼き付けたりしてあった。

この雑貨屋で思い出すのは日清戦争後、軍で過剰になった軍服、靴、革製品などの払下げ品が放出されて、どこの馬具屋、雑貨屋の店さきにも山積みされたことがあった。そして格安の払下げ品を手に入れた人達が大勢、それを着用しているのが目立つ時期があった。別項「パノラマ」にも、制作に従事した小山正太郎門下の画家たちがこれを仕事着にした事が書いてある。わたしも革製の銃弾入れを小銭入れに欲しく、わざわざ半蔵門近くにある仁木という店まで、日本橋から歩いて買いに行ったことがある。この仁木というのは陸軍御用の大きな馬具屋で、この払下げで産をなしたという噂さだった。

荒物屋

「ざるやーァ、みそォこし」と呼んでくる移動荒物屋があった。屋根のついた手車に吊るしたり、積み重ねてあるのは米揚げ笊《ざる》、目笊、糠《ぬか》味噌笊や、味噌漉《こ》しばかりでなく、俎板《まないた》、庖丁、擂粉木《すりこぎ》、擂鉢《すりばち》、杓子《しゃもじ》、釜敷、菜箸《さいばし》、火箸、糸瓜《へちま》のたわし、ささら、草箒《くさぼうき》、荒神《こうじん》箒、細引、麻紐、桐油《とうゆ》紙、燐寸《マッチ》など、雑多な台所用品で、ゆっくり引張っているのだが、車が動くたびにざわざわ、がたがたと触れあう濁音を立てて、なにか不安定な感じだった。これは荒物屋のあるじが店売りは家内にまかせて、行商に出ていたものらしい。

町のところどころにそんな荒物屋の店があった。わたしの脳裡に強く印象づけているのは、そのころ八重洲橋から中橋広小路へでる北槙町にあった小さな店だった。ふだんは人影も見えない閑散とした店先に、曲物《まげもの》の蓋を利用したのであろう、敷居から吊り下げられた白い円板があるかない風に揺れ動いている。その両面には円周一ぱいに「の」と大きく、そして中に「りあり」と小さく書いてある。これは生麩糊《しょうふのり》の看板なのである。

店の一隅には竹箒や、草箒が何本も立てかけてあり、そのそばには黄色い棒状の洗濯石鹼が石油箱の上へ井桁に積み重なっていた。そして紅い斑点のある黄褐色の海蘿《ふのり》が巻いておいてある。これはあのころ衣料の洗い張りによく用いられていた。

そして天井からは藁や、竹の皮で編んだ冷めし草履がたくさん吊りさがり、その隣りにはこれも多数の草鞋《わらじ》が結びしろを章魚《たこ》の足のように下げていた。あのころはまだ重宝な地下足袋も出ていなかったので、街灯の点灯夫も、号外売りも、車夫も、人夫も、すべて脚力にたよらなければならない仕事の人たちは、鉄道馬車の走っている大通りでも草鞋をはいていた。冷めし草履も、草鞋もともに庶民のはきものだった。

わたしも学校の遠足がある前日にはきっとこの荒物屋に行って、足にあう草鞋を買うのだった。富士登山したときは草鞋ばかりではなく、糸立《いとだて》と、雨天にそなえて桐油紙もここでととのえた。あのころ小包などの包装には桐油紙とか、渋紙とかを使用していたので、荒物屋ではそんな商品も揃えていた。

隅の棚には今戸焼らしい黒い火消壺とならんで、鈍い鉛色の「宝珠《ほうし》の玉」がいくつかおいてあった。これは子供の貯金入れだったのである。

いまは地下街まである二重構造の東京駅八重洲口通り、東京の中心地にも、明治三十年代には〝江戸〟がいくらでも残っていた。

下駄屋

下駄屋の店には天井から色とりどりの鼻緒や、爪革《つまかわ》、麻裏草履などが、それぞれ束《たば》になって吊りさがり、それに並んで蛇の目傘や、番傘が隊列をつくって空間を占めていたから、天井が低い感じだった。そして店内には薩摩下駄、駒下駄、吾妻下駄、日光下駄、ポックリと幾組も高い塔が組上げられ、戸棚には柾《まさ》の通った上もの、雪駄《せった》などが飾られていた。

店先の畳のはじか、丸椅子に腰をおろした客は先ず下駄の台を選ぶのだが、粋を誇る江戸っ子の後裔の中には、柾の通った南部桐の下駄の表面に木目《もくめ》の縞模様が緻密なのを好んで、金のかかるのを惜しまぬ風習があった。

さて台についで、それに似合う鼻緒を品定めしてきめると、下駄屋の主人か手代は、堅木の台の上でその下駄に鼻緒をすげる作業をする。その間十五分か二十分。混んで忙しければさらに順番を待たなければならない。むろん安物はレディメードもあったが、好みの台や緒《お》を選んで誂えれば、下駄一足、雪駄一つ買うにもほんとうに悠長なことだった。

　これを書いていて気づいたのだが、すげるという言葉は、下駄の台に鼻緒を取り付ける場合とか、煙管《きせる》に羅宇《らお》をつける時以外ほとんど使わないようである。『広辞苑』を見ると「すげる」は「すぐ」の口語で、差し通す、嵌め込むことを言うのだそうであるが、上述の二つの例から考えても、この「すげる」はやがて忘れ去られる廃語になるのではないだろうか。

　それはさておき、下駄屋の商品のうちにはまだサンダルが出現していなかったが、雪駄の代用品のような板裏草履という、当時の新製品が売られていた。

　雨天用の高下駄にはあずま掛けという防水布製のカバーを必ず付けていた。そして蝙蝠傘は流行し始めてはいたが、数においては蛇の目や、番傘にとうてい及ばなかった。

　まだ洋服が普遍化せず、和服を着用するひとが多かったから、履物といえば下駄であり、雪駄であり、草履だった。だから当時は一般に下駄屋といった。

　しかし、爾来半世紀、この国の服装は和洋その位置を転換し、下駄は靴に、蛇の目傘は洋傘に、草履、雪駄はスリッパ、サンダルにすっかり駆逐されてしまい、下駄屋もいつか履物屋と名義変更をした。

足袋屋

あの頃、足袋屋は到るところにあったが、わたしの脳裡に焼きついているのは銀座尾張町新地西側にあった佐野屋、京橋南伝馬町三丁目の北角にあった中川屋、日本橋通二丁目、平松町の横丁にあった茗荷屋と、この三軒のお誂足袋屋のことである。

どこの店にも抽象的な奇妙な雲型の形態が、それを見ると一と目で足袋屋とわかる白看板に誂御足袋茗荷屋などと書いて、軒の屋根の上にあげていた。この不可思議な格好は足袋をつくる型布の一部を形どったものらしいが、正確なことは知らない。

足袋屋の店先には奉公人（あの頃は店員をこう呼んでいた）が大勢いて、工場のように生地を型によって裁断するもの、底生地を縫いつけるもの、真鍮の小鉤《こはぜ》を取り付けたり、小鉤掛けの糸をかがるもの、縫製された足袋の縫い目を台の上に木槌で叩いて、なじますもの、木製の足型を差し込んで出来具合を調べるもの、出来上がりを調べては一対《つい》ずつ折り合わせて紙紐でいわくものなど、手代も小僧もそれぞれに部分作業をして働いていた。

店の壁面にはたくさん抽斗《ひきだし》のある戸棚があって、八文、九文、十文とか足袋特有の寸法別に、そして普通には白と紺との二種を、さらに白絹、木綿、きゃらこ、雲斎底などの生地別にし、また二つ小鉤、三つ小鉤というように分類整理していた。

男子は一般に紺足袋を履いたが、礼装の場合には白を用いた。婦人向きとしては普通白足袋を用いたが、下町では紺を用いるものもあった。これはよごれが目立たないので、牛屋の女中などの流行が感染したのであろう。また子供には飛白《かすり》の生地を用いたのもあった。そしてむかしからの紐付きはすでに小鉤に押されて、特別の場合でなければ用いなかった。足袋はすべて手縫いで、店により足の甲の高さ、足幅などに型取りの特色をだしていたから、客はそれぞれ好みによって買い付けの店にでかけた。中には店先で、半紙の上に足を乗せ、鉛筆で輪郭をとらせて、特別誂えをする数寄者もあった。

それをだんだん埼玉県の行田《ぎょうだ》あたりでつくるマスプロ足袋が百貨店で売られるのに押しまくられ、さらに靴下に完全に追い打ちされてしまったから、もう手縫いの足袋屋の所在は許されなくなった。

足にぴったりと吸いつくような手工芸的な足袋は、もう新橋の茗荷屋のように花柳界近くにある特殊な店で特別誂えをしない限り得られないであろう。

十軒店の人形屋

せんだって日本橋の十軒店と書いたら、若い人が「にっぽんばし」の「じゅっけんてん」と読むのでがっかりした。これではまるで感じが出ない。やはりこれは「にほんばし」の「じゅっけんだな」と読んで貰わなければいけない。日本橋が「にっぽんばし」なのは大阪で、東京のは「にほんばし」である。そのじゅっけんだなというのは、むかしの本町二丁目から本石町、いまの室町三丁目、電車通りの一区画の通称なのである。

この十軒店には江戸時代から人形問屋が集まっていた。十軒店といえばすぐ雛人形を連想するくらい知られていた。ここには二月になると桃の節句に飾る内裏《だいり》さま、右大臣、左大臣、官女、五人囃しなど雛壇を飾る人形や、精巧な御道具類を売る雛市が開かれ、四月になるとまた端午の節句のための武者人形、鎧兜、鯉幟や吹流しの売出しをし、そして年末には人気役者の似顔の押絵のついた羽子板や、破魔弓《はまゆみ》などを商う市《いち》が立って賑わった。

その市が立つときは光月、久月、光玉、玉貞など〝居附《いつき》〟の人形師の店のほか、ふだんはほかの商売をしている店舗を臨時に借りうけて、商品を並べる〝出張《でばり》〟の人形屋が、いずれも紅白だんだらの横幕を張って景気をつけ、お客を呼ぶのに大童《おおわらわ》だった。

市に集まってくるお客は軒毎に廻って、適当な値ごろの人形を探すのであるが、どこの店でも途方もない掛値を吹っかけるから、お客の方も言い値で買うものは一人もない。値引きの交渉に長い時間をかけ、話がきまると売買成立を確認する意味と、多分に景気のいいところを他に誇示するため、手打ちをする風習があった。

わたしの家には女の子がいなかったから、雛人形は飾らなかったが、端午の節句になると、わたし達兄弟のためにささやかながら五月人形を床の間に飾った。その中には桃の中から飛びだした裸の可愛い桃太郎、片手に小鬼の腕をねじり上げ、片手に剣を鷲掴みにし、空の一角をにらめている凄い形相の鍾馗、熊と相撲をとっている真っ赤な金太郎、それからおもちゃの鎧櫃の上の緋《ひ》縅《おど》しの鎧に、金色燦然たる兜、かたばみの家紋を染め出した縮緬の姓旗や、長鎗、毛鎗、三叉《みつまた》鎗の模型もあったが、それはみんな両親や、祖母や、叔父母がわたし達兄弟の初節句のつど、お祝いに十軒店へ行って買ってくれたものだった。

しかし明治末期ころから百貨店の進出がめざましく、この十軒店の雛人形市の盛況も次第に客足をとられて衰靡し、いつか十軒店の名も消えて、現在では玉貞人形店がわずかにむかしの名残りをとどめているに過ぎない。

貸本屋

子供のころ本を読む愉しみを覚えて、わかってもわからなくっても、手あたり次第耽読する癖がついたが、雑誌類は買えても、単行本にまでは財布が許さなかった。そこで貸本屋に行っては読みたい本をあさるような一時期があった。そのころ日本橋では丸善の裏の横町にあった貸本屋に行き、中学に通うようになってからは神田小川町の南明館勧工場近くにあった店をよく利用した。

店内の書棚にぎっしりと本がつまっている様子は、古本屋とあまり変らなかった。ただ本の装幀の上に厚い表紙がかかり、二ヵ所ばかり木綿糸で綴じてあって、著者名と書名が無雑作に筆で大きく書いてあったから、色彩の変化がなかった。

読みたい本があると、住所氏名を貸本屋の帳簿に書きこんで、若干《じゃっかん》の保証金を預けて借り出すのである。そして読み終って返本すると、貸本屋は賃借料を保証金の中から差引いて返してくれた。

私はそんな貸本屋で、尾崎紅葉の『金色夜叉』とか、徳冨蘆花の『不如帰』とか、徳田秋聲の『雲の行衛』とか、それから木下尚江の『良人の告白』、長田秋濤の『寒牡丹』、中江兆民の『一年有半』、黒岩涙香の『天人論』などのような小説、文学書をかりて読んだことを憶えている。まだたくさん借り出しては貪り読んだはずであるが、そんな本の名を挙げても仕様がないだろう。とにかく興味本位で、そんな貸本ばかり読み漁ったおかげで、かんじんの勉強をおろそかにしたことは確かである。

新橋の八官町に長門屋という貸本屋があって、そこの手代が貸本を大風呂敷に包み、麻縄でグッと締めて、木樵《きこり》がたきぎを背負うようにかついでは山の手方面の屋敷町へ集配し、手広く商売していたという話はきいたが、それはまだ刊行物の少なく、物珍らしい明治二十年代だったのだろう。わたしは知らない。

大正になってから読書会というのができて、新刊雑誌を十種、月一円五十銭くらいで回覧するような商売が盛んになったようであるが、これは貸本屋の発展した業態の変貌である。

いま東京に貸本屋は見あたらないと思っていたら、まだ少しは残っているという話である。

つちや

日本橋本材木町の楓川《もみじがわ》の河岸《かし》っぷち、新場橋近くに、「つちや」と大きく障子戸の紙に書いた店があった。つちやは土屋であるが、姓名ではなく商売の業種なのである。

下町には土蔵造りの家が多く、左官の仕事がまだ盛んだったので、その壁塗りや、土間、流しの作業、瓦葺き、さては排水工事などのための建築材料を扱うこの商売も活潑だった。コンクリート打ちの材料として、セメントはつちやの店の中に貯蔵されていたのだろう、見かけなかったが、砂や砂利の山が店頭にあった。しかしまだコンクリート打ちよりもあの頃は漆喰《しっくい》塗りが多かったので、左官は消石灰、ふのり、苦汁《にがり》、麻屑、粘土などを配合して壁に使ったり、またこれを叩き固めて土間や、流し等に漆喰敲《たた》きをしたりしたから、そんな材料を扱っていたようだ。

それから河岸についた泥船から粘土を陸揚げしているのをときどき見かけたが、これは瓦葺きや、植木の栽培に用いる荒木田土だった。荒川の上流、荒木田原で採取するのを水路運送したらしい。

また褐色のつやのある土管が積んであることもあった。これは排水用に使われたのであろう。

こんなつちやという商売は、比較的値段が安いのに容積が大きい商品を扱うのだから、たいてい船便に都合のよいような河岸っぷちに店舗をかまえていたようである。そして本材木町のつちやばかりでなく、どこの同業でもみんな「つちや」と平仮名の看板を掲げていたようである。

いまはこんな業種も近代的に合理化し、専業化してしまったから、もうこんな「つちや」という原始的な名はなくなってしまった。

古着屋

いまは消費経済とやらで、古いものは使えそうもなくなると、敝履を捨てるようにすぐ新品に取換えるが、むかしはなんでもつましく、飽くまで使いふるす慣習だった。衣料も洋服を着るひとは一部にかぎられていたし、おおかたは和服だったので、それを着られるだけ着、またそれを洗い張りしたり、仕立て直して使うのが庶民のならいだった。

それだけにいまはほとんど見かけないが、古着屋が到るところに盛業していた。神田の柳原河岸、芝の日蔭町通りなどにはそんな古着を吊した店が軒をつらねていた。むろん学生服や、オーバーコート、インバネスなどの既製服を売る店もまじってはいたが。

それからわたしの行動半径では日本橋東仲通りに上ものの古着商が多かった。女もの、男ものの晴着、普段着から下着、帯まで、きもの類を店内に山積し、店頭には紺暖簾のかげに、目白押しになった衣紋竹《えもんだけ》へ吊るしていた。

その中には古着といっても、一、二度手を通しただけの新品同様のものを、柄が気に入らないとか、色が地味になったから手放して新調するとかいう客が持ちこむのもあって、案外安い掘出しものが買えるところから、好んで古着屋廻りをする人も少なくはなかった。また事実着古して、くたびれた品物でも、もう容易には手に入らぬ古代縮緬《ちりめん》とか、越後上布《じょうふ》とか、琉球の紅型《びんがた》とか、唐桟《とうざん》など、時代のついた珍品も埋もれているので、そんな出ものをあさり歩く数寄な好事家もいるのだった。

「新撰東京名所図会」明治 34 年 11 月）

芝日蔭町古着屋（山本松谷画、

また浅草伝法院前や、横通りには小屋掛けの古着商もずらりと並んでいて、ここはここで財布と見合って、格安で着栄えのする品選びをする客が集まってきていた。

そのほか趣きが変っていたのは神田の古着市場だった。和泉橋近く、岩本町通りの両側に平家の棟割長屋のような建物が向いあっていた。ここに毎日早朝から正午まで、全市にある古着仲買の組合員たちが出張って来て、取引きをするのであった。商品の多くは質流れ品だと聞いたが、そんな荷を運ぶひと、また買いあさるひとたちが、てんでに唐草模様や、うこんの大風呂敷を背負ったり、肩にかけたり、あるいは信玄袋をさげたりして、忙しく右往左往している風景は活気に溢れてはいたが、江戸時代の残影が色濃かった。

それが午後になって市が片づくと、潮の引いたように、静けさをとりもどして、柱ばかりの、下見《したみ》も間仕切りもない市場の建物は見すぼらしく、廃屋のように見えるのだった。

わんぷらいすしょっぷ

日本橋通三丁目の西側、いま日本信託銀行本社の北角のあたり、交番を隣りにして、〝わんぷらいすしょっぷ〟と平仮名を横書きの看板を出していた角店があった。その看板は立派な銅板張りで、文字は金色の真鍮浮彫りだったと思う。これは半襟、組紐、簪、櫛、笄など婦人装身具を商う安田えり宇の店舗で、二十銭、三十銭、五十銭、一円と売価によっていろいろな商品を一ところに集めて売る、当時としては珍らしい均一店だった。

「新撰東京名所図会」明治33年2月)

あの頃はどこの小売店でも商品には正札でなく、価格の符合がつけてあるだけで、客により売値が違い、ときには値段を勉強したり、出精値引きをするのが習慣になっていた。だから越後屋、白木屋などは看板に特に「現金懸値なし」

神田岩本町古着市場（山本松谷画、

とうたっていたほどである。このえり字でも正札販売を厳守していた。そして看板には別に〃まけぬといふたらほんまにまけぬ〃と大書してあった。ここの主人は関西の人らしかったが、日本橋の真ん中で、この毅然たる関西弁の正札宣言は人目を引くに充分だった。

　この人の意表をついたような商策が成功したかどうかは知らないが、少年のわたしにとって、この安田均一店の看板はまことに印象的だった。そしてわたしは友達とこの店の前を通るたびごとに〃ぷつよしすいらぷんわ〃とか〃ぬけまにまんほらたふいとぬけま〃とか、逆さに読んでは意味のない呪文のような文句を早口にしゃべるのを興がった。

　木村荘八著『銀座界隈』の序にも、著者が鉄道馬車でこの店の前を通るたびに、好奇心をもってこの看板を逆さ読みしたことが書いてあるのを読んだが、同時代の少年がした言葉のたわむれの、偶然の一致を面白いと思ったことである。

ともあれ当時の東京に、均一店はこの安田えり宇しかなかった。

蝙蝠傘屋の仙女香

竹と紙とでつくった蛇の目傘や、番傘にかわって、鋼の骨に絹か木綿の布を張った洋傘が出現したのは慶応三年のころだという。その開いた形状が蝙蝠の翼をひろげているのに似たところから蝙蝠傘といい、略して蝙蝠とも呼んでいた。

子供のころ京橋南伝馬町四丁目の西側南角、(いまの電車通りの交叉点、協和銀行京橋支店のあたり)に仙女香という変った名の蝙蝠傘屋があった。二階の軒先から赤い布地で作った模型の傘を四つばかり、小型を上部にしてだんだん下になるほど大型のものを看板としてぶらさげてあった。

仙女香というのは江戸時代から薫香のある白粉を発売していた化粧品店の老舗だったが、維新当時早くも時流を洞察して、欧米の流行品を直輸入すると同時に、蝙蝠傘の製造販売を始めたということである。

蝙蝠傘は晴れた日にも雨の日にも両様に使用できるし、杖の代用にもなるということで、明治初年から洋風になびく人達のあいだには文明開化の象徴のように、たとえ和服は着ていてもトンビをはおり、靴をはき、そして蝙蝠傘をついて歩くことが流行となっていた。

だから蝙蝠傘の専門店である仙女香が繁昌したことは疑いない。

わたしの知っている明治三十年ころから末期にかけ、その飾り窓には輸入品とともに国産品まで、いろいろな型のアンブレラや、女持ちの色美しいパラソル、それから紳士用のステッキ、乗馬用の革鞭までならべられていた。

しかし蝙蝠傘という言葉が次第にすたってしまった今、もうあの仙女香の店舗も見られなくなった。

紙腔琴の十字屋

銀座三丁目の西側に十字屋倉田繁太郎という西洋楽器店があった。店内狭しとピアノ、オルガン、ヴァイオリン、喇叭、大太鼓、フリュート、手風琴、ハーモニカ等々、もの珍らしい西洋楽器がならんでいたので、音楽には関心の少なかったわたしも、銀座にいけばよくここの店頭に立って覗きこむ習慣があった。

その十字屋楽器店で、わたしが初めて買物をしたのは、楽器でなく、野球のボールとバットだった。そのころ下町では他に見かけないような西洋のスポーツ用品も売っていたのである。

それは明治三十二、三年ころ、まだ一高と横浜在留外人との対抗試合に、白線の入った制帽、マント、朴歯《ほうば》の日和下駄、そして腰に古手拭をぶら下げた一高の応援団が、根津権現の太鼓を借り出して担いでいくといった、野球の神世時代だった。わたし達小学生は師範出の若い川村先生から、この面白いスポーツを伝授され、夢中になって丸の内の原っぱでボールを追っていた。キャッチャーだけはミットを使ったが、他はみんな素手で、まだグローブはなかった。だからよくつき指をしたり、手を痛めたりした。

わたしは母にねだって買って貰ったのであるが、バットは二十五銭、ボールは十銭くらいだったように思う。

その十字屋では紙腔琴という楽器を発売していた。これは大きな箱型の器械に、孔をあけた厚い巻紙風のものをセットしてハンドルを廻すと、ばね仕掛けで、メカニックな音律が流れ出てくるもので、いずれは舶来品を模造したのだろうが、越後獅子とか、金比羅船々とかの曲目が一本ずつボール箱に入っていた。石井研堂編『明治事物起原』に従えば、この紙腔琴は音楽学校上原氏の助力によって店主倉田が創製し、明治十七年ころから発売したということで、明治末期までかなりの売行きを見せ、十字屋の産をなした因《もと》になったという。

明治三十五、六年ころの十字屋ではまた舶来のフォノグラフや、常盤津、清元、浪曲など邦楽を吹きこんだ蠟管を売っていて、その試聴のため店内から音を流していたから、店先には物見高い人たちが集まっていた。おそらくこの蓄音機の出現によって、単調な機械

十字屋の紙腔琴

十字屋楽器店（明治 30 年頃）

的音律だけの紙腔琴の影は薄くなったのであろう。それから紙腔琴のメカニズムを電気による自動装置として、ピアノに応用したピアノラというのが輸入されて、ポピュラーな洋楽の曲目を蓄音機のレコードのように売出したのは大正初期のことだったろう。紙腔琴といっても、今は知る人も稀れであるが、この十字屋楽器店は現在ももとの場所で盛業している。

御茶道具師ほりつ

最近わたしは調べることがあって、N氏から天明七年版の『七十五日』を恩借した。この本は当時に於ける江戸の食べもの屋、飲みもの屋の広告集ともいうべきもので、この書名はおそらく、珍らしいものを喰べたり、飲んだりすると、七十五日生き延びるという俚諺からつけられたものであろう。わたしはその横綴じの和本をひろげて見ているうちに、「御目印 《いもあらい》　御茶所　日本橋通四丁目　堀津長右衛門」とあるのを見いだし、いまはあのあたりに見あたらなくなったが、明治時代にわたしも見覚えのある、あの茶道具の老舗を思いうかべて郷愁のようなものを感じたのだった。

それから間もなく、わたしは麹町二丁目通りを歩いていて、ふと横町に“Tea Ceremony Goods HORITSU”「ほりつ」と書いてある看板に目がとまった。おや、堀津長右衛門の店が下町からこんな山の手に移ってきているのか、と思った。そして懐かしさのあまり、ついふらふらと、その間口六メートルばかりの店に入って、主人に刺を通じた。

といっても、わたしは堀津長右衛門十代目の当主の知己でもなければ、面識もない。ただこの老舗が鉄道馬車の通っていた日本橋通四丁目の大通りに土蔵造りの店を構えていたころ、毎日その店先を歩いて小学校に通った経験があり、またその小学校には当時、町の有力者であった先代の堀津区会議員が事あるごとに姿を見せていたし、その子供たちも同じ小学校に通っていたことを知っている。それだけのことなのだが、その後あの由緒ある店舗が時代の波にかくされて、姿を消してしまった、と思っていただけに、それが忽然として目の前に出現したのに驚きと、欣びとがあったのだ。

怪訝な顔をした主人としばらく話しているうちに、わたしが怪しいものでないことも分かったらしく、初めは堅く閉ざした心の扉をだんだん開くようになって、おたがい共通の話題に心はなごむようになった。

そんなことからわたしはこのしにせである御茶所ほりつを是非わたしの「明治商売往来」のコレクションの一つに加えたいと考えついた。それで再び訪問して、当主から思い出の数々を話して貰った。これはその聞き書なのである。

堀津はわたくしで十代目でございます。初代長右衛門は享保二年（一七一七）に伊勢国堀江村から江戸に出てまいりました。よくわかりませんが、北畠親房の一族とかいうことです。なんでも郷士で、苗字帯刀御免だったそうです。今日は御盆前なので仏壇を掃除しましたが、この初代長右衛門の位牌をご覧下さい。こんな六角の中に菊の御紋がついていますが、恐れ多いというので、二代目からはこんな花菱《はなびし》の紋に変っております。

ええ、最初から日本橋通四丁目でお茶と、茶道具の店を開きました。せんだってお持ちになった『七十五日』にも出ている銀座一丁目の茶舗河合七兵衛さんのお店が最初、通四丁目にあったのを初代が引受けたらしいのです。うちの過去帳にもこれこの通り「先住河合七兵衛」として出ているくらいで、親しい間柄だったようです。河合さんですか、明治末まで銀座でやはりお茶の商売をしておりましたが、蓄音機の三光堂に店舗を貸しておりました。しかし終戦後はもとのところで煎餅屋を開いておられます。

過去帳でみると、わたくしどもでは三代目から代々みんな養子が後をとっています。家業を継がせるのには、ぼんくらな息子より、商売に精通して、誠実な店の者の方がよかったのでしょう。もっとも、八代目からは実子が名跡を継いでいます。七代目は葛飾郡堀切村、中野氏の出で、店に勤めていたのだそうです。徳川十一代将軍家斉というのは御乱行の限りを尽くして、侍妾が数知れずあったと申しますが、この中野家の娘も家斉が鷹狩りかなにかで堀切に行ったとき、目にとまって大奥に入ったという話でございます。

わたくしどもでは以前から将軍家、紀州家、島津家などへもお茶ばかりでなく、茶湯御

大正震災直後焼失前（堀津氏蔵）

道具師として御用達を勤めておりました。お茶道具一式と申しますと、その品数はたくさんありまして、陶器、漆器、鉄器、銅器、繊維製品、木竹製品などから扇子、傘、下駄、草履の類までございます。わたくしどもの商売はむかしの唐物屋と同じで、舶来品を扱うところから、山本嘉兵衛さんは都竜軒、わたくしどもは長栄軒と申しておりました。明治になってからできた西洋料理屋も、精養軒、東洋軒、竜土軒といっておりますね。しかしいま葉茶屋は軒でなく、園になってしまいましたが。

江戸時代には毎年京都の禁裏から将軍家に下賜されるお茶壺の行列というのがありまして、そのときは品川の宿《しゅく》から日本橋、常盤橋御門を経て江戸城に入るのですが、その途中、江戸には山本山さんのような大きな店もありますが、わたくしどもが古いということで、ほりつの店でご休憩になる。それを主だった茶問屋組合の主人たちがお出迎えすることになっておりましたそうです。わたくしの子供のころ、店に折畳み式の漆塗り床几《しょうぎ》がたくさんありましたが、それは警護の侍たちがかけるためのものだったそうです。

お茶の小売一斤は百六十匁なんですが、宇治からの仕入れ一斤は二百匁となっておりました。それだけに鞘はあったのですね。

ええ、おっしゃる通り、お茶はみんな二、三十斤入りの大きな錫の茶壺に入れて、店の棚に並べてありました。うちには百斤入りという、高さ五尺くらいもある大きな茶壺が七つもあったそうです。一つの重量が二〇貫（七五キロ）もありました。それが明治維新の際、彰義隊から鉄砲の弾《たま》をつくるのだといって徴発されてしまったのだそうです。それでも二つばかり隠して秘蔵しておりましたが、これは震災のため焼いてしまいました。それでも、その熔けた錫の塊りがこんなにもありました。

震災といえば、あるお客さんが練塀小路《ねりべいこうじ》に珍らしい、蔵の中に茶席のあるお家を持っておられたのですが、それは河内山宗俊が建てたものなのだそうです。その腰張りに堀津から大奥に茶壺を納めた書付けが下張りになっている、ひとつ見てくれないかと言われましたが、お伺いしないうちに罹災してしまいました。

わたくしどもの貴重な古文書や、愛蔵していた名器も、あの震災のときすっかり灰になってしまいました。もしそのとき助かったとしても戦災でやられてしまっていますね。ただ残ったのは位牌と過去帳だけなんです。

先々代が明治中期に著名な茶室の、立体的な起絵図《おこしえず》九拾葉を月令という画家に描かせて印刷した『茶席起絵図』前後二篇を発行しましたが、これも震災で残っていた分をすっかり焼いてしまいました。ところがその一揃いがボストン博物館に収蔵されているのだそうです。それでアメリカ大使館の人がこられて、この発行元は健在かと照会してきました。その『茶席起絵図』も、いまわたしどもにはこの後篇しかないのです。

この再版ですか、それは無理でございましょう。戦後これを真似たような起絵図が出版されましたが、失敗したようです。それは通俗的なものでしたが。

ええ、この頃は外人のお客さんもよくお見えになります。それであんな横文字の看板を出すようになったわけです。そう言えば、いつかロックフェラーさんがニューヨークに純粋な日本茶室をお建てになるというので、お茶道具一式、それも飛切りの品々をお納めしたことがございます。

明治時代の有名なお茶人ですか。そうですね、東久世通禧さん、石黒忠悳さん、海軍軍医総監だった戸塚文海さん、安田銀行の安田善四郎さん、それに蔵前の札差だった青地半次郎さん、金沢丹後の金沢三右衛門さん等一流のお茶人が天下の名器を使って、和敬会という茶会を催され、父もひと役かっていたそうです。それから三井高保さん、益田孝さん、馬越恭平さん、高橋箒庵さん等そうそうたる方々がおられますね。皆さんの愛蔵しておられたお道具や、茶会記などは、この『大正名器鑑』などに写真や、記事がくわしく出ていますが、いまはもう極く一部を除いては、どこにどんな名品が秘蔵されているのか、さっぱり分からなくなってしまいました。

山県有朋さんもお茶人でしたが、これはずうっと後のこと、つてがありまして小田原の古稀庵に蜜柑狩りに伺ったことがあります。そのとき山県さんの未亡人にお目にかかったので、ご挨拶申上げますと、「あァ堀津さんですか。わたしはあなたのお父さんと机を並べて、お習字をしたことがありますよ。」と申されました。なるほどあの方は数寄屋町から出ておられた日本橋芸者だったのだそうですから、父とは寺子屋時代の同窓生だったらしいのですね。

このせつはお茶ブームで、茶道の本の出版も盛んですが、昔は印刷も不便だったのに、ずいぶん本が出たようですね。ええ、震災や戦災でなにもかもなくしてしまったので、時おり古本をあさって買ってくるのですが、碌なものはありません。この一楽斎の『茶式花月集』（天保十年）、これは須原屋茂兵衛の版ですね。なかなか面白い絵じゃありませんか。これにはも一つ『茶式湖月集』というのがあります。山田宗徧の『茶道要録』西山樵夫書、元禄四年の版。同じ宗徧の『茶道便蒙略抄』二冊、これは手書きのものですが、むかしの人は熱心に筆写するのですからよく憶えるわけですね。それからこの『和漢古今、万宝全書』二巻、これは元禄七年版で、浪華所生網干氏某輯録となっています。また『茶家酔古集』五巻（嘉永五年梓）、これは版木が残っていたので、大正二年に復刊されたものですが、この二つは実に丹念に茶器を紹介しております。しかしこんな文献によってお道具をつくらせて見ますと、肝腎なところを抜いてあるので、思うようなものができ上がりません。

わたくしどもの日本橋通四丁目の店は明治四十二年の市区改正で動かなければならなくなり、津村順天堂の中将湯さんの横町、いまの八重洲口通りの方に移りました。大通りの小林与七時計店、金花堂襖紙店と並んでいたむかしの店をご存じですか。わたくしの記憶は横町にかわってからなのです。

しかしもうあの辺も人通りはますます多く、自動車は店の前にパークすることもできません。とうとう十年ばかり以前にここへ引越してきました。こちらは表裏御家元出張所にも近く、お客さまにお立寄りいただくのにも便利でございますから。

初代が商売を創めてから今日まで、二百五十余年になりますが、ただ古いというだけのことで、わたくしの代には震災、戦禍があり、もう何もお眼にかけるようなものもございません。

わたくしどもの昔の写真でございますか、何ひとつ残ってはおりません。ただひとつ大震災がぐらぐらっと来たとき、わたくしは当時買って貰ったばかりのカメラを持ち出して、店の被害状況をスナップしたのですが、その晩すっかり焼け崩れましたので、記念となりましたのが、この写真でございます。

博文館

博文館は明治の後半期から大正にかけて、日本最大の出版書肆だった。いまの若い人達にとって、博文館というのは当用日記の発行所くらいにしか考えられないようである。その日記にしてもわたしの物心ついたころはすでに刊行していて、それがいまに続刊しているのだから七十余年の長いキャリアがある。わたしは子供のとき歳末になると、それを直ぐ中絶して空白のままに放り出すことが分かっていても、博文館の新らしい当用日記を買いととのえるのが習慣になっていた。おそらくこんな思い出をもつ人はたくさんいることだと思う。

それにしてもあれだけ数多くの雑誌、文庫物、単行本を各方面にわたって出版し、日本のジャーナリズムに君臨した博文館が、文運興隆しているいま火の消えたようになっているのは嘘のような話である。

わたしが博文館の名を知った最初は「日清戦争実記」という雑誌だったから明治二十七、八年のことだったが、これは挿入写真を見ただけにとどまった。

それから巌谷漣山人《いわやさざなみさんじん》の『日本昔噺』や、『世界お伽噺』を買って貰って、読みかえしたのがきっかけで、「少年世界」の愛読者となり、博文館の名に親しむようになった。主筆である巌谷小波先生はわたしにとって尊崇措く能わざる大小説家だった。のちに小波がベルリンの東洋語学校教師として渡独したとき、わたしはひそかにその出発を新橋駅のプラットホームまで見送りに行ったほどのファンになっていた。わたしが先ず魅了されたのは「少年世界」巻頭の続きもの「新八犬伝」で、武内桂舟の描いた犬張子の挿画とともにわたしの幼いロマンチシズムをすっかり刺戟した。それから江見水蔭の書いた「江の島洞窟探険記」や、「戸隠山探険記」などにも少年の血をおどらせた。木村小舟、武田鶯塘《おうとう》、尾上新兵衛らのお話も面白かった。

わたしは毎月その発行日が待ちきれず、その近くになると毎日のように書店の前に立った。ある時はいつ出るのか確かめるために博文館の前まで行ったが、おじけがついてそのまま引き返したことがある。最近読んだ谷崎精二さんの『明治の日本橋』によると、「毎月一日になると人形町の本屋に買いに行ったが、「少年世界」は時々一日か二日か発行がおくれることがあった。博文館に行くと小売店へ出る前に売ってくれるという話をきき、待ちきれなくて、ときどき私は博文館まで買いに行った。」とあった。発行日を待ちわびていたのはわたしばかりではなかった。

その博文館の店舗は日本橋本町三丁目、鉄道馬車通りにあった。このあたりはいわし屋など薬種問屋が多かったので、薬や化粧品の匂いがそこはかとなく立ちこめていた。教科書の発行所として有名だった金港堂の真向かいに、二階建土蔵造りで軒先には博文館と木彫りの看板が上がっていた。店内は畳敷きで、その真ん中へんに奥への通路があった。むろんショウウィンドウなどはなかった。いまはその跡と覚しいところに繊維会館というビルが建っている。

創始者大橋佐平が明治二十年六月、新潟県から上京し、「日本大家論集」を創刊してからまだ十年足らず、その頃すでに出版業界に覇をとなえていた。博文館では『帝国文庫』をはじめ、法律、医学、文学、農芸、科学などあらゆる社会百般に亘る良書を出版していたが、綜合雑誌「太陽」を筆頭に、「少年世界」、「中学世界」、「女学世界」、「文芸倶楽部」等の月刊誌と、別に週刊誌「太平洋」を定期に刊行していた。

そしてその頃は二代目大橋新太郎が経営の任にあたり、また編集局には坪谷水哉のもとに、巌谷小波、大橋乙羽、高山樗牛、岸上質軒、松井栢軒、大町桂月、浅田江村、石橋思案、三宅青軒、田村松魚、武内桂舟などなど、多士済々だった。

わたしはその生長過程で「少年世界」から「中学世界」を経て、「文章世界」と明治における博文館文化の恩恵に浴したわけだが、その間に叔父が購読していた「太陽」や、長兄が耽読していた「文芸倶楽部」をぬすみ読みもした。

「太陽」は少年のわたしにとって記事が堅すぎて難解だったから、ほとんど興味をもてなかった。ただ明治三十二年に出された臨時増刊「明治十二傑」は福沢諭吉、加藤弘之、前島密、伊藤博文、渋沢栄一、古河市兵衛、菊池大麓など各界の代表的な人物の評伝を集めたもので、どの程度理解できたかは分からないが、深い興味を覚えたことは確かである。後年この思い出の「明治十二傑」を古本屋から探し出して再読したことがある。それが数年前、書架の隅から出てきたので、これを小泉信三先生に献呈したところ、先生からこんなお手紙をいただいた。

「……「明治十二傑」御贈り下され、別してありがたくお受け致しました。あれは小生当時読んだことがあります。御同様にまだ十歳あまりの子供でしたが、当時の子供にこの程度の文章は苦にならず、一応通読して、今の世に「エライ人」はこの人々であるかと承知致しました。今昔の感慨無量です。また今読んで見ると実に面白く、机上の仕事をしばらく放擲してよみ耽りました。……」

それはさておき、「文芸倶楽部」は石橋思案、のちに三宅青軒が主筆となっていた。春陽堂の「新小説」とともに新作小説を紹介していた。口絵の芸者の写真、投書欄の都々逸、狂歌、狂句などすべて卑俗な感じで、わたしの趣味に合わなかった。いまあったら明治風俗史研究のためには好個の資料が多かろうと思うのだが。

わたしは「少年世界」を卒業して、飽き足りなくなり、大町桂月が主筆だった「中学世界」を読むようになった。この雑誌は前半に中学生向きの記事をのせ、後半が青年文壇となっていた。たまたま埃《ほこり》まみれになった明治三十六年二月号が書棚の隅から出てきたので、それを覗くと、評論、修養、英独語学、国語漢文、理科、実業、軍事、運動遊戯、文芸雑俎などという欄に分かれている。その史伝地理欄のうちに、「青年華族の蓑笠旅行」と題して、細川護立、木下利玄、前田利為ら学習院の生徒の旅行記を、同行した誰かの家庭教師らしい帝大生が書いている。今から思えば滑稽な、こんな文章がれいれいしく掲載されるところに、当時の社会風潮の一端が窺えるような気がする。

そして青年文壇欄には論文、叙事文、抒情文、書簡文、英独語、新体詩、漢詩、和歌、俳句などの投稿を掲載している。この雑誌は年四回定期増刊を「英才詞苑」、「山紫水明」、「紅意緑情」、「秀蘭芳菊」などという題名を付し、懸賞の当選作品を満載した。これが当時の投書家の登竜門となっていた。

同じ年の秋季増刊「芦風雁声」の小説欄入選作に、美作・美土路春泥という署名のあるのを発見した。これは前朝日新聞社長美土路昌一さんがまだ郷里の中学生だった頃の作品だった。早速美土路さんにお届けして、大層よろこばれたことがある。その号の俳句欄に、これも宮崎・若山牧水と六号活字で出ているのを見つけた。その歌人牧水の珍らしい俳句を書きとめておかなかったことはまことに残念である。

「女学世界」には無縁だったが、その編集ぶりは「中学世界」と同巧異曲だったらしい。投書家の中に内藤千代子という才媛がいて、いつも懸賞に入選していたことを僅かに憶えている。

田山花袋がその主筆となって、「文章世界」を創刊したのは明治三十八年ころだったと思う。のちに前田晁が花袋に代わり、投書家だった加能作次郎も編集の一員に加わったりした。題名が「文章世界」なので、やはり投書を主として掲載していたが、実質はすでに文学雑誌で、その投書家には文壇を目指す無名の文学青年が多かった。その頃は花袋が「新小説」に代表作「蒲団」を発表したり、長谷川天渓が「太陽」に評論「現実曝露の悲哀」を書いたりして、自然主義文学が勃興期にあたっていたので、そんな傾向が強く、早稲田派の牙城の感があった。この雑誌の異彩として憶えているのは夢二や与平の草画の投稿をのせたことであった。

白木屋

昭和四十二年の秋、創業三百余年の古い伝統をもつ老舗白木屋の名があえなく消えて、東急百貨店日本橋店ということになってしまった。

非情な資本主義発展のかげに、明治時代、呉服店から転化して先進の百貨店となった白木屋は、ついに新進のターミナル・デパートのために併呑されたのである。

わたしの父は明治初期から末期近くまで三十数年この白木屋に勤続していたし、祖父はその下請け商人だったし、叔父も白木屋に勤続したのち、その主人だった大村家に家令のような仕事をしていた関係もあって、わたしの家では白木屋のことを〝お店《たな》〟と呼んでいた。食事のことを「仙の字」とか、寿司のことを「平八」とか、そばのことを「むさの字」とか、白木屋店内だけの隠語がそのまま流用されていた。それだけわたしには因縁浅からざるものがあるので、白木屋の商号の消え去ったことについては、私情でも感慨深いものがある。

白木屋の初代大村彦太郎が近江から江戸に出てきて、日本橋通二丁目に、のち一丁目に移り、小間物店を開いたのは寛永二年（一六二五）だったという。羽二重地、晒木綿、糸物、呉服類を、「商いは高利をとらず、正直に、よき物を売れ、末は繁昌」というその商売訓によって稼いだので、数十年後には江戸屈指の大呉服店となったと伝えられる。維新の危機をからくも乗り越えて、明治十九年同業にさきがけ、大英断を以て洋服部を新設した。鹿鳴館時代の澎湃たる欧化の風潮にのって、注文は殺到し、三年後には洋服配達馬車六台、縫工二百名を使用する盛況だったと記録されている。そのころ主人十代大村彦太郎はロンドンに渡航した。

わたしの白木屋につながる記憶はその後明治二十七、八年ころからはじまる。

そのころの白木屋は総欅二階建土蔵造りで、間口は五〇メートルもあったろうか、堂々たる店構えではあったが、横町から横町への一画を占拠していたわけではなく、向かって右には帆掛け寿司の店が、左には東橋庵というそば屋が隣りにあった。この店は広重の『名所江戸百景』「日本橋通一丁目略図」という版画にも、白木屋の左隣りに描かれている。

正面の右、約四分の一くらいを洋服部が占め、ここには硝子戸がはまっていて、床もリノリューム張りで、椅子テーブルを用いていたが、二メートルくらいの通路を隔てた左は、広い畳敷の呉服物売場だった。そのおもてには〇のマークを白抜きにした紺暖簾を張り、店内には戸外に向かって、一番から八番までの帳場が並んでいた。そして天井からその番号と、担当者の名前を書いた長い紙が垂れ下がっていた。上がりこんで坐っている客は、欲しい品物の名をいうと、売場の店員は独特な声をはり上げて、小僧に伝達する。それを復誦しつつ、小僧は奥の蔵からその反物をたくさん抱えこんで持ってくる。係りはそれを一本一本ひろげて見せては客に勧める。そして気に入るものがなければ、何回でも別の品を配ばせては品撰びをさせる、といった調子で、その帳付けも細長く、分厚い和紙を横綴じにした大福帳式の売上帳に、大きな硯箱の中から毛筆をとり出して書くという、長閑《のどか》な風景だった。

売出しの時にはお客で混雑したが、買物の金額によっては客を二階にあげて、食膳を供するようなサービスもしていた。

そのころ白木屋では、呉服洋服類ばかりでなく、白木奇応丸や、白木墨なども発売していた。

わたしは幼少年時代しばしばお店に行ったが、日清戦争凱旋祝賀の日や、奠都《てんと》三十年祭の行列が日本橋通りを練った日などには、全店休業で、その祝賀行列の一行が立ち寄って休憩するのを接待するため、湧き立っている内をわがもの顔に階上階下と飛び廻ったことをはっきり憶えている。

また毎年七月九日、十日、観音さんの四万六千日の縁日に、白木屋ではその名井から出たという白木観世音の開帳をした。この山本松谷の画では表通りの店先になっているが、わたしの記憶では横町の方に飾付けしていた。そんな時わたしはよそ行きの着物に着替えて出かけるのがうれしかった。それからまたわたしは格子縞の背広に、半ズボンの小供服や、タスカンパナマの帽子、金色燦然たるペンダントなど、その頃としては意外に西洋風

日本橋白木屋（山本松谷画、「新撰東京名所図会」明治 34 年 2 月）

百貨店になった白木屋
（『印刷インキの歩み――東洋インキ製造六十年史』所載）

の服装をさせられたのも、父のお店に洋服部があって、時には棚下ろしなどで格安に買えたからに相違ない。

白木屋が三階建に改築したのは明治三十六年の秋だったと思う。それまでの昔風な座売りを廃して陳列式に改め、初めてショウウインドウを設けたり、専任の保母をおいて、小供の遊戯室をつくるなど、次第に大呉服店から百貨店への脱皮が進められた。

さらに明治四十四年には拡張の大増築が行なわれ、店内の上下にはエレベーターが採用されたり、縦横に架線されたエアシューターによって、売場から勘定台へ伝票が飛ぶように走るのが物珍らしかった。それから三越の少年音楽隊に対して、白木屋では少女音楽隊が編成され、余興場も新設された。また休憩室に坐ると女子店員がお茶を捧げてくる。卓上には〓のマークや、白・木・屋と文字を型どったビスケットが盛られてあった。こんな過剰なサービスもして、徐々に近代的百貨店への形式を整えていた。

それ以後の白木屋は大正から昭和にかけて五十余年の間に近代的百貨店として成長した。むろん大村家の個人経営から株式会社組織になった。そして新築、火災、再築、会社乗取りの攻防戦などなど、幾変遷にあらゆる苦難を経て、最近には東横の経営するところとなっていたが、それでもまだ白木屋の名は残っていた。

思い起こすのは明治後半期、東京の三大呉服店と並び称されていた三越、白木屋、大丸のうち、前二者が百貨店目指して前進したのに較べ、大丸は唯一の交通機関だった電車路線撤去のため、客足が遠去かって業績不振に陥り、ついに明治四十三年京都に引上げざるを得なかった。その大丸が終戦後決然捲土重来を期して、ターミナル・デパートとして東京駅に進出し、大成功を納めたことは誰も知るところである。

それにしても、白木屋の名は永遠に消えてしまうのだろうか。

II

こあきない・てじょくにん

竹筒売り

クリスト教徒でないものまでクリスマスを祝福することが一般の年中行事となっているこの国では、仏教徒が多いにもかかわらず、四月八日釈尊降誕の日を祝う花祭りが一部にしか行なわれていないのは、不思議なはなしである。

それでも明治時代、東京では浅草観音、芝増上寺、本所両国の回向院、日本橋茅場町の薬師、そのほか名のある寺々では灌仏会《かんぶつえ》を催して賑わっていた。当時はまだ花祭りとは云わなかった。

灌仏会というのは釈尊誕生のとき、九竜が空から清浄水を吐き灌《そそ》いで産湯《うぶゆ》をつかわせたという伝説によって、この日、寺々では花御堂《はなみどう》という、花を飾った小さなお堂を設け、その中に水盤を置き、童形の釈迦銅像を安置した。そして水盤には甘茶をたたえて、参詣者に木の柄杓で仏頂から灌浴させる慣わしがあった。それから別に甘茶を参詣者に接待したが、これを家に持ち帰って飲むのだった。

わたしはその灌仏会に、寺の境内に店を張って竹筒を売る露店のあったことを思い出す。わたしは幼いころ母に連れられて、家からほど近い南茅場町の薬師の灌仏会に行った。いつも閻魔大王のこわい仏像がある、薬師さんのお堂前にしつらえられた花御堂に、可愛らしく、片手は天を、片手は地を指す天上天下唯我独尊の誕生仏が立っている。参詣に集まった大勢のひとたちにまじって、母は甘茶を汲んでは仏像の頭から浴びせたのち、その甘茶を片手に受けて、わたしの頭になでつけるのだった。おそらくわたしは仏教の洗礼をうけたのであろう。

それから境内になん軒か並んでいる竹筒売りの露店で、細長い青竹の手提げ桶を買って貰った。それは孟宗竹の一節を手桶形に作った筒で、別に小さな手杓をつけて売っている。それを持っていって接待の甘茶を頒けて貰い、うちへ持ち帰って、みんなして一杯ずつ飲むのだった。

鳥刺し

街路樹にさわやかな新芽がふくようになった。季節の移りかわりは、ビルとビルの谷間に走る自動車の流れのはげしい東京の街中《まちなか》にいても感じられるが、私の幼いころの下町、それも東京・日本橋の真ん中だったというのに、いまは想像できないような、牧歌的な静けさだった。

そのころ、手ぬぐいを吉原かぶりに、縞《しま》の着物の着流し、雪駄《せった》ばきの男が細長い竹ざおを持って路地から路地へ、うろうろと歩き回っていた。竹ざおの先にはやわらかいゴム液のような鳥黐《とりもち》が塗ってあって、路地にわずかな緑のかげを落としている植木の枝にとまる小鳥を捜し求める。そんな小鳥が見つかると、抜き足さし足忍び寄って、塀越しに竹ざおをのばして刺し、それを持っている竹かごにおさめる。その男は鳥刺しが商売なのである。こんな仕事が土一升金一升といわれた都心でできたのである。

苗売り

街から街へ、路地から路地へ、声を張りあげて呼び歩く行商が多かった中にも、一番印象的だったのは苗売りのうたうような呼び声だった。ぽかぽかと日ざしの暖かい晩春の昼下がり、ゆっくりと「えエー、へちィまのゥなえ、きゅうりのゥなえ、なすゥびのゥなえ、あさァがおのゥなえ……」と、のどかな節まわしで流してくる苗売りのすきとおるような美声は、あたりの閑寂な空気をふるわせて、子供の私にもほれぼれするように訴えてきた。その苗売りも手ぬぐいをかぶり、しりはしょりを角帯で押えた盲縞《めくらじま》の着物の下には紺のパッチの見えるいなせな、なりふりだった。いずれ粋《すい》が身を食った末の身過ぎ世過ぎなのであろうが、そのうたうような節まわしは、商売気を離れて、いかにもわれとわがのどを楽しんでいるかのようだった。

金魚屋と風鈴屋

梅雨《つゆ》があがって日ざしが強くなり、仕舞家《しもたや》の障子が竹すだれに代わるころ、金魚屋と風鈴屋がやってきた。

「きんぎょやァ、金魚ォ」と、ゆっくり声をあげる金魚売りは日おおいのある手車を静かにひいてきた。その車に積んであるガラス鉢《ばち》が互いに触れあう高音とともに、内側を白く塗ったたらいや、きんちゃく型のガラス鉢の中の水が絶えず揺れ動いて、ピチャピチャ、パシャパシャと重い低音を合いの手にきかせるのだった。

風鈴屋《ふうりんや》もまたガラスの触れあう金属性の音を響かせてやってきた。小さいシダの葉を出した荵《しのぶ》は、井桁《いげた》や三日月の形の下についている赤白のガラス玉や、青銅の風鈴が、短冊《たんざく》の揺れ動くまま、軽やかに、そしてさわやかな音を立てるのであるが、その華やいだ合奏が少しも騒がしい感じをさせないばかりか、むしろ一陣の清風が吹き入る思いで、涼味を伝えてくるのであった。

煙管屋・羅宇屋

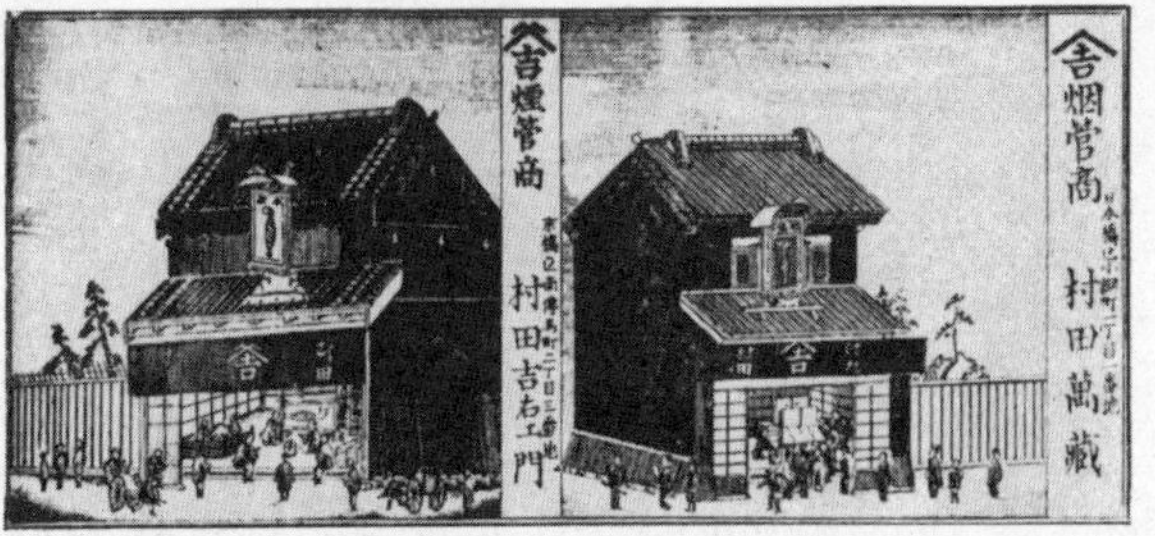

村田煙管店（『印刷インキの歩み――東洋インキ製造六十年史』所載）

まだ巻煙草が充分に普及していなかったから、刻み煙草を喫《す》う人が多かった。巻煙草を愛用しているものでも、家庭では国分《こくぶ》や、水戸の刻みを長煙管につめては紫煙をふかしていたので、煙管は欠かすことのできぬ必需品だった。従って日本橋の小網町あたりに村田という問屋があって、屋根には螺旋状の斜線をもつ、ずんぐりした鉈《なた》豆煙管《まめぎせる》の格好をした大看板が金色に光っていた。

一般に家庭では真鍮の火皿と吸口金具との中間に羅宇《らお》竹《だけ》をつけた四〇センチくらいの長煙管が使用されたが、携帯用には煙草入れの筒に入る二〇センチほどのもので、これは金、銀、赤銅などに象嵌《ぞうがん》彫刻をほどこした豪華なものもあった。それから兵隊、職人などには鉄、真鍮などで作った、短い鉈豆煙管というのが愛用されていた。

煙管をどうして「きせる」と読むのかと不審に思ったが、それはカンボジア語から来ているのだと知った。その「きせる」の中央部の竹管を「らお」というのは、隣国ラオス産の竹を用いるところに語原があることを考え合わせ、煙草が日本に将来された経路がわかるような気がする。

あの頃、小さな手車に銅製の汽罐を据え付け、炭の火力によるスチームで吹きならす汽笛の音はかん高く街々に響いた。それは羅宇屋がやってきた知らせなのである。

きせるは煙道が細いので、よく脂《やに》で詰まらしては掃除していた。ひまの折に和紙でよっておいた観世縒《かんぜより》を通して、煙管の中につまっている脂をとるのだが、強く引っ張るひょうしに観世縒が切れて、煙道の中に残ってしまう。それをあわてて長い鋼の針で突いて、却って堅く詰まらしてしまうことがある。そんなとき羅宇屋の厄介になる。

羅宇屋はすげ替えを頼まれた煙管にスチームを通して、脂を掃除したのち、孔《あな》のたくさんある板にそれを差しこんで古い羅宇竹を抜きとり、新らしい羅宇竹を金具に取り付けるのである。

いまは百貨店の飾り窓に、いろんな形態や材質のマドロスパイプが陳列される時代で、もう刻みをたしなむ人も稀れになったから、煙管屋の店も羅宇屋の車も消えてしまった。

「お宝」売り

松の内は日が暮れると、石油ランプの街燈が点《とも》って、人通りも少なく、空《から》っ風にさやぐ門松《かどまつ》や竹の葉づれの音が淋しかった。

宝船の絵（『東京風俗志』中巻、明治 34 年）

正月二日の宵、下町には「お宝、おたから、おたからェー」と声をあげて、宝船の版画を売りにきた。それは七福神の乗りこんでいる宝船の画に、「ながきよのとおのねぶりのみなめざめなみのりふねのおとのよきかな」という、上から読んでも、下から読んでも同じ文句の歌が余白いっぱいに書いてある。そのザラ紙に刷ってある古風な木版を、二日の晩、枕の下に入れて眠ると、一富士、二鷹、三茄子というような吉兆の初夢が見られると伝えられていて、縁起を担《かつ》ぐ人たちは争って買うのだった。

貘《ばく》という怪獣は、夢を喰うというが、いい夢を売り歩く男がいたあのころは、ほんとうに長閑《のどか》な時代だった。

号外売り

鉢巻、印袢天《しるしばんてん》に腹掛けの下に白い猿又、草鞋がけの男が駈けてくる。腰にベルを五つも六つもくくりつけているので、からだの動きにつれて、そのベルの音が賑かにチャンリン、チャンリンとリズミカルにきこえてくる。号外売りなのである。彼は大声を張り上げて、「号外、号外、号外、〇〇新聞号外」と怒鳴る。ひとによっては「さァ大変だ、大変だッ」とセンセーショナルに叫んで、「議会解散だ」とか、「内閣総辞職」とか内容に触れて、アッピールする。

ニュースの特急版であるから、多くの人が呼びとめてそれを買う。新聞の本紙が一銭か、一銭五厘の時代に、号外売りはこのチャンスとばかり二銭、三銭と高値をふっかけるが、飛ぶように売れた。

号外売りはドヤ街に住む失業者が多かったのであろうが、新聞社が号外を発行する気配があると、どこからともなく新聞社前に集まって来てざわめきながら待っているが、号外が刷り上がって分配されると、それをひったくるようにつかんで、忽ち思い思いの方角へ四散して行く。その号外は新聞社のフリーサービスだったので、失業救済でもあったようだ。

今のようにテレビ、ラジオのようなコンミュニケーションの機関が発達してくると、もう新聞社も号外を発行することもないから、号外売りの鈴の音も絶えて耳にしない。

雑誌の呼売り

どこそこの誰が誰とどうしたとか、こうしたとか、たわいもない情事の素破抜《すっぱ》きや、根も葉もないような噂話の投書から、誇大な市井《しせい》のスキャンダル記事を満載した、その名も「道楽世界」という、低級で下品で、薄っぺらな大衆雑誌があった。月三回くらいの刊行だったのではないかと思う。そんなゴシップの種になった人の近所へやってくる雑誌売りは「さァさァ、唯今、新しい「道楽世界」がでました。御当所〇〇町の誰それさんは……」などと掲載された記事の内容をちょっぴり覗かせて、煽情的な読み売りをするのである。どれだけ読まれ、どれだけ売れたか知らないが、小さいゆすりのような悪徳行商人だった。いまの低級な週刊誌がスターや、選手など有名人のプライバシーを侵害するようなゴシップ記事の広告を見ると、むかしの「道楽世界」の呼売りだなァと思うのである。

稗蒔売り

径二、三〇センチくらいの、丸く平たい土鉢に綿を薄くしいて、水をたたえ、そこに蒔いた稗《ひえ》が青々と絹糸のように密生しているのを稲田に見立て、その中に今戸焼の農夫や、五位鷺や、帆掛船などを点景として差し込み、初夏の水郷を思わせる田園風景のミニュアチュールができている。それが僅かな風に吹かれても、稲田の青嵐さながらに靡き伏して、「寸にして稗蒔すでに微風あり（竹泉）」という句の趣きが感じられる。

そんな庶民的の盆栽をいくつも天秤にのせて担いだり、手車にひいて、「ひえまきゃァ、ひえまァきィ」と抑揚おもしろく街中《まちなか》をふれ歩く男がいた。その粋《いき》な稗蒔売りの声がきこえてくると、緑の陰もない、建てこんだ下町の路地からも呼びとめて、買う人がよくあった。ネルの着物が肌にさわやかなころの東京の風物詩だった。

南京鼠売り

あの頃の東京の縁日の夜景には野趣が横溢していた。雑貨をうる店では嫌な匂いを伴なうアセチリンの光りが明るかったし、青葉や、草花のつや出しをするようにたえず如雨露《じょうろ》で水をかける植木屋には、竹竿につけてあるカンテラが黒々と油煙を立ちのぼらせて、赤黄色い炎が燃えていた。また石油ランプが吹き入る風にホヤを曇らせる小屋組みの見世物もあった。

そうした夜店の列の片隅に細々と裸蠟燭をともして、路面に坐りこんだ年寄りが、白くうごめくものを入れた小さな金網の籠を前にしていた。それはくるくると籠の中の輪を履んで、いささかも休みなく動く南京鼠なのである。真っ白な柔毛の小動物はピンク色の小さな手足を小まめに動かし続けて、これもピンク色の賢そうな眼がいかにも真剣そうである。

年寄りはこの止むを得ず勤勉な南京鼠を子供のおもちゃとして売っているのであったが、はたしてどれ程の収入があったのだろうか。わたしには外見いかにも可憐で、可愛らしくはあるにしろ、何か残忍のような気がしたし、大嫌いな鼠族でもあり、それに鼻を突くような臭気が堪えられなかったから、両親にねだるようなことはしなかった。

鼠捕り売り

「岩見銀山鼠捕り、いたずらものは居ないかな」と大声で呼び歩く男があった。その呼び声は子供たちに恐怖心を抱かせるような調子があったので、わたしはその「いたずらものはいないかな」という声をきくと、わけもなくいたずらものの自分を捕えにきたように思いこんで、あわてて押入れの中に隠れ、息をこらして、声の遠ざかるのを待つのだった。そんなふうだったから、わたしは呼売りの声を聞くだけで、鼠捕り薬売りの姿はついぞ見たこともなかったが、のちにその行商が「ねずみとり薬」と書いた細長い標幟をつけた竹竿を片手に、手拭を吉原かぶりにして、肩から下げた小函には鼠が二匹描いてあったことを『物売風俗図絵』で見た。

あのころは台所の流しもとに、小賢《こざか》しげな眼をして、チョロチョロと敏捷に動く溝鼠《どぶ》をよく見たし、夜はまた天井裏を縦横にかけまわる家鼠の足音がはげしく、釣りらんぷの黄色い灯がまたたくこともあって、こわいような思いをすることもしばしばだった。

付木売り

勝手口の戸をあけて、台所の端《はし》に低く腰を下ろした行商風の男が、持ってきた木綿の薄汚ない風呂敷包みから、葉書大の薄い木片の一端に硫黄を塗りつけたものを母に勧めた。けっきょく十枚くらいずつ藁で束《たば》にしたのを幾つか買い取ったことが、妙にわたしの幼時の記憶にこびりついている。

それは杉か檜の削り板で、硫黄木《いおうぎ》とか、付木《つけぎ》とかいって、かまどの下に火をつける時など、細く折って使っていた。もちろんその頃は新燧社などのマッチが普及していた。この燐寸《マッチ》のことをむかしは摺付木とか、アメリカ付木とか呼んだと祖母から聞いたことがある。かまどの薪《まき》に点火するには、付木の方が使いよかったのであろう。

この付木は余程のちまで、魚屋の御用聞がもってくる品書きに利用されていたが、あの端についていた硫黄が気になって仕方がなかった。

付木については井上正夫著『化け損ねた狸』のなかに興味ある挿話を書いている。明治三十年ころ、田舎まわりをしていた地方劇団で生人形《いきにんぎょう》という変った趣向の興行がはやったが、その木戸銭を二銭にすると税金がちがうので、一厘安くして一銭九厘にした。ところがその為めよく釣銭に不足を来たすので、木戸に付木を積んでおいて、釣銭がわりに出した。しかしそれは警察に注意されてすぐやめたという、こんな意味の回想なのである。付木を釣銭として出した、というところに明治中期の時代性がある。

そう言えばあの頃の贈答品はたいがい盆の上にのせて差出すのであるが、受けた側では必ずその盆に付木の束をのせて返す慣わしがあったことを思い出す。もう付木といっても、若い人は何のことか知らないであろう。わたしも絶えて久しく見たことがない。

虫売り

去年の夏、都内の百貨店で蟬、甲虫《かぶとむし》、飛蝗《ばった》のような昆虫類を大々的に売出して評判になったようである。このごろの都会に住む少年少女たちは、昆虫の存在を教えられていても、実物を知らないから非常に興味をそそったらしい。人口の過密化、排気瓦斯の発生や、農薬などの影響で、こんな普遍的な昆虫までが物珍らしがられて、貨幣価値を生むことになるのだから面白い。

明治三十年代、東京の中心地日本橋、京橋あたりでも、夏には猫のひたいのように狭い庭の木に時には蟬が飛んできて、じいじい、おしいつくつくとうるさく鳴いていたし、ちょっと呉服橋を渡って丸の内に行けば、向山《むこうやま》といった広々とした草原があり、そこで私達は竹の棒に小笊をつけて、ばったを追いまわしたり、寒冷紗《かんれいしや》の捕虫網をつくって、蜻蛉《とんぼ》や蝶々を捕えることができた。夕方になれば街の軒場近くに蝙蝠《こうもり》が飛びかい、庭の隅には蚊柱が立った。また夜は提灯をつけて淋しい和田倉門近くのお濠端へ出かけて蛍狩りもした。

うちでは石油らんぷの灯を目がけて集まってくる無数の青虫や、火取虫があり、いきなり体当たりに飛びこんでくる甲虫や、かなぶんも珍らしくはなかった。

それでもさすがに鳴く虫は珍らしかったから、虫を売る商売はあった。

その虫売りが出るのは初夏から初秋へかけての縁日の晩だった。二メートルほどの間口の両翼と、軒に市松模様の紙障子をめぐらして、その中に竹を細く削って組立てた小型の虫籠を並べ、その下にはやや大きな籠や瓶があって、鈴虫、松虫、きりぎりす、轡虫《くつわむし》、閻《えん》魔《ま》こおろぎ、鉦叩きなどがはいまわって、ちんちろりんちんちろりん、りーんりーん、がちゃがちゃ、すいっちょすいっちょ等とそれぞれに得意ののどを競うように鳴きしきって、百家争鳴、耳を聾するばかりだった。

出始めのころは人工孵化なので値段も高かったが、真夏の出盛りころには近県の野生のものも出廻ってくるし、楽しむ期間も短くなるので、値が下がるようだった。

幼いころ虫を飼いたくなって、鈴虫を買ってきたことがある。窓ぎわに虫籠をおいて、胡瓜《きゅうり》を二片ばかり餌に挿し込んだりしたが、時折り思い出したように鳴き出す涼しい声が、なにか妙にもの悲しく、淋しい思いを誘うので、すぐ放してしまった。わたしには虫を聴いて楽しむような風雅な心がなかったのだ。

それから蛍だけを売る虫屋もあった。これは縁日のらんぷや、あせちりんの灯が漸くまばらになったはずれの方で、親爺が紗張りの容器に草の葉を入れ、時々は如雨露の水をかけていた。

暗闇のなかに青白いほのかな光りが数知れず明滅しているのを、手に手に団扇《うちわ》をもつ浴衣がけの人達が囲んで見ていた。虫売りの親爺は子供にねだられて買う客のために、青い蚊帳《かや》地《じ》を張った、円盤形の曲物《まげもの》の中に、微光を点滅する蛍を一つずつ、ゆっくりと入れるのだった。

油の行商

らんぷの燃料につかう石油、行灯《あんどん》や灯明《とうみよう》に使用する菜種油、頭髪用の椿油、鬢付油、それから天婦羅のための胡麻の油など、いろいろな油類から、らんぷの芯や、蠟燭までをのせた手車を引いた油屋さんが毎日のようにうちの前で止まった。母はよく石油罐を持ち出して小口買いをした。油屋さんは紫色を帯びて、ドロッとした液体をぶりきのひしゃくで掬《く》んでは、これも油の滲みこんだ四角い桝で量って、じょうごを通して一升壜や、石油罐に入れるのだった。

その油屋の手車は荷台から梶棒まで、油が滲《にじ》むようにしみこんで、濡れたように黒いつやをしていたばかりでなく、油屋の着物は前掛け脚絆とすべて紺一色で、肩から斜めにかけている牛皮の現金入れの鞄も、つやつやと油びかりがしていた。

ほうずき屋

七月九日、十日は四万六千日《しまんろくせんにち》という。この日に観音さんへお参りすれば、その一度の参詣で四万六千日参詣したのと同じ功徳があるとの言い伝えで、浅草の観音堂にお参りする善男善女が多かった。その四万六千日には境内に酸漿市《ほうずきいち》がたった。金魚屋、風鈴屋、灯籠屋、虫屋など夏を呼ぶ屋台と共にほうずき屋が並んで、参詣帰りの客を迎えるのだった。日本橋白木屋の観音さんも平松町の横丁の方で、この日は御開帳をしたから、お参りの人達で賑わった。そしてここでも酸漿屋の軽そうな屋台が幾軒か出ていた。

だからわたしは四万六千日とほうずきとを、切りはなして考えられない。

女のひとが口の中で、絶えずほうずきの音を楽しんでいるさまは、のちに流行ったチュウインガムを嚙んで口を動かすのに似ていた。

おぼろげな記憶だが、日清戦争のころ平松町の祖母の家の真向かい、いまの住友銀行日本橋支店のあたりに酸漿問屋があったので、わたしはほうずきに関心をもっていた。

酸漿といっても植物性の丹波ほうずきは、囊状にふくれた宿萼に包まれて成熟した真赤な果実を柔かくもんで、小孔をあけ、種を抜いて、水洗したのち、口に含んで、舌で圧し鳴らすのであるが、近海でとれる螺貝の卵囊の「長刀《なぎなた》」とか、「海酸漿」とかいう動物性のもあった。これは天然色が黄いろいから梅酢につけて、赤く染めたのを売っていた。酸漿屋の屋台には、丹波ほうずきの赤い実がくびを円型に揃えて束ねてあるのが、いくつも下がって飾りとなっていた。

あのほうずきのキュウと鳴る音を聴かなくなって久しい。

屑屋

紙屑拾いというのがあった。蓬髪弊衣、垢だらけで、栄養不良らしい男たちが屑籠を背負って、あてもなく街々を彷徨し、往来に散らばっている紙屑類を竹の挟《はさみ》で拾い上げては肩越しに竹籠に放りこんでいた。時にはごみ函をかきまわして、残飯などを探している後ろ姿はあわれだった。しかしいまはもう紙屑拾いの姿は見かけない。

この紙屑拾いと同じような竹籠を背負ってはいたが、それには古物商として住所氏名を書いてある鑑札をつけ、籠の中には天秤のはかりが入っているのは屑屋だった。これは立派な正業で、中には手車を引いてくるのもあった。世帯やつれのした顔で、身なりも決して調ってはいなかった。一日の稼ぎがどれ位になるのか、買い集めた屑や古物を親方に引取って貰って、その鞘で暮らしを立てている人達なのである。

「ええ、くずーい、おはらい」と街々を触れ歩いていた。呼びとめられて出される紙屑や、古新聞、古雑誌の類をはかりにかけて、看貫《かんかん》しては引取り代金がきまると、屑屋は懐ろから浅黄木綿の財布を拡げて、銀貨や銅貨をつまみ出してお客に払うのだった。

そしてまた渋い声を絞り出すように「えェ、屑い、お払い」と言っては歩いて行く。

いまも古新聞、古雑誌、空函の類を買い歩いて古物回収を業とする人達はいないことはないが、あの屑い、お払いの呼び声はきかれないようである。

おわいや

水洗の浄化装置がまだ普及していなかった明治時代の排泄物処理について糞尿譚をすることは、臭い物に蓋をするわけではないが、わたしにはどうも「はばかり」があるようだ。しかし敢えて鼻をつまむ思いで書くことにしよう。

あのころ東京市役所がどんな機構で清掃事業をやっていたのか、むろんわたしの知るところでないし、それにどんな関連があったかも知らないが、東京周辺の近郊から新宿、目黒、板橋、日暮里、千住あたりを通って、毎日肥桶《こえたご》を積んだ手車を引いて、都心に汲取りにやってくる農家の人達がおおぜいいた。この汲取りの内容は金肥の利用の少なかった当時として大切な肥料だったらしく、せっせとこれを集めていた。あの人達には畑仕事の延長だったのである。

定期的に特約してある家々を廻って来ては、便所の外の汲取り口をあけて、長い柄の肥《こえ》柄杓《びしゃく》で壺の中のものを汲みだし、肥桶に移して、その蓋を堅く閉め、これを車に積みこんで運んで行く。

そんな仕事は汚穢きわまるものであり、悪臭は嗅神経を強く刺戟するから、つらい労働だったに相違ない。そのお百姓さんたちを東京のものはみんな「おわいや」と呼んでいた。この呼称は仮名で書けばまだ助かるが、漢字で「汚穢屋」と書くと、それだけで臭気芬々と鼻をつくような思いがする。

汲取りがすんで、おわいやが帰っても、嫌なにおいは家中に揺曳とただよっているので、よくわたし達は藤沢の片脳油を撒いたり、鳩居堂の「梅ヶ香」をたきこめたりした。

今から考えると不思議に思われるのは、こうして遠く郊外から清掃にきて、運搬してくれるこの人たちに賃金を支払うどころか、逆に先方がお礼をいって仕事をしてくれたことである。そして盆暮れには自家栽培の野菜ものや、味噌などをふだん掃除さしていただいているお礼にもってきたのである。こうして農家の人達は肥料を獲得するために営々として働いていた。

それから半世紀、世知がらくなって、汲取りは反対に切符制で料金を支払うほか、チップの多少によって雪隠《せっちんづ》詰めをくわされる期間が続いたが、いまでは東京都の掃除自動車がサクションポンプのホースで機械的に汲取ることにより、悪臭も吹き飛んでしまった。

それからも一つの変化は、あの頃の「おわいや」をやった東京近郊の農家の息子や、孫たちが、地主という特権階級となって、地価の値上がりや、農地の地目変更などという不労所得で、自家用車をドライブしたり、ゴルフ、ボーリング等に近代生活をエンジョイしていることである。

撒水夫

木で作った方型の水槽をのせた手車を挽いて、東京の街々を歩いている人夫があった。鍔《つば》の広い麦藁帽をかぶっていたので、わたしにはこの東京市道路局の傭員である撒水夫と麦藁帽とが結びついている。

水槽のうしろに鉄管が接続していて、それに小さい孔がたくさんあけてあった。梶棒の側に突き出た鉄の棒についているロープを引張ると、水槽内の栓が開いて、鉄管の小孔から細い線条となった水が噴き出し、路上に撒布される仕掛けになっていた。

舗装されていないところが多かった東京の道路は、晴天が続くと白々と乾き切って、少しの風にも埃りが飛び、強風の吹く日には眼もあけていられないくらい砂ほこりが舞い上がるのであるから、こんな原始的な撒水車でも、風塵を防止する役には立っていた。

お濠端にあった給水所で、「型になっている水道管から撒水車に給水をうけながら、撒水夫が日陰で一ぷくしている情景がまだ眼に浮かんでくる。

スプリンクラーのついた大型撒水自動車や、大きなローラーブラッシュで舗装道路を一気に洗う道路洗滌自動車が東京の往来に動くようになったのは、昭和に入ってからである。

点灯夫

商店や、住宅の軒先にはブリキ製の山型屋根のある四角い硝子張りの街灯が取り付けてあり、この石油らんぷの点灯を月々いくらで請け負う東京点灯会社というのが神田柳原にあった。

昼間はその会社の点灯夫が脚立《きゃたつ》を肩にしてやってきては、軒灯《けんとう》のらんぷに石油を補給した上、木綿の灯心の燃えかすを鋏で切ったり、平らにならしたりしてから、油煙でくもっている火筒《ほや》を掃除するのだった。

あのころ東京の下町でも黄昏時《たそがれどき》になると、横町の往来の上を蝙蝠がどこからともなく現われて、高く低く忙しそうに飛び廻っていた。そんな暮れ方、シャツに半ズボン、脚絆、草鞋ばきの出立《いでたち》で、脚立を肩に、手提げらんぷを持った点灯夫が颯爽と登場してくる。彼は軒灯の下に脚立を立て、たったっと上がって行ったと思うと、軒灯のらんぷに黄色いほのかな光りがともる。彼は下りる途端に早くも脚立を肩に掛けて、薄闇の中に消えて行く。

やがて夜のとばりがだんだんに下りてくると、軒灯はだんだんに明るさを増して、あたりを照らし出すのだった。

わたしたちはこの石油らんぷのともる軒灯をガス灯とも呼んでいたが、ほんとうの瓦斯がつく街灯は銀座や、日本橋の大通りに立っていた。これには瓦斯会社の点灯夫が二メートルもある長いT字型の点火棒を担いできては、その棒の一端でコックを開け、魔法を使うようにパッと点火した。これは棒の頂点に硫黄のようなものが塡めてあるらしく、その口火《くちび》を瓦斯灯のバーナーに近づけると、そこから燃え上がる銀杏の葉型の赤黄色い光炎は文明開化の象徴のように思われるのだった。

瓦斯灯といえば、まだ東京の一般家庭でも石油らんぷが全盛で、寝間には菜種油に灯心の行灯《あんどん》も用いられたころ、それは多分明治三十二年、奠都三十年祭のときだったと思う。わたしは銀座尾張町の西南角にあった東京日々新聞社（いまの毎日新聞社の前身）の瓦斯灯のイルミネーションを見にいった。それは「奉祝」という二字に型取って蠟付けされた細いパイプにあけてある小孔から噴き出る瓦斯が、じいじい音を立てて、黄や紫色のほのおになり燃えているだけのものだった。それがわたしにはとても明かるく、美しく見えたのだ。

あの頃の街々の石油の軒灯や瓦斯の街灯も、その後普及した電灯の光りの前にはいつか光燦を失って、点灯夫の姿も街頭から消えてしまった。

虚無僧

顔をかくすように葭《よし》の深編笠をかむり、白無地の小袖に、絹の丸ぐけ帯を前に結び、黒い袈裟を掛け、笛を入れた緞子《どんす》の袋を腰に、白足袋、高下駄をはき、門口に立って尺八を吹きならしつつ行脚《あんぎゃ》する人があった。虚無僧という。これは室町時代普化宗の僧朗庵が宗祖普化禅師の風を学んで、薦《こも》の上に坐して尺八を吹いたことからこも僧といったのに始まるのだそうで、普化宗有髪の僧だとあって普化僧とも書き、「こむそう」と読ませている。武士の犯罪者が逮捕者を免かれるため、この群れに入ったという話はありそうなことである。

大正末期だった。たまたま赤坂溜池のビルの階上から路地の片隅を見下ろすと、自転車にのってきた軽装な男があって、サドルのうしろにつけた木函から着物を取り出して着換えをしていたが、暫くすると深編笠の虚無僧姿に扮装していた。そしてスリッパを高下駄に履きかえると、自転車はロックしてその儘そこに置き、その虚無僧は尺八をもって門附《かどづ》けに出かけた。赤坂溜池あたりは花柳界があるから、おひねりの上がりは多いかも知れない。その虚無僧は夕刻またそこに戻ってきて、初めの軽装に着かえると、自転車のペタルも軽やかにたそがれの街に消えて行った。

これは似而非《えせ》虚無僧かも知れないが、わたしはここに現代版虚無僧を見た思いがした。わたしが虚無僧を「明治商売往来」の一業種に取り上げるゆえんである。

もうこの虚無僧すがたも街には消えて、たまにテレビの映像に見かけるくらいになってしまった。

按　摩

静もりかえった夜の下町《したまち》の空気を突きさすように、ピーッ、ピーィと鋭い笛の音を細く長く響かせてから、しばらく間があって、「あんまーァ、かみしも、さんびゃーくもん」とうら悲しい呼び声がきこえてくる。それはおそらく高下駄を履いて、竹の杖で前方を叩きながら歩いてくる盲目の按摩なのであろう。その声と音はだんだん近くなり、そしてまた徐々に遠くなっていく。

「かみしも」は上体下肢、「三百文」は三銭のこと。明治三十年ころ、一時間近く揉み療治をしてその賃金が三銭だったのである。

むかしの按摩は主として盲目のひとの生業《なりわい》だったが、目あきの人もいないではなかった。その治療にも流儀があって、杉山流とか、吉田流とかが知られていた。日本橋四日市の東仲通りに吉田流の宗家吉田久庵の住居があって、そこには五体のすこやかな内弟子が大勢いたようだ。

　父がよく肩が凝るというので、わたしは近所の杉山流の按摩さんのうちに頼みにいったが、そこにはいつもひとに伴《つ》れられてくる盲目の按摩さんがいて、父は勘どころをうまく掴んで、筋肉の凝りを解きほごすように揉んでくれるのをよろこんでいた。そしてやって貰っているうちに、いつか軽いいびきをかいて寝入ってしまうのがきまりだった。

　いまでは熱海とか、箱根などの温泉場に、国家試験に合格したというマッサージの治療士が幾百人も集中群居していて、宴会の浴客の求めに応じている。その時間は短く、しかも料金は五、六百円するらしいが、もう東京の都心ではこの商売は成立たないのであろう、ほとんど見かけないようである。

銀座の夜店

　いま銀座八丁の夜は豪奢な商品が飾り窓のきらびやかな照明に浮かび上がり、空には五彩のネオンが点滅し車道にはひしめく自動車のヘッドライトや、テールライトが光りの尾をひいて、あかるく、はなやかではあるが、何か盛装した貴婦人のようによそよそしくて親しみにくい。

　それにひきかえて、明治の銀座には庶民的な雰囲気が漂っていて、だれにも親しみを感じさせた。それはむかし恋しい銀座の柳や、煉瓦への郷愁ばかりではない。あの舗道にひろげられた夜店があずかって力があったのだ。

夜店といっても地蔵さんや、清正公《せいしょこ》さんの縁日のそれとは違って、うらぶれたような感じは少しもなく、あかるく良心的な商品を扱う店が多かった。夜店のあるじ達も大抵は京橋、築地、日本橋、八丁堀あたりに店をもっている商人が、日暮れどきになると商品を車に積んでやってきては、所定の場所に店をひろげた。小さなものは車のついた台の上に、嵩張るものは路上に莫座のような敷物をしいて品物を並べていた。

わたしが物心ついたころの銀座の夜は、柳の街路樹のあいだに立ち並ぶ街灯のあかるい光りのもと、舗道の夜店にはアセチレン瓦斯の悪臭が鼻をつき、カンテラの灯の炎からは黒いけむりが立ち昇っていた。そして車道には鉄道馬車がベルをならしながら通っていた。それが電車にかわって、自動車もボツボツ通るころになると、銀座の夜店も正睦会とかいう組合によって、照明もながいコードが引っ張り廻されて電球のあかるい灯になり、同じようなキャンバス張りで少しの雨露は凌ぐことができるようになった。

しかし明治時代は文字通り露店で屋根がないのが多かったから、ポツポツ降りだすと、すぐ早仕舞をして帰り支度をした。

その夜店の出るのは東側ばかりで、京橋一丁目から尾張町あたりまで、その先はまばらとなり、竹川町、出雲町、金六町と新橋寄りは西側と同じようにほとんど夜店は張られなかった。そしていつも一番ひとの雑踏するのは銀座四丁目の一角で、それが年末ともなればごったかえす人ごみで、よく連れを見失うことが多かった。

いまは夜になると閉店する銀行や、デパートの多くが東側に集まったのと、西側には奥に数寄屋橋、並木通を控えていて、ショッピングには便利なため、雑踏は西に移ってしまったが、あの頃の西側は人通りもまばらだった、といっても過言ではなかった。

銀座の夜店には玩具、古本、パイプ、古帽子、蟇口、歯刷子、足袋、霧吹、鰹節削、盆栽、水中花、古銭、靴墨、万年筆、草履、ステッキ、箒、肥料、苗、標札、米櫃、ハタキ、骨董など、ピンからキリまで種々雑多なものがあった。

その中に幾軒も古本屋があったが、わたしが忘れられないのは、銀座二丁目の岸田精錡水本舗前にいつも店をだしていた洋書専門の古本屋だった。洋書といっても主に外国の機械器具メーカーの型録《カタログ》と、他に読み古しの外国雑誌をならべていたので、その前に長いことしゃがんで掘出し物を探している洋服姿のひともあれば、自分の専門に関する型録のイラストレーションに感心して買って行く職人風のひとも見かけた。少年のわたしはここでドイツの週刊誌『ディ・ヴォッヘ』を発見し、一部二、三銭でそれを買った。むろん鬚題目のドイツ語が読めるわけではない。そこに挿入されているカットのユーゲンド・シュテイル(ドイツのアールヌーボー様式)の図案がとても新鮮なのに惹かれたからだった。

それから尾張町一丁目のいまの松坂屋前あたりに出ていた古本屋には、明治文明開化の文献や、文学の稀覯本が多く、その書名と売価を大きく書いた襷がかけて並べられていた。この山崎という主人も根っからの本好きで、馴染み客も多かったようだ。大正時代ではあるがわたしの兄もひいきにしていたらしく、たまに一緒に行くと、「先生、先達ってお話の本はこれでしょうか?」とか、「○○○を柳田先生にお願いしました」とか、親しく話しかけていた。

銀座四丁目、いまの三越前あたりには四、五軒骨董屋が並んでいた。高級な茶道具、黒檀の飾り棚、紫檀の卓子《テーブル》、ほんものの文晁の軸物、青磁の花瓶などのほか、季節には緋縅しの鎧を鎧櫃の上にデンとのせて人目をひいていた。

それよりわたしも心ひかれたのは、屋張町新地の、いまコックドール前あたりに出ていた西洋骨董屋の店であった。ここには紙腔琴、同じ写真を二枚ずつ貼ってあるカードを見る立体覗き眼鏡、金色燦然たる飾り額に入っているロシアのイコン、手風琴、外国の名所絵入りのスプーンセット、ペルシア絨氈、ルイスデールまがいのクラシックな風景画、ヴエネティア硝子の花瓶、オルゴール、マジョリカの掛皿、古雅な置洋灯《ランプ》などエキゾチックな品々が雑然とならんでいた。わたしは明治末期から大正にかけて、銀座漫歩を楽しむたび毎にここの前にしゃがんだ。そこで手に入れた十九世紀の稚拙なフランス人形はすすけ、古びたまま、今なおわたしの身辺に残っている。

銀座の夜店はその頃から大正、昭和とながく続いたが、終戦後五、六年して米軍の命令一下、撤廃され、スマートにはなったものの、なんとも取りすました顔になってしまった。

蕎麦屋の書家

いまの若い人達が単にそばというのは中華そばのことであり、本来のそばのことは日本そばというのだそうであるが、こんな本末顚倒もご時勢というものだろうか。砂場《すなば》とか、更科《さらしな》とか、藪《やぶ》とか、蘭麵《らんめん》とか、長寿庵とか、名店を誇る看板をかかげる蕎麦屋は東京の街々にいくらも残っているが、それにしても蕎麦粉のつなぎの饂飩がたくさん入った、色の白い規格品のそばを皿に盛って出すような、見識もない店が何と多くなったことか。古いといわれるかも知れないが、わたしはそば屋の市松模様の畳の上に坐って、朱塗りのせいろうの上に盛られた色の浅黒いそばを、割箸で背延びするように高く上げては、たれの入った茶碗に半ばひたして、口の中にすすりこんだのち、朱塗りの湯桶《ゆとう》に入った熱いそば湯をついで飲む、あの味と、あの趣きを忘れることができない。ところで、わたしはいまそば屋について書くつもりではなかったのだ。

せんだって砂場の主人を囲む座談会の記事を読んで、むかしはそば屋あいての珍らしい商売があったことを初めて知ったので、念のため書きとめたいと思うのである。

どこのそば屋でも、もり、かけ、ざるから始まって種ものなど、品書きの文字は一癖ある古風な筆致であることは知っていたが、その品書きを専門に書いて廻る書家というか、筆工というか、これだけを渡世にする人達があったという。提灯屋の文字だけを書く職人のように、これはそば屋のビラ、看板だけを書くのである。品書きがよごれて、古びたころを見計らって出入りのそば屋へ風呂敷包みを背負って、「いかがです。もう書き直す時分でしょう」、そういって下ろす包みの中には、大きな箱に筆、硯、紙までが入っているのだそうである。

このそば品書きの文字職人は、面白いことに「景丸」とか、「芳丸」とか語尾に必ず丸がついた雅号があり、中でも「竜丸」という人が一番うまかったと、砂場の主人村松茂さんは語っている。そしてこんな人達が戦前まではいたそうである。

公園の写真師

仲見世をまっすぐ金竜山浅草寺の観音に参詣して、階段を下りると見世物小屋のある六区へむかうのが順路である。淡島《あわしま》さんの脇から花屋敷への途中、境内のそここに地割りして、竹の柱に木綿の遮幕をめぐらした写真師の簡易写場がいくつもならんでいた。その入口には兵隊、店員、職人、学生、地方の人たちの群像や、全身像や、半身像など記念写真の見本が額縁《がくぶち》に入ってかけてある。そしてその写真師が客引きに大童《おおわらわ》で、執拗に道ゆく人を引き留めている。それがどこでも必死に呼び込んでいるさまは、江の島の土産物店や、茶店に似ていた。

わたしはついぞ撮って貰った事もなかったが、その幔幕の中には木製組立ての三脚台の上に暗函蛇腹式の写真機が立ち、その上に赤いうらの黒い暗幕が乗っていた。そして背景には灰一色のペンキで、柱頭のようなものが淡く描いてあった。

せんだってNHKのテレビに、パリのモンマルトルで世界から集まってくる観光客を相手にカメラをもってお客を勧誘するのに大童になっている写真屋を撮っていた。カメラが普及化した今日、撮ったプリントを即座に渡すようにスピーディなものであろうが、それでもなかなかお客はつかない風だった。わたしはこれを見て、はしなくも七十年前の浅草公園における野外写真屋を思い出したのであった。

染物屋

平家か二階家が大地をなぞるように低く立ち並んでいた下町の空に、ぬきんでて高いものは、四角型の木の櫓を黒く塗った半鐘台か、時計屋の屋根にあがっている時計台か、銭湯の煙突くらいのものであったが、東神田の東福田町、松枝町、岩本町あたり一帯には瓦葺きの屋上高く、十数メートルもある物干場がここかしこに聳え立っていた。そして晴れ

東神田染物師の物干場に高く手拭染を晒らす
（山本松谷画、「新撰東京名所図会」明治 33 年 2 月）

た日々にはどこの物干場の上からも、細長い布が無数に垂れ下がって、それが幟か旗のようにへんぽんと風に翻っている壮観を遠くからも望み見ることができた。

それからまたその合い間のところどころに、高く立った柱と柱とのあいだを継ぐように布帛の両縁を竹の伸子で弓形に撓め張りした染物が幾段にもつるしてあって、これも風にゆれ動いているのを眺めることができた。

それはこの附近には染屋が多く、大抵のうちでは手拭染めをしていたので、その布を晒しているのだった。あの頃の東京の空は煤煙の浮游することもなく、大気の汚染もなかったので、都心でこんなことができたのであろう。今日では全く考えられない風景であった。

染物屋のことを染屋ともいったが、また紺屋（こうや、またはこんや）とも呼んだ。これは藍で布を紺色に染めたからで、のちには一般に染物屋を意味するようになったのだそうである。わたしは子供のころ〝こうや〟と呼び慣れていた。その藍瓶がいくつも並んで埋めこんである仕事場で、職人が二の腕まで紺に染めて作業しているのをよく覗き見た。

日本橋区寄りの神田には明治十八年に埋立てられた溝渠を藍染川という名で呼んでいたし、いまでも紺屋町という名も残っているくらいで、むかしはこの界隈に染物屋が集まっていたようである。広重の『名所江戸百景』にも、高い物干櫓から垂れ下がっている染物がそよ風に揺れ動いている、その染物の谷間の遠い空の彼方に富士が見える、機智に富んだ構図の「神田紺屋町」という版画がある。

しかしわたしの見たころの物干櫓は位置こそ多少移動したにしても、広重が描いた安政ころの風景とはあまり変らないように思われる。

左官と木舞掻

寸づまりの羽子板のような形の鏝板《こていた》を左手に、上塗りのぴかぴか光る鏝を右手にもった左官の職人が、梯子や、丸太を組んだ足場の上で土蔵の外壁を上塗りしている情景をよく見た。その下には大きな木製のふねに漆喰や、セメント、布海苔、苆《すさ》などを鍬《くわ》でこねては、棒の先にお碗を打ちつけたさやとりでしゃくって、鏝板にのせている年季奉公の小僧が動いていた。

左官の職人は火事の多い冬が近づくと、いざという時の用意に、出入り先のお店《たな》をまわって、目塗りの用心土をこねかえすのだった。そして近火でもあると、風向きによって紅蓮の焰や、火の子が飛んでくる。その風下にふだん出入りのお店があると、左官はこの時とばかり刺子《さしこ》の火事装束で馳けつけて、手早く土蔵の扉の目地《めじ》に粘土をぬる、というより叩きつけるのだった。よくどこそこの大火に伊勢屋の蔵が焼け残ったなどという挿話が左官の手柄話とともに語り伝えられた。左官は泥や漆喰をこねたり、壁に塗りこんだり、亀裂や落剝しないようにする技術を身につけるのに相当の年季を入れて一人前になるのだが、その頃、土蔵の壁面が鏡のようにぴかぴか光って、磨きがかかっているのがあった。これは職人が幾度となく丹念に鏝をかけて光沢《つや》出しするので、その鏝のこね方に練達の技術を要したらしい。

それから壁面に花鳥風月をテーマにした、鏝絵のレリーフをつけたものをよく見かけた。これは施主の好みにもよるが、職人芸の腕の見せどころなのだろう。盛り上げた漆喰に色づけして、小さな鏝で立体的に浮彫りする通俗的なものだったが、洋館のはアーカンサス模様を装飾につけたりしていた。

しかしもう、あんな左官仕事が殆んど混凝土《コンクリート》打ちに変ってしまったので、割の合わない光沢出しとか、鏝絵の技術伝承はすたれてしまったようである。

それから左官が土壁を塗るための木舞搔《こまいかき》という下職も姿を消した。木舞搔といっても今のひとには意味が通じないかも知れないが、土壁の下地のために細長い小竹を井桁に組んで、細縄で結わえる。それを木舞と云い、その専門の職人を木舞搔と呼んだ。このせつは住宅建築も新建材による乾式構造ばやりで、左官の手が抜けるようになったから、こうした仕事はなくなってしまったのであろう。

植木屋

東京の近郊には植木屋がかたまっていて、それが地域によりそれぞれに特色のある花卉を栽培し、その開花期には集団的に開園して都心からの客をあつめていた。大久保のつつじ、入谷の朝顔、団子坂の菊など、その代表的なもので、まだ交通が不便な時代だったからその往復は容易なことではなかった。それでも物見遊山の対照がそうたくさんはなかったから、結構みんな賑わった。

大久保百人町あたりは閑静な郊外で、地価も安かったのであろう、植木屋が幾軒もあって、その自園につつじの育成に専念していた。そして五月末、花の見頃になると、縦覧随意×〇園などと看板を出し、紅、白、斑らの花が絢爛と咲くつつじを呼び物に満都の客を呼んだ。わたしは日清戦争のさなか、その大久保のつつじを見に行ったことを忘れない。花の綺麗さもさることながら、日本橋から大久保までの道中が印象的だったのである。呉服橋ぎわから伝馬船に乗せられて、外濠づたいに神田橋、一つ橋、俎橋《まないたばし》の下をくぐり、飯田河岸に上がって、甲武鉄道の起点だった飯田橋駅から汽車で新大久保駅まで行った。そしていくつかのつつじ園を見て廻ったのであるが、肝腎の花のことは忘れてしまっても、その乗りものの乗り継ぎが頭にこびりついている。

この大久保のつつじは明治三十六年、日比谷公園が造成されたとき、ここに移植されて新公園の異彩となったが、その頃から大久保のつつじという話をきかなくなり、あのあたりもだんだん住宅地に変貌していったらしい。

入谷の朝顔は日露戦争ころまで、団子坂の菊と並んで、東京の名物となっていた。入谷、浅草あたりの古い溝泥《どぶどろ》を枯らした土が朝顔の栽培に適しているといわれ、それを黒い土鉢に入れて丹精し、紅、白、瑠璃、浅黄、柿色などとりどりに大輪の花を咲かせて、雛壇のように並べて飾っていた。その絞りや縁《ふち》とりの花が朝露を含んで、槿花一朝の栄えを見に集まる人で賑わっていた。

わたしは毎年夏になると一回は京橋から入谷まで歩いて朝顔を見に行った。いつも暗いうちに起こされて、眠い目をこすりながら、軒燈のほのくらい、人通りもない街々を、てくてくと歩いて、夜のしらじら明けに不忍池畔に出ると、うす靄の下りた池には紅蓮白蓮が咲いていて、そよ風が冷たく頬を撫でる。それから上野の山をこえて入谷にくると、開花園、新亀、植惣、丸新など、どこの植木園も見物や、ひやかしの客で賑わっている。

帰りには土産の鉢を下げて、岡野のお汁粉とか、笹の雪の豆腐料理とか、ときには上野山下に出て、揚出しで軽い朝食をすまし、その頃にはもう動いている鉄道馬車に乗って帰る慣わしだった。

その入谷もその後、地価が上がるにつれて、つぎつぎに他へ移ったあとに貸家が建つという風で、入谷の朝顔市はすっかり衰靡したが、最近また復活し、話題になっている様子である。それでもむかしほどのことはあるまい。

それから団子坂の菊である。

夏目漱石の『三四郎』にもあの頃の団子坂の菊人形が舞台になっているが、団子坂一帯には菊作りの植木屋が集団をなしていて、花の見頃になると趣向を凝らした菊花壇や、造り物を飾り立てて看客を集めていた。「風俗画報」（明治二十八年十一月号）に出ている山下重民の「菊細工」によれば、弘化二年（一八四五）には白山、駒込、根岸、谷中あたり一帯、植木屋でない家まで競って菊の造り物をし、その数が六十余軒に及んだとあり、また文久元年（一八六一）には「根津、千駄木、藪下の辺、菊の造物多く出来て、日々遊観の人多し」（『武江年表』）とあるが、維新前後中絶、明治十年以後漸次盛大になったと書いている。

わたしが両親に連れられて、初めて団子坂の菊人形を見物に行ったのは明治二十八年の秋だった。上野から団子坂まで人力車に乗ったと思う。「風俗画報」によるとその頃、植梅、新籾《あらもみ》、種半、植安、植惣などなどの植木屋が並んでいたらしい。いずれも大きな幟や、旗を幾本となく立てて、人気役者の似顔による歌舞伎の舞台や、日清戦争のシーンによる菊人形の標題を書いた看板を並べ立て、呼び込みの男が「サアサア、評判の何々はコチラコチラ」とうるさいようにわめいていた。

わたしはその時、原田重吉玄武門破りというのを見たことを覚えているから、「菊細工」の中に、

——◉植重　国性爺紅流し「左団次」の和藤内、セリ出し「福助」の錦祥女、「権十郎」の甘輝、舞台廻って日向島景清「団十郎」、娘人丸「福助」、佐次兵衛「寿美蔵」、原田重吉玄武門破り、樋口大尉勇戦、鞘当伴左衛門「団十郎」、山左「菊五郎」、留女「秀調」、花壇菊盆栽類——

とあるので、植重に入ったことは確からしい。

その団子坂の菊人形は、のちに両国の国技館に持ちこされたが、いまは菊見煎餅に名をとどめるくらいになった。

このほか集団ではないが、本所四つ目の牡丹園、堀切の菖蒲園は共に都心からの見物客を集めていた。その頃、遠出のリクリエーションの目標だったのである。

それから駒込動坂のばら新は、自園の露地に薔薇を栽培していて、香りの高いエキゾチックなばらの花に、それぞれ大山吹とか、天地開とか和名をつけていた。このばら新は、のちに池上本門寺近くに移っていた。わたしは戦後まで時折りはそこを訪れて、その老女主人と馴染みとなったが、そのひとが亡くなってからは、ばらを世話する男手がないままに、その一隅に土蔵が建ち、質屋の暖簾が下がるようになった。

すだれ師

夏になると薄ものに衣替えをするのと同じで、座敷の模様替えをした。紙障子をはずして簾障子か、掛簾にかえたり、縁先や、窓側の軒先に簾を下げる。それは暑い日光の直射をふせぐばかりでなく、涼しい風も吹きこむし、家の中を覗かれぬためでもあった。そして見た眼にも爽かで、風雅だった。

それから神前の御簾《みす》、茶室のすだれから、掛茶屋の店先などに立てかける日覆いの葭簀《よしず》など、むかしはすだれの用途も多かった。

その竹簾や、葭簀を店先で編んでいる簾屋が東京の下町にもあった。わたしの知っているのは京橋大鋸《おが》町の東仲通り、喜谷実母散や、京陶器の万珠堂のならびで祇園亭という寄席のあった狩野小路の角にその店があった。屋号はなんといったか憶えないが、店頭で細く割った竹の、その節目を／＼／と電光型に揃えて「のたれ」模様にし、編糸のついている木の玉を一つおき交互にガチャン、ガチャンと前後にはねては編んでいるのが見られた。わたしはそのだんだんに仕上がっていくすだれの工程を飽かず眺めたことがあった。おそらくこれは江戸時代から伝来の技法だったのであろう。

ここは岡本一平の旧居に近くだったので、数年前、息子の太郎君と一平の遺跡をたずね廻ったとき、彼は一平の生家近くに簾屋があって、それを編む竹の音をきいたと語っていたから、大正時代までは残っていた筈である。――

ここまで書いて間もなく、わたしは所用があって、久しぶりにいまは中央区京橋一丁目と町名が変っている東仲通りを歩き、ふと「翠簾長、神山すだれ店」という看板を見つけた。狭くはなっているが、まさに覚えのあるむかしのあの店にちがいない。硝子越しに覗くと、むかしのままの原始的な仕掛けですだれ編みをしている。思いもかけず旧知の人にめぐり逢ったような懐かしさを覚えて、さっそく主人神山泰一さんに話をきかせて貰った。「翠簾長」は〝すだれちょう〟と読むのだそうで、翠簾はあおすだれのこと、長は先代長吉の頭文字で、これを屋号にしている。

神山さんは明治三十七年生まれ、先祖以来五代目だそうで、小学生の時から父を助けて、すだれづくりに一生をかけたという。

父の頃には二十人近くも職人がいたし、わたしの代になっても、十二、三人でやっていたが、今はこんな仕事を継ごうとする者もいない。業者もむかしは百軒以上もあったが、いま東京には十三軒しかない。それも機械編みで、手仕事をやっているのは三人くらいだという。「わたしも機械を使って見ましたが、やはり手作りでなければ味のあるものは出来ないから仕舞いこんであります」という話である。

「けた」と称する樫の角棒を横にして、一方は竹を交差した「馬」で支え、一端は竹の

「立《たち》ん棒」を立てて紐でつるしてある。その「けた」の下の両側に三〇ミリ位の巾に割った竹の「前垂《まえだれ》」が簾のようにたれ下がっている。その上から一五センチ間隔に編糸のついた樫の木の「玉」が編目の数だけ前後に垂れて、おもりの役もしている。その「けた」の上に葭や、竹を揃えては、「玉」を前にし、後ろにして編んで行くのである。そして編まれた作品は「前垂」のあいだに入るので、前後に動く「玉」の衝撃をプロテクトする仕掛けである。

原料の葭は行徳《ぎようとく》あたり、東京湾沿岸に簇生するのを冬の間に苅りとって使ったが、いまは採れないので江州産を使っているし、竹は京都が主だったが、これも減産しているので佐渡から取り寄せ、極細《ごくぼそ》の伊予竹を使うこともある。竹は女竹が清浄だとされて、これを使用している。それから萩の小枝や、中空でない薩摩葭を編む場合もある。あみ糸もその用途によって違うので、三十余種を揃えておくという。

簾づくりの仕事もいま茶道の静かなブームにつれて茶席用が忙しく、また海外でのジャポニカ流行の波にのって輸出もあったり、冷房をつかう料亭の座敷用には凝ったすだれを下げて、ムード作りをするための注文もあって、むかしの単なるすだれ屋ではなく、すだれ工芸店として一部には認められている。

神山さんは仕事の手も休めず、すだれづくり五十年の話をいろいろしてくれたが、御簾《みす》に関連する紐の総《ふさ》についても並々ならぬ造詣の片鱗がうかがえた。帰ろうとすると、瀬戸内晴美さんが書いた「すだれや・一筋の道」の載っている「銀座百点」をつつましく出して見せてくれた。

しごとし

「かしら」とか、鳶の者とかいう職業があった。ふだん出入りの家々の普請の杭打ち、縄張り、材料運び、棟上げなど、もろもろの雑用をし、祭礼の際には軒に提灯掛けを取り付けるとか、正月の門松《かどまつ》を飾るとか、売り出しの世話をやくとか、いろいろな力仕事を手伝うのであるが、いったん火見櫓の半鐘がジャンジャンとなれば、いちはやく紺の腹掛、股引の上に重い刺子《さしこ》の長袢纏を羽織り、頭にはこれも刺子の猫頭巾を被り、同じ刺子の手袋、足袋に草鞋をはく、というもののものしい火事装束に身をかためて、火事場にかけつけ消防の任に当たるのだった。

こんな仕事を職業としているひと達は、今でも絶滅したわけではないが、むかしのように目立つ存在ではなくなった。というのは消防の方は消防士の専門的な仕事となって、かつてのような官民協力の線が崩れてしまったからであろう。

この「かしら」というのは組頭とか、小頭とかいう役付のいわば将校、すなわち「かしら」なのであり、鳶の者というのは火事場で鳶口を使って破壊作業に当たった、いわば兵隊の呼称のようである。この職業にはまだ異名がたくさんあって、「町火消し」とか、消防夫とか、「しごとし」とか言った。そのうちでも一番普遍的な呼称は「しごとし」である。この「しごとし」の宛字は仕事師がほんとうか、それとも火事師《ひごとし》であるのか。

わたしは以前から漠然と仕事をするから仕事師だと信じていたのであるが、たまたま篠田鉱造編『明治百話』のうちに火事師と書いてあった。成程その本務が火消しだから、火事師というのが当を得ているようである。火事師と書いて「しごとし」と読むのは、「し」と「ひ」の区別を混同する東京訛りによって転化したものと解釈ができる。とこう独り合点して、わたしは以前「火事師」という短章を書いたことがある。

それが小泉信三先生の目にとまって、「火事師（しごとし）という言葉も、この頃は耳遠くなった。私は仕事師と書くのかと思っていたが、いわれて見ればなるほど火事師は江戸なまりだったのであろう」と書いて下すった。ところがまた入江俊郎さん（最高裁判所判事）からは「……『大言海』を調べますと、「仕事師」はのせてあり、「火事師」はなく、「仕事師」については（消防夫の平時、町内の足場懸、門松、家屋修繕、普請等の雑務を引受くるより云ふ）土木の雑役を業とするもの。トビノモノ（東京）。……とありました。この最後のトビノモノ（東京）というのが御高説のように火事師から転化したということなのでしょうか。訛りである以上、まず「火事師」の項を設けて説明してあってもよいと思うのですが、『大言海』には火事《ひごと》はあり、火災のことのことありますが、「火事師」は見当たりませんでした。新刊の『広辞苑』も同様でした。なお調べたり、きいたりしてみたいと思います。」と私信で親切に疑義を指摘して下すった。

わたしも手元の『広辞苑』を調べたが「ひ」の中に「ひごと（火事）、火のこと。かじ。火災。」とあって、入江さんのおっしゃるとおり、ひごとし（火事師）という項はない。それからまた「し」のなかに「しごとし（仕事師）①土木工事の雑役をなす労働者。②巧みに事業を計画・経営する人。やりて。」とあって、消防の任務については何も触れていない。

そこで「しごとし」が仕事師であるのは平時であって、火事場に飛んでいく時は火事師とする解釈は成立たないだろうか。

小島政二郎さんの『下谷生れ』の中に、「家の親父は、落語の〝火事息子〟ではないが、火事見物が好きで、すぐ火事師ソックリの火事装束に身を堅めて夜中の町へ走り出た。」とか、「……とにかく、小絲（源太郎）さんのお母さんはキリッとした奇麗な方だった。子供心にも奇麗だなあと思ったことを覚えている。百万石加賀さまお抱えの火事師——いわゆる加賀鳶の娘さんだそうだ。」など、火事師と書いているのがみつかった。

ともあれ、わたしのようなズブの素人がこんな字義について言挙げすべきではないであろう。わたしはつい何気なく火事師とひとりぎめしたわけであるが、これについて識者のご示教をいただければ仕合わせである。

牙彫師

象牙を彫刻して美術工芸品から日用品までつくる工人たちがいた。江戸時代には象牙という南蛮渡来の材料を用いるので、その細工ものはわれわれの父祖がエキゾチックな貴重品として珍重していたに相違ない。殊に象牙の根付が世に行なわれ、図柄も多種多様で、象牙根付専門の彫刻師も現われた。それでこの職人たちを牙彫師《げぼりし》とか、根付師《ねつけし》とか呼んでいたらしい。

維新後、その根付に好奇の眼を向けて、これを蒐集する外人たちが多く、にわかに重要な輸出産業となったが、やがて次第にその熱がさめて需要が減った。しかし政府当局が貿易助長策の一環として、牙彫の工芸品を奨励し、輸出向き風俗人形などを製作するようになり、牙彫は非常な活況を呈した。第一、二回ころの内国博覧会には牙彫の出品が彫刻部の大半を占め、石川光明、旭玉山、島村俊明らの名匠が輩出した。そしてフェノロサが提唱した伝統美術保存論に啓発されて、木彫や牙彫など伝来の日本彫刻は、すでにフォンタネージや、ラグーザらによって移入された洋風彫塑に拮抗した。

明治二十年、東京美術学校が創立当時、彫刻科が設けられて、まず木彫だけを教えることとなり、牙彫の竹内久一、石川光明らがその教授となった。そして洋風彫塑の実科が加えられたのは十一年後の明治三十一年だった。それほど明治前半期に於て彫刻界にしめた木彫、牙彫の勢力は今日の想像を絶するものがあった。

しかし牙彫は明治後半期に至って、漸く衰頽し下降線を辿っていた。それでも明治から大正にかけてわたしの知るべが二人ほど下谷の根岸あたりに住んでいて、牙彫を生計《たつき》にしていた。

それからまた大正初期のことであるが、美術学校西洋画科を志望していたわたしの一友人は、志願者が多くて入学の可能性がないところから、あまり受験者のない牙彫をねらって入学した。しかしとうとう牙彫はやらずに油絵ばかり描いていたのがある。

わたしの少年時代、銀座四丁目東側、いまの三越支店あたりに池田象牙細工店があって、手広く輸出もしていた。後で知ったのだが、そこが女流画家佐伯米子さんの生家だった。横浜の元町あたりにも牙彫専門店があり、外人客の蝟集する土産物店にもいろんな象牙細工が並んでいた。

そんな店先には観世音や、釈尊などの仏像、きもの姿の娘、嬉戯する子供などの風俗人形、獅子、象、犬、猫などの動物、果物、蔬菜などの静物が列んでいた。それからピラミッド型に干してある漁網の、その網の目をこまかく透かし彫にした下に、小さな漁船が蛤の貝殻の中に、ちょうど飴細工のようにしつらえた盆景の、細密精緻な技巧を凝らした置物があったことを忘れない。わたしにはどうも美術品として評価はできないが、こんな題材がその頃のフジヤマ、ゲイシャガール趣味の外人に歓ばれたことがわかるような気がする。

また別の陳列棚には頭文字《イニシアル》を透かし彫したナフキンリングとか、支那料理の長箸とか、シガレット用のパイプ、三味線の撥《ばち》や駒、賽《さいころ》、袋の緒締などが飾られていた。

そんなアイボリー・ショップも一つ一つ消えて行った。池田象牙店もその頃、銀座から芝の土橋ぎわに移って、昭和の初期まであったが、それもいつか閉店した。

おそらく今日ではあの巧緻を尽くした技術を伝承する牙彫師も、跡を絶ってしまったに相違ない。

髪結

女の子の稚子輪《ちごわ》とか、お煙草盆とか、古典的な髪型は家庭のうちで、母や姉たちが櫛上げをしたが、娘さんの結う島田、銀杏返し、内儀《おかみ》さんの丸髷は髪結さんの手を煩わさなければならなかった。

明治の中葉は束髪がだんだんに流行しはじめた頃なので、自分で頭髪をまとめたが、日本髪はそんなわけにはいかなかった。

その髪結《かみい》さんもいまは花柳界付近に僅かに残っているくらいなもので、整髪は美容師の手にゆだねてしまった。年一回、新春だけ周期的に起こる日本髪のリバイバルムードも、ふだん手がけない美容院の先生や助手の人たちがごま化して結い上げるせいか、何とも怪しげな格好のものが多いようである。

そう云えばむかしの髪結さんは、おっ師匠《しょ》さんと梳き手さんが、お客の家々に巡回して結髪したが、いまは美容師が経営するビューティサロンに出かけて行ったお客が、立ち並ぶドライヤーの下に腰をおろして、週刊誌を読みながら、先生や助手に整髪して貰うのである。

わたしの母は下町のおかみさんだから、いつも丸髷にばかり結っていた。それでよくうちにやってきた髪結さんの工程を、わたしは母のそばに坐って、子供なりに観察した。

おっ師匠《しょ》さんの前触れに先ず内弟子の若い梳き手さんが現われる。母は鏡台の前に坐って、漆塗りの厚紙で折ってある「たとう」を拡げて、結髪の小道具や材料を並べ、肩に白い布切れをかける。梳き手さんはさっそく母の背後に立って、挿してある櫛、簪、こうがい、髱止《たぼどめ》、手絡《てがら》などを抜き、さらに前髪や、両鬢《びん》の下に入っている梳毛《すきげ》の玉を取り出し、鋏で元結《もっとい》を切って髪形を解き崩し、黄楊《つげ》の梳き櫛にしゃぐまをつけて髪を梳き、その後はふうふう云いながら熱湯にひたした布切れを絞って、力いっぱいに髪の毛の癖直しをする。それが梳き終わるころを見計らったようにおっ師匠さんが登場すると、梳き手さんは交替して、次の得意先へ廻っていく。

母子愛育髪結（石版画）

そこでおっ師匠さんは母の髪の毛の部分部分に椿油や鬢付油《びんつけあぶら》をつけては梳き、何度も梳き櫛で搔いたあとを強くたばねる。頭髪を引っ張られて、眼尻をつるし上げている母は、小さいたとうに入っている黒白の元結を捧げ持って、おっ師匠さんに渡すと、彼女はその端を口に銜えて、髪の毛の根元をきりりと強く締めて結ぶのだった。それから髷や、鬢や、たぼをつくり上げる。黒い皺のある和紙の髷型に鬢付油をこってりつけて、髷の芯にしたり、水色の絞りの手絡をかけたり、銀細工の工芸的なこうがいをつけたり、鼈甲の櫛や、珊瑚の珠《たま》のかんざしを挿したり、それから両鬢に鬢挿しを入れて、そのふくらみを調整する。おっ師匠さんは母の髷が出来上がると、自分の髷に二、三本差している黄楊の鬢搔きを抜いて、その尖端を器用に動かし、髷や鬢の形を調えるのである。部屋の中には椿油や、鬢付油の強い匂いがぷんぷんとたちこめてむせるようだ。

おっ師匠さんの作業が終わると、母は合わせ鏡をして髪形を検分してから、肩にかけていた白い布切れを払って、髪の毛屑を取りまとめたり、たとうを片付けると、すぐ長火鉢の前でお茶を入れるのだった。その間におっ師匠さんは仕事のあとのひと休みに、立て膝で煙管《きせる》の刻み煙草を二、三ぷくたて続けにふかしたのち、一つ二つ世間話をしながらお茶を飲んで、さて母が半紙に包んだ髪結銭《かみいせん》を押し頂くようにしてから帯の間に挿しこんで帰っていくのである。

しかし年末だけは髪結さんが多忙なので、大晦日あさ早く、母の方から髪結さんの家へ出かけてゆく慣わしだった。

明治の末年ころ京橋宗十郎町、いまの西銀座七丁目の並木通り東側に桑島千代とかいった髪結のお師匠さんの店があって、いつも新橋の芸者が大勢、髪結いに集まっていたのを憶えている。

でいでい屋

「でーい、でーい」と低い音調で、うなるような声を出して歩いてくる男がいた。これを皆はでいでい屋さんといった。「でいでい」というのは「手入、手入」の転訛で、雪駄、下駄などの手入れ直しの業者なのである。のみとか、鉋、鋸、かな槌とか修理道具を入れた風呂敷づつみを背中に背負って、路地から路地に流していた。

子供や書生たちは薩摩下駄を履いていたが、一般には日和下駄や、高下駄を履くので、その二本の歯がちびたり、欠けたりすると、どこの家でもこのでいでい屋に頼んで、台はそのまま朴歯《ほうば》を入れかえるのだった。

この頃は消費経済とかで、履き古した靴の底がいためば、修理もしないで、すぐ新しいのにはき替える時代となったが、あの頃はみんなつましく、でいでい屋の厄介になった。大正時代になってこの下駄の修理屋は、でいでいの呼び声をあげるかわりに、ポンポン、ポンと鼓を打ってやってきた。そしてもうでいでい屋とはいわずに、歯入れ屋と呼ぶようになっていた。

浅草の紙漉

ざらざらした手触りの、部厚い、濃灰色の紙を一帖何十枚だったか、竪《たて》に二つ折りにし、その真中を細い紙紐か、どうかすると藁でたばねたのを紙屋で売っていた。それは反古紙、襤褸《ぼろ》きれなどを叩いたり、搗いたりして、さらに粘土を添加して漉き返した最低の紙質だった。中には藁屑や、女の頭の髪が何本か乾いたまま喰っ付いているようなものもあって、何とも薄穢れた、不潔な感じだった。

これが浅草紙といって、江戸時代から明治に伝わる落とし紙だった。きたない話で恐縮であるが、わが家のはばかりには、いつも菓子折の空函にこの浅草紙を半分に截って入っていた。いや、わが家ばかりではない、おそらく下町のどこの家庭でも、この浅草紙を落とし紙として常用していたに相違ない。

浅草紙というのは浅草山谷《さんや》あたりで、この紙漉きをしていた家が多かったので、その名があるという。が、わたしはついぞその現場を見たことがなかった。見るからに非衛生的な感じの製品だったから、その抄紙場のきたなさも想像できるようである。

桜紙、江戸川紙、巻取りのトイレットペーパー、クリネックス・ティシュー等々、この種の紙も時代によって推移し、向上して、もう浅草紙のような粗悪紙を使う人もなくなったので、いまは見たくも見られない。浅草紙といっても、どんなものか若い人は知らないだろう。

綿打職人

「弓打ち綿をしのぶ」という随筆が眼にとまった。筆者は『ふとん綿の歴史』の著者で東京都製綿工業協同組合理事長吉村武夫とある。

むかしは、大阪や三河あたりから送ってくる繰り綿を弓にかけて打ちほぐす綿屋が各所にあり、人々はその綿を買って、布団の内綿にしたり、糸に紡《つむ》いで着物にしたり、綿入れの冬物をつくった。つまり弓打ちはそのころの繊維工業——日本人の衣生活の根本になっていたのであるが、大正初期にとだえてしまった。だからいまのひとはこの弓打ち綿を知らない。吉村さんすら十年ほど前、古老が実演した弓打ちを見るまでは見たこともなかったそうである。

一人前の腕のある弓打ち職人でも日に二、三本しか仕上げられなかったという。一本というのは一貫目、いまの三・七五キロである。それが現在のカード機によると、一基の日産一三〇貫、いまの三九キロというマスプロが可能になってしまった。旧式の弓打ち方式が顧みられなくなったのも当然である。わたしがこんな弓打ち綿に関心をもつのは、明治二十年代に綿打職人がこの弓の弦《つる》を鳴らしながら製綿している姿をよく見たからだ。と云うのは、祖母の家が日本橋平松町、いまの白木屋の東側近くにあって、炭屋を商売にしていたが、副業として綿打ちをさせていたからである。

そのお祖母さんの家の茶の間に話していると、隣りの部屋が綿打ち場に充てられていたので、襖越しに絶えずピンピン、ピンピンという余韻のある弦の音が響いてきた。

その綿打ち場では天井から釣った紐に繋がれた一・五メートル位はある弓を横に構えた

職人が、繰り綿の上に弦を鳴らしながら作業していた。それはしがない手工業だった。ある時、祖母は職人に「はい、今月の手間賃。お前さんのはせんだっての前貸が差引いてあるよ」と工賃を支払っているのを見たことがある。月末の勘定日だったのであろう。

職人の打上げた綿は同じような大きさに畳まれ、白い和紙でふっくらと包装される。その包み紙の上には「白木青梅綿」「白木屋呉服店」と木版で黒く刷ってあった。

『広辞苑』によると、青梅綿というのは「二枚で本裁《だち》の着物一枚分となるよう伸した綿」だそうで、府下の青梅町が布団の産地だったため、この名があったらしい。

祖母の家では白木屋をお店《たな》と呼んでいた。その製綿はそっくりそのまま、お店に納入する下請けだったのである。

日清戦争ころ祖母の家は商売をやめて、仕舞家《しもたや》になったから、記憶もおぼろげで、綿打ち職人についてはこんなことしか知らない。

へっつい直し

いまの一般家庭では電気、瓦斯、冷蔵庫、自動湯沸器、スティンレス・シンク等の完備したダイニング・キッチェンで、スウイッチを捻るだけの一挙手一投足で、食事の煮炊きが出来るが、明治時代には不便な台所で、おへっついによってご飯を炊き、おかずを煮た。

あの頃わが家の台所には堅木の台の上に、土と石を築き、表面を黒く仕上げてあるへっついが、でんと据えられていた。そしてその二つの焚き口の上には大釜と、鉄鍋とがのっていた。

その燃料は松や雑木の薪《まき》で、床の上げ板の下にはいつも薪の束や、炭俵が入っていた。ご飯を炊いたり、煮物をしたりするには、このへっついの焚き口に薪を入れて点火するので、その近くにはいつもマッチや、付木がおいてあり、火吹き竹が横たわっていた。また一対の長い鉄の火箸が頭部を鎖でつないであった。そして燃えさしの燠《おき》を取っておくため、黒い素焼の火消壺がそばに備えてあった。

薪が燃え出すと、火焔とともに煙りが焚き口から流れ出て、台所に立ちこめると、へっついの上にしつらえた、あかり取り兼用の天窓の引き戸をあけるために、これにつないである細引きを引張るのだった。

台所の棟の上には荒神《こうじん》さんが祭ってあって、そこには秩父の三峰神社の狼が描いてあるお札が貼りつけてあった。

このへっついは内部が真っ黒に煤けていたが、大きな薪を無理に押し込んだりして、時には破損することがある。ある時その修繕を出入りの左官屋に頼んだが、忙がしいのかなかなかやって来ない。たまたま路地から路地へ渋い声で「ええ、へっつい直し」と流してきたのを幸い応急修理をして貰った。

鏝、鉄槌など小道具と一緒に、重い粘土を薄汚れた布きれに包んで持ってきた職人は、人相も悪く、左官くずれの大した腕もなさそうで、仕上がりもまずかったが、さて修理が終ると、足もとをつけこんで、篦棒《べらぼう》な高値をふっかける。母はびっくりしたが、最初に値段をきめていなかった弱身もあるので、云うままに支払ったが、こんな一現《いちげん》の直し屋にはこうした事がよくあるのだった。

おはぐろ

庭に面した縁側で、組立てた鏡台の上に磨きあげた鋼の手鏡をななめにのせ、それを覗きながら歯におはぐろをそめていた母の姿をわたしは憶えている。そのそばにはおはぐろの入った壺、真鍮の渡し金をのせた角盥の上には大ぶりな真鍮製のうがい茶碗や、白木の房楊子がのっていた。

眉毛を剃ったあとが青く残っている母の顔を、他人にはいえなかったが、何か般若《はんにゃ》のはげしい相貌に見えたのは、口の中が黒かったからである。

いったい「おはぐろ」といっても、いまの若い人たちには理解されないかも知れないが、むかしから既婚婦人はその白い歯をわざわざ黒々と染める奇習があった。古くから宮廷あたりの上流夫人はこれを装う慣わしだったが、江戸時代には一般庶民の婦女子も結婚すると、これに倣っていたということである。ともあれおはぐろをしていることは人妻の証しとされていた。

明治五年ころ福沢諭吉の『カタワ娘』がもととなって、婦人剃眉涅歯の禁令を望むものがあり、またこれに反駁するものが出て、新聞紙上に論争が展開されたが、明治六年三月、皇后陛下が率先、眉墨とともにおはぐろの使用をお廃止になったので、一般も次第にこれに倣うようになった。それでおはぐろも徐々にすたれた。しかし明治二十五、六年ころ、わたしの母はまだこれを装っていたわけである。それから間もなく母の歯も白く光るようになっていたが。

このおはぐろというのは「お歯黒め」の略語だそうで、鉄漿《かね》ともいった。穀類、黒砂糖、粗製の飴、茶汁などからつくった一種の酢に鉄片を溶かした褐色の液体で、悪臭がひどかった。これに五倍子《ふし》蜂《ばち》が白膠木《ぬりで》に作った巣をつぶしてできた青菫色の五倍子《ふし》の粉をつけて歯に塗るのであった。そのあとで唇や、その他の部分についた黒さを取り除くために、繰り返しうがいをしては角盥に吐き出すのだった。

こんな鉄漿は小間物屋で売っていたらしいが、その製造をどこでしていたのか、むろんわたしは知らなかった。

近ごろ読んだ高梨輝憲氏の『斎藤堀』によれば、「……その鉄漿をつける風習がだんだんすたった明治以後になると、それを製造するところもまた少なくなった。そして大正時代にはついに東京でも僅かに二軒になってしまった。その一軒がいまの（江東区）毛利町三十四番地、美松交通というタクシー会社のところにあった稲葉かめぶし工場がそれである。」とあった。

III

ゆうらく

縁日の蓄音器屋

蓄音器屋といっても、蓄音器そのものを売るわけでも、レコードを商う店でもない。蓄音器にいくつかのレコードをかけて、聴取料をとる商売なのである。

それが東京下町の縁日に出始めたのは明治三十二年の春頃だった。わたしの知っている範囲では西河岸の地蔵さん、京橋の清正公、人形町の水天宮、茅場町の薬師、その他の縁日にはこの蓄音器屋が高い台の上に小じんまりした器械を勿体らしくのせて出ていた。

器械にはボデイの正面にリボンのような図案が描かれ、その上にphonographと書いてあった。米国製なのであろう。そしてサウンドボックスに直結してゴムの管が十数本さがっていた。蓄音器屋はその後ろに、これも木函を台にして立っていて、最新輸入のこのフオノグラフという器械はアメリカの発明王トーマス・エヂソンが多年苦心惨憺研究の結果、完成したもので、音楽、演説なんでもこれによって再製されるから、肉声そのまま聴くことが出来る、と客寄せの前説《まえせつ》よろしく長広舌《ちょうこうぜつ》を振う。珍らしものずきの好奇心で、二銭くらいの料金を払った客達は台の下に集まって、前に垂れさがったゴム管をちょうど医者の聴診器のように両耳にはさむと、蓄音器屋は小さい茶筒ほどの蠟管を羽根箒ではらってロールに嵌め込み、サウンドボックスをかける。と、三曲合奏「越後獅子」とか、浪花節

「源蔵徳利の別れ」とかが聴える仕組で、客はレコードの廻る雑音の入った三味の音や、ひびわれた声音を神妙に聴きいるのである。そしてただこれを見守っている観衆には、ジージーという雑音だけしかきこえない。

この蓄音器が日本に将来されたのは、これよりさき十数年位も前らしいが、一部の階層に親しまれていただけで、庶民に知られたのはこの頃からだった。むろん相当高価だったから一般家庭でもこれを買うものは少なかった。それだけにこの縁日の蓄音器屋は出現当時かなり繁昌していた。

わたしはその年の夏、日光に行った時、二荒山《ふたらさん》神社の山開きに中禅寺湖畔で、この蓄音器屋が商売しているのを見て、おやもうこんな山の上にまで出張して来ているのかと驚いたことを憶えている。

しかしこの商売は際物《きわもの》で、だんだん蓄音器が普及し、朝顔型の拡声器を方々で見かけるようになるにつれて、いつか姿を消した。

日露戦争の終るころには、あの旧式な蠟管レコードのフォノグラフも、平らなエボナイトの音盤を使うグラモフォンに代り、国産品も発売されるようになった。

蓄音器屋（「風俗画報」明治 42 年 10 月）

蓄音器（『東京風俗志』下巻、明治 35 年）

絵双紙屋

わたしの幼いころ、うちのおもちゃ箱の中に錦絵を綴り合わせた大きな絵双紙帖があった。丈夫な和紙ではあるし、裏打ちもしてあったからであろうが、長いあいだ乱暴に取扱っていたのに、大していたんではいなかった。

その絵双紙帖には、凄惨な西南戦争の血なまぐさい匂いを伝えるような情景を描いた河鍋暁斎の絵があったし、夜の闇のなかに屋根船が明るく照らし出されている両国の花火や、石段上の茶店に静かに灯《ひ》がともっている愛宕山など一連の小林清親の東京風景もあった。それから赤、黒、黄、藍などの原色のこちたい宮廷の豊明殿で行なわれた憲法発布式の光景は小国政の筆だったらしい。広重の鉄道馬車や人力車が賑かに走る煉瓦造り銀座通りの街景、鉄柵いかめしい常盤橋内の印刷局前景等々。おそらく明治十年ころから十数年のあいだに出版された錦絵で、その時々の重要なニューズを取扱ったものが多かった。

そのほか両腕に隆々たる力瘤をつくって四股《しこ》を踏んでいる力士や、舞台姿に扮装している歌舞伎役者の似顔絵には横上に短冊形の色塊が刷ってあって、そこに役柄や芸名が書いてあった。それからまた着物の下にシャツを着ている女が靴ばきで洋書を片手に、洋傘をもって歩いている婦女風俗画もあった。そして終りには鉢巻に肩衣《かたぎぬ》姿で日の丸の扇を持っている川上音二郎の座像の上にオッペケ節が書いてあった。今にして思えば、これはわが家の版画蒐集だったのだ。

わたしはその絵双紙に親んでいたから、錦絵のファンだった。だからよく絵双紙屋の店頭に立った。もうその屋号は忘れたが、そこに坐っていた縞の着物で小肥りの主人の顔は今でも思い浮かべることが出来る。

日本橋通三丁目、丸善の向かい側、老舗須原屋薬種店の隣りにその店はあった。店頭へ三段くらいに紐をぴんと張って、それに三枚続きの錦絵や、大型の石版画を吊し、左右両翼には斜めに幾段にも重ねて陳列してあった。畳敷の店先には新版ものの截ち口の揃ったのを積みあげ、その傍らには小供の絵本、新刊の雑誌類を並べてあった。

美人画や、役者の似顔もあった筈だが、それは片隅にかたづけられて、戦争画一辺倒だった。グラフ類の発達しなかったあの頃はこの錦絵や、石版画がニュースの報道媒体をつとめていた。だから豊島沖の大海戦、喇叭卒白神源次郎の戦死、原田重吉玄武門一番乗など〝忠勇無双〟の日本兵士がチャンチャン坊主の兵隊を斬りまくったり、赤い砲火が炸裂したり、黄色い照明燈が濃藍の夜空に反射し、浪立つ海上には白い水柱が噴出している。そんな絵空事《えそらごと》をよろこんで見入ったのは幼いわたしばかりではなかった。

夜になると店頭に吊りランプが幾つか明るくともって、絵を見入る人影を黒く路上に投げていた。

わたしはその店頭に立ちどまって飽かず眺めたのち、母にねだって猫のお湯屋、狐の嫁入、切抜きの人形衣裳、十六むさし等をその時折りに一つずつ買って貰った。硝煙の匂いが吹きこんでくるようなむごたらしい戦争の錦絵を選ばなかったのは、値段が高いばかりではなく、弱気なわたしは嫌いだったのである。

絵双紙屋の最盛期は日清戦争が終るころまでで、その以後は徐々に書店にかわったり、廃業していったようである。

うちの近所に木版の彫師がいて、終日机の前に坐りこんで、桜か朴《ほお》の木片に刀の刃尖《きっさき》をあてていたことを思い出した。おそらく絵双紙屋に並んでいた錦絵や、新聞雑誌の口絵、挿絵の版を彫っていたのであろう。

あの絵双紙の版下を描いていた版下画工も、彫師も、それから摺師も、あの一連の工人たちの仕事はいま殆んど消え失せてしまった。

勝負づけ売り

常陸山、梅ケ谷の全盛時代が長く続いた明治三十年代、両国の回向院で大相撲の櫓太鼓がなる正月と五月には、その晴天十日間の宵の口に、「すもォしょうぶづけェ（相撲勝負付）」とこれも張りのある呼び声で、勝負付売りがやってきた。おそらくは呼出し奴のほまちだったのであろう。さすがに美声がよく透ってきこえた。これも手拭を吉原かぶりにして、提灯をもって売り歩く姿は粋だった。

新聞はまだ夕刊がなく、ましてテレビ、ラジオなど夢想もできなかった時代なので、相撲の勝敗がその日のうちに速報されるのは京橋界隈の新聞社前の掲示板か、この新聞の号外のような勝負付によるほかはなかった。それも部数も多くなかったから、売り歩く範囲も限られていたらしい。わたしと同年輩の小泉信三先生はこの勝負付の売り声を知らないと言われるから、山の手方面には足が伸びなかったらしい。

法界屋・艶歌師

若いひとは月琴という楽器を御存じないかも知れないが、この支那伝来の絃楽器は琵琶に似てやや小さく、胴は円型でひらたく、四絃八柱だった。維新前、長崎に渡来してから明治二十年代までわが国で最も流行したという。いま洋楽の流行につれて、ピアノが一般家庭に普及されているように、当時、月琴は音楽愛好家に親しまれた。そしていまの音楽ファンがカルメンのハバネラや、シューベルトの菩提樹を原語で唄うように、その頃の好事家《ずか》は明清楽《ミンシンがく》の歌詞を鵜呑みに歌唱していた。その頃の錦絵にも女学生が月琴を弾奏している図が幾つか残っている。

わたしは幼い頃、縁日で編笠をかぶり、襷がけをした書生風の男達が、月琴や、鋼線を絃とした中国箏を合奏しながら俗謡をうたっているのを見かけたことを憶えている。そのうたは明治二十四、五年ころはやりだした法界節で、歌詞の終りに必ず「ササ、ほうかい」とリフレーンがつく流行歌、これを歌うのを法界屋と呼んでいた。

この月琴の音は日清戦争を境に、ぱったり聴かれなくなってしまった。そしてこの法界屋の後継者として、月琴のかわりにヴァイオリンを伴奏に流行歌をうたう艶歌師が出現した。このうた本売りが街の人気者となったのは、野口男三郎臀肉斬り事件をうたった「ああ世は夢かまぼろしか、獄屋にひとり思い寝の」にはじまる「男三郎獄舎の懺悔」の歌が一代を風靡したからで、当時誰れも彼れもこのうたを口ずさまぬものはないくらいだった。それからまた「熱海の海岸散歩する、貫一お宮の二人連れ……」の『金色夜叉』の歌が人口に膾炙した。

この流行歌の街頭歌手はその頃から大正を経て、昭和の初期まで、人々に親しまれていたが、これもいまや過去の語り草となってしまった。

弁士

バイタスコープとか、シネマトグラフとかいう名の機械と共にそのフィルムを吉沢商会と、新井商店とが殆んど同時に輸入した。前者は電気作用自動写真、後者は教育児童映画と命名して公開することにしていたが、両者は協定を結んで、横浜と東京とで同時発表ということになり、その名称も統一する必要から福地桜痴居士に謀った結果、活動写真に決定したという、明治三十年のことである。

活動写真、略称「活動」はエジソンの発明後四年で、早くも日本に公開されたわけだが、黒白のモノクロームで、唖だったから、現在の映画のように色彩はなかったし、声も出なかったのは勿論である。従って初めは説明者を必要とした。それが弁士となった。又の名は活動の弁士なので〝活弁〟とも云った。トンカツ弁当の略称ではない。しかし活弁には多少軽蔑の意味が含まれていた。

最初わたしが活動を見たのは寄席で、落語、手品、曲芸などのあとで、皺のよった白金《しろかな》巾《きん》の幕を舞台にたらして、スクリーンとし、客席の後方中央部に機械を据えて映写した。今でもはっきり記憶しているのは、義和団事件のために出征する第五師団の兵隊が隊伍堂々と行進しているニュース映画だったが、むろん初めて見る動く幻灯に、すっかり感嘆し、魅了された。しかしフィルムのコマを極度に節約しているため、画面と画面との間にシャターの黒がうるさく入るので、人物のアクションがぎくしゃくと見えたこと。画面に雨のような傷が流れていたこと。一巻が忽ち終って、スクリーンが急に白熱した強い光りに照らし出されたことなどが印象に残った。

その時の説明は技師の一人二役で、「次に御紹介いたしまするは……」とか、「宜しく御見落としなきよう……」などと贅語を弄してフイルムの操作をしていたようだ。

それから神田の錦輝館、少し下って浅草の電気館に通ったが、そこで弁士の説明を聞いた。

映写前、舞台のベルがなると、フロックコートを一着に及んで、靴ばきならいいのだが、スリッパーを履いて出てくる活弁もあった。そして「紫紺の空に星乱れ、みどりの池には花吹雪、千村万落春たけて、おお春や春、春南方の大ローマンス」とか、「花のパリーかロンドンか、月が鳴いたかホトトギス、夜な夜な荒らす怪盗は、題してジゴマの物語……」とか、「デンマークはコペンハーゲンの片ほとり、マリーとジョージは今日しもたまの逢瀬を楽しみに……」とか、怪しげな美辞麗句をつぎはぎして枕にした前説《まえせつ》（前に説明するのをこう言った）を、抑揚おかしくしゃべったのち、「詳しくは画面についてご紹介申上げまァす」と結んで、胸にぶらさげた呼子をピリピリピリと鳴らす。途端に会場は暗くなって、スクリーンの上にタイトルや、画面が映り出すという順序である。

その映写の合い間には楽隊が「美しき天然」や、「古城の月」のようなポピュラーなメロディをヴァイオリン、手風琴、喇叭、ドラムなどで繰り返し繰り返し演奏した。それはジンタ以前の洋楽合奏だった。

弁士は画面の人物が交わす会話を、喜劇なら面白おかしく、悲劇なら深刻に悲壮にしゃべるのであるが、それが時には画面とは全くちぐはぐな説明になったり、イギリスのワシントン等と出たらめな事を言うものも初めの頃はあった。

最後に「歴史は遠し二千年、紅蓮の花咲くニール河畔、今なお残るピラミッド、千年《ちとせ》の謎を深く秘め、言わず語らず物いわず、今も行きかう旅人の噂にのぼる物語、アントニーとクレオパトラの一編はこれを以って終りと致します」といったような結びがあって、またピリピリッと呼子を合図に、場内にはパッと電灯が明るくつく。途端に「えー、アイス」、「えーおせんにあんぱん」と売子の声が騒がしくきこえてくる。

その後だんだん弁士の質も向上し、その雄弁術も錬磨されて、洋画は単独で一篇ずつ担当説明したが、目玉の松ちゃんこと尾上松之助が代表する日本もののチャンバラは映写が始まると、登場人物のせりふを主任弁士以下、弁士見習まで幾人かが分担し、かげぜりふをやりとりする。その間に三味線、大鼓、小鼓、笛、鉦など、お囃子の鳴物声色入りで賑やかなことだった。このお囃子も大正後期、洋楽の伴奏に変ったが。

弁士は草創の明治三十年代から大正を経て、昭和の初期、発声映画の出現まで三十余年続いたが、いまは昔の語り草となってしまった。

これを書いてから間もなく、人から大勢の弁士の墓があると聞いて、不審に思いながら浅草の観音さんに行って見ると、境内西北隅に「映画弁士塚」というのが建っていた。昭和三十三年の建造である。

建設者大蔵貢の碑文には

「明治の中葉わが国に初めて映画が渡来するや、これを説明する弁士誕生、幾多の名人天才相次いで現われ、その人気は映画スターを凌ぎ、わが国文化の進展に光彩を添えたが、昭和初頭トーキー出現のため姿を消すに至った。玆に往年の名弁士の名を連ね、これを記念する。」

とあって、徳川夢声、生駒雷遊、西村楽天、染井三郎、国井紫香、大辻司郎、松井翠声ら百をこえる有名無名の弁士の名が列記されていた。

言葉としての「活動写真」と「映画」との相違については、専門家にもいろいろ見解があるらしいが、わたしは弁士の存在と切り放すことの出来ない無声映画時代を活動写真時代とし、トーキー出現以後を映画時代とするのが妥当ではないかと考える。

ただ若い人達は活動写真という言葉のうちに時代後れのような軽蔑の意味を感じるらしいので、建設者も映画弁士としたのかも知れないが、こんな熟語はわたし達には馴染めないし、塚というのがまた古臭い。映画弁士塚とするから墓碑と間違えられる。それよりずばり活動写真弁士記念碑とでもしていたら、徹底したと思うのだが。

幻灯屋

幻燈（川上澄生画）

日本橋通四丁目に写真のブロマイドを売る店があった。

洗髪のお妻、ぽんたとかいう美妓や、団十郎、菊五郎など歌舞伎役者の写真も売っていたが、やはり戦争の影響で軍人の肖像をたくさん列べていた。わたし達にとって幻灯は見るだけで、それを欲しがったり、操作したりするほど生長してもいなかったが、軍人のポルトレーの方は、大人になったら陸軍大将という軍国少年なので、このコレクションは物凄く流行した。わたしも小遣い銭を傾けて天皇皇后両陛下を初め皇太子、有栖川、小松、北白川宮から大山、山県、川上、野津、奥、黒木、乃木、東郷などの将軍像を集めて、これをアルバムに差し込むのであったが、そのたびに位階によって順位を変更するので、はずしたり、はめこんだりに忙しかった。

しかし、平和になると、この熱も次第に醒めていった。そしてこのブロマイド屋もいつか廃業してしまった。

ところがその店の本業は幻灯器械や、それに差し込んで映写する原板を売ることだった。だからわたし達は幻灯会のためにその原板いまのスライドを買いに行った。墨堤の桜、月下のお台場、枕橋の秋月、鎌倉八幡宮、松島瑞巌寺、七里ケ浜より江ノ島を望む等、おもに風景写真を選んだが、一枚十五銭くらいした。

のちに幻灯器械の製造元池田都楽という老舗《しにせ》が浅草蔵前片町にあるのを知って、そこへ幾何学模様が動く仕掛けの「火輪車」という原板を買いに行ったことがある。明治三十二年の広告を見ると、この店は文化年間創業で、当時四世を名乗っていた。しかし幻灯に百年の伝統があるとすれば、その光源は何だったのだろうか。

新式瓦斯幻灯という高級品は百二十五円もしたようで、わたし達の石油ランプを光源とした普及品は三円から十円位の値ごろらしい。それからわたしはスライドを原板と書いたが、池田幻灯店の広告には映画という名で呼んでいたようである。

江川の球乗り

浅草公園の六区、十二階下の近くに江川一座の球乗り小屋があった。その前に立ってい

江川の玉乗り小屋（木村荘八画）

る竹竿には「江川一座太夫さんえ、ひいき《より》」というような幟がのぼっていた。

小屋掛けは間口一五、六メートルもあったろうか。その両端には木戸番が台に坐って、客を呼び込んでいた。その声が「さアさア、いらはい、いらはい」ときこえたのはほかの小屋もみんな同じようだった。軒先には大きな絵看板がかかった下には、一メートルくらいの高さに張出しの台があって、うしろには垂れ幕が下がっていた。そして台のはじには楽師が三、四人いて時折りドラムや、サクソホーンなどで不協和音のジンタをあたりに撒き散らしていた。

それに並んで直径五〇センチくらいの白い球が五つ六つ、ごろごろと置いてあった。そこには身体にぴったりした肉色の肌襦袢——と言いたいが、ところどころ皺のよっている木綿のコンビネーションを着た、ずんぐりと背が低くて太りじしの、お世辞にも美しい肢態とはいえない十二、三からはたちくらいの少女たちが、舞台への出を待つひととき、傍らに立ったり、球の上に乗ったりしている。これは人寄せのためのデモンストレーションなのである。

そのバックとなっている垂れ幕の内側は舞台で、ときどき、演技が高潮しているのであろう、観客の拍手が戸外にもきこえてくる。そんなとき垂れ幕が急に捲き上げられて、またさあッと下ろされる。舞台上の妙技のグリンプスで観客を呼び込む手段なのである。

わたしは家族に連れられて、観音さんに参詣したのち、花やしきと、この江川の球乗りをしばしば見た。その淡い記憶では、木戸口を入って、奥の桟敷に坐ろうとすると、案内の女の人が、頭数だけ薄い座布団を莫蓙の上にしいてくれたこと、袢を着た銀杏返しの女太夫が、足先を巧みにつかって球を乗りまわしながら、傘をさして、細い板の上を渡り高い台に乗り降りしたこと、肌襦袢の幼女たちが大きな球に乗り降りしたり、軽業の妙技を演じたが、ときおり合図にかける声がとても悲しくきこえたこと等しか残っていない。わたしには子供心にも、あの球乗りの少女達はきっと不運な星のもとに生まれ育ったのだろうと同情を禁じ得なかった。

その後、画家や彫刻家でこの球乗りの少女たちをスケッチするものが多かったので、また見たいような気もしたが、ついに足を向けなかった。

凌雲閣

浅草公園の奥山に煉瓦造り八角型十二層の高塔が毅然として聳え立っていた――とわたしはそう思っていた。凌雲閣、一般には十二階という名で知られていた、この展望塔はイギリス人バルトンの設計で、工費五万五千円を費し、明治二十三年十一月に竣工したという。到るところに二十何階という超高層のマンモスビルが林立している現在から考えると、おかしな話ではあるが、これが当時日本一の最高建築を誇る東京名物だったのだ。

高さ二百二十尺（六十七メートル）、二階から八階までは各階に売店が並び、螺旋状の階段をぐるぐると廻って昇るのであるが、館の中央に電気による昇降室があって、一階から八階までの間を上下していた、これが日本に於ける最初のエレベーターだったという。九階は休憩室といっても縁台に赤毛布のしいてある掛茶屋で、十階から上部は見晴し台となっていた。その露台に出て展望すると、平家や、二階家の低い家並の瓦屋根に埋もれた灰色の市街を僅かに彩るように遠く東京湾に注ぐ隅田川の流れと、上野公園や、皇居周辺、それから愛宕山あたりの緑があざやかだった。そして駿河台のニコライ聖堂の青錆びたドームがひときわ眼を牽いた。

こんなバーヅアイビューは現在の東京と違って、すべて色彩も地味で暗く、そして立体感にも乏しかった。それから街々の道路はまだ舗装されていなかったから、よく砂塵が風に舞い上がってはいたが、煤烟は少なかったし、スモッグの襲うこともなかったから、東京上空の汚染しない大気は澄んでいた。よく晴れた日には富士、筑波を遠望することが出来たという。

この凌雲閣は階下に演芸場があって、いろいろな余興がかかっていた。芸者の写真を集めて美人投票をし、満都の人気を集めたこともあったそうである。

わたしが両親と一緒にここに昇ったのはその少し後のことであるが、地方から出てきたお上りさんが、話の種に一度は昇るというような入場者が多かったようで、灯台もと暗しの比喩《たとえ》の通り東京の人は余り昇らなかった。わたしも浅草にくる毎に、隣りの江川一座の球乗りへはしばしば入っても、二度と十二階に昇る機会はもたなかった。

この凌雲閣は関東大震災で大破し、その後工兵の爆破作業で跡方もなく姿を消してしまった。わたしはあの野暮臭い煉瓦の高塔を軽視し、敬遠していたくせに、いまになって団十郎の弁慶を大きく描いた広告が正面に飾られている凌雲閣の写真などを見ると、そぞろに郷愁をそそられて懐かしく思うのは、わたしの老化現象なのであろうか。

覗きからくり

祭礼や、縁日によく出ていた覗きからくりも、今はもう見ることができない。二メートルに一メートルくらいの周りを囲った屋台車を据えてあり、前面に凸面レンズをはめこんだ円い穴が五、六個ついていて、そこから内部を覗くと中の画が拡大されて見える簡易な仕掛けである。

客はみんな子供であるが、料金を払って覗きこむと、屋台の脇に立つ世帯やつれのした年寄りがいて、しなう棒のようなもので屋台の上を叩きながら拍子をとり、石童丸とか、佐倉宗五郎一代記とか、物悲しい物語の筋を奇妙な節で歌うように語りながら、綱を引っ張っては次々に画面をかえて行く。

時代に即した市井の出来事を仕組んだ物語もあったらしいが、わたしの見たのは江戸時代からの伝統的な主題のものだった。

享保四年（一七一九）の浮世草紙、『艶道通鑑《えんどうつがん》』に「覗きからくりをびいどろなしに大津絵を生でみる……」云々とあるところから考えて、日本に初めてびいどろが渡来し、その拡大鏡が祭文語りに利用されたのは、少なくとも二百十年も昔からのことだったらしい。大正時代に流行した紙芝居にも似たところはあるが、この覗きからくりの方がレンズや、画面の転換に機械的な仕掛けらしいものがあった。とは云え哀れっぽい、そしてお説教めいた前時代的な解説や、毒々しい極彩色の画面には共感がもてなかったから、わたしは一、二度覗いただけである。

砂絵師

海浜の渚《なぎさ》の砂で人体のレリーフをつくったり、胸像を立体的に形成したりして、そのコンクールさえ催されるようだし、また百貨店では時折り、盆景の先生が門下生を率いて、展覧会を開くなど、砂による造型美術はいまもないわけではないが、明治時代には江戸の伝統を伝える砂絵師という大道芸術家があった。わたしの見たのはこれも浅草観音堂近くの境内に出ていた、皮膚の色もさえないお婆さんだった。地面にじかにしいた莫蓙に坐った見すぼらしいそのひとは、正直なはなし女乞食のように思われた。彼女は自分の前の地びたに色砂を摑んでは、細くしなびた右手の指の間から、その色の流れを落下さして花鳥を描き上げるのだった。

砂絵を描くには先ず地びたをよく掃除して水を撒き、地面に水気を含ませて、いわばキャンバスの下地作りをしておいてから、人出を見計らって、盆石のテクニックによって五色の彩砂をふり落とし、鶴とか亀とか創作する。と言っても庶民芸術のことだから、盆石や、盆景のような大袈裟の道具立ては一つもない。

もとよりすぐ消えてなくなるような砂絵を立ち止まって見入る人も少ないことだから、時折りの投げ銭では恐らくその日々の生計《たつき》にも足らぬ収入だったらしい。

なくなった木村荘八氏もこの奥山のお婆さんについて、「――文献によれば婆さんの砂絵は立派なものだったらしく、吉原仲の町遠見の景であるとか、右に白井権八、左に小紫の二人立ちの力作などもかいて見せたといふ。間拍子にカチカチと拍子木を入れて、おや日が暮れた、雪洞《ぼんぼり》をここに一つかう立てて、あかりをつけませうと、仲の町遠見の〝お茶屋さん〟の前へその赤いあかりを細かくつけたさうである。――」と書いているこんな時分は、きっと立ち止まって砂絵に見とれる見物も多く、それだけに妙技に感心して投げ銭が降るようにあったかも知れないが、わたしの見たのは惨めな末路に近い頃だったのであろう。木村氏はこのお婆さんが最後の人らしいと書いているが、わたしもこの最後の砂絵師を瞥見《べっけん》しただけで、その後はこんな生業《なりわい》のひとを見かけない。砂絵ではないが、路面に色チョークで絵を描いている大道芸術家がパリのモンマルトルでは今もなお存在しているようだが。

パノラマ

日清戦争後のことである。わたしは浅草の六区で、それから上野公園の擂鉢山のすぐ側にあったパノラマも見たように記憶する。それは博覧会の際の催しものだったか、その点はなはだ曖昧模糊として正確だとはいいきれない。

とにかく多角的円形で窓もない大きな木造建築には、屋上に空気抜きの塔と、採光のための磨き硝子が張ってあったようだ。入口を入ってやや暗い通路を抜け、階段をのぼると、その円型建築の中央部で、小高い場所に出る。丁度そこは野戦場の展望台にでも立ったように、遠近法によって如実に再現された苛烈な戦場の光景が視野の中に飛びこんでくる。

パノラマは観る者の眼の高さと、画面の水平線とが同じ高さとなっていて、反射光線を用い、それに画面の最下部に接する地面には、戦場に繁茂している草むらとか、放棄された輜重車輌とか、戦死した兵士とか、画中の形象と融合するような仮設物が置いてあるので、舞台のホリゾントのような効果を挙げて、実際に現地で観戦しているような思いをさ

上野パノラマ館（山本松谷画、「新撰東京名所図会」明治 29 年 9 月）

浅草の日本パノラマ館（山本松谷画、「新撰東京名所図会」明治 30 年 1 月）

せ、さながら地雷や砲弾の炸烈、突撃の喚声がきこえ、硝煙の匂いまでが襲ってくるような錯覚に捉えられる。

わたしは、このパノラマの魔術のような迫真性にすっかり魅了された。

『明治事物起原』（石井研堂編）によると「明治二十三年五月、渋沢栄一、大倉喜八郎相謀り、東京浅草公園内に大パノラマ館を建設し、仏国人バートランド、及びサルジエントの描きたる米国南北戦争のパノラマを公衆の観に供す。看る者日々蝟集し、全都嘖々其奇を賞せり。館は高さ十間、周囲八十間、十六角作りなり。」とあるが、たまたま明治洋画壇の先覚小山正太郎（一八五八〜一九一六）の業績を記念した「小山正太郎先生」を読んで、彼が浅草灯画館で二回作画していることを知った。

前記のようにアメリカの南北戦争を主題とした浅草のパノラマは、五年後、日清戦争で大勝を博したのを機会にこれを改装することとなり、当時アメリカからの新帰朝者高橋勝蔵と、従軍画家としてつぶさに実戦を視察した小山正太郎に嘱して、各その試作を提出せしめた結果、小山がその選にあたった。そこで彼は計画、構成に細心の注意を払って、精密な下画を作成し、それを拡大して描写するために、その門下およそ三十人を動員し、約五ヵ月を費して、横一二〇メートル、高さ一六メートルに及ぶ巨大な画面を描き上げた。

その制作には馬力車《ばりき》に高い櫓を架装し、これを館内に移動して画面の上部を描いた。それから着衣が垂れ落ちる絵具でよごれるので、全員に陸軍払下げの中古軍服を支給して制作にあたったという。これは余談であるが、あの頃、軍の払下げ品を取扱う店が九段下や、半蔵門近くにあり、非常に安く買えたので、わたしも皮革製品を日本橋から歩いて買いに行った覚えがある。

閑話休題、この第一作のテーマは平壌総攻撃で、小山が実際に目堵した満州騎兵が潰走する図を描きこまれていた。

明治二十九年春、開場すると非常な好評で、連日満員の盛況だった。そこで翌年には引き続いて旅順口包囲攻撃を主題として製作することになった。

小山は戦後の旅順に旅行して、スケッチすると共に参考資料を集め、画面の構図を練った。そして最初の制作体験を生かして全画面を三分し、満谷国四郎、石川寅治、それに佐久間時三郎の三名が分担し、各助手三名ずつを使って制作したが、この方法は成功し、完成するのに三ヵ月を要さなかったという。小山はこの二回の労作のため当時としては莫大な画料が入り、経済的に安定するに至ったが、助手の日給は一円五十銭で、一週間に一度くらい上野山下の三橋亭という洋食屋でビフテキか何かを御馳走されて一生懸命に働いたと、満谷は回想して書いている。

話をもう一度本筋に戻そう。戦争後の軍国調旺盛な時代だったから、旅順口戦のパノラマもまた、満都の人気を淩ったことは勿論だった。

わたしが見たパノラマはこの旅順口包囲攻撃だったようでもあり、奉天の大会戦のようでもある。後者だとすれば、それは上野のパノラマ館だったらしい。

矢　場

矢場というのが二つあった。その一つは大弓場だった。相当に射程距離のある射場の奥に砂を築きあげた土手に円い標的を置いて、これをねらって箭《や》を放つのである。これは健全な日本武道のスポーツ鍛錬の場で、今日のゴルフ練習場に類似していた。かなりな空間を要するので、下町にはなかったが、山の手には時たまこの大弓場を見かけた。

「風俗画報」明治28年11月号)

も一つは楊弓場である。これは小供の玩具のような大きさの弓で、屋内奥行き四メートルほどの距離に天井からつるした標的をねらって箭を射る遊戯である。楊弓というのはむかし楊樹《やなぎのき》をもって作ったからその名があるといい、また唐の時代楊貴妃が初めてこれを作ったからとも伝えられているが、真

楊弓店（政直画、

疑のほどは分からない。とにかく楊弓場とは云っても、それはつけたりで、その店頭には脂粉の香りがただよい、妖艶な矢取り女が遊客を招いて媚《こび》を売る場であった。

楊弓場は狭い横町か、路地に密集していて、軒先に御神灯をぶらさげた店には、けばけばしい装いを凝らして、銀杏返しや島田髷に結った矢場の女がしどけない嬌態を演じていた。それは江戸時代の頽廃的な浮世絵を思わせるものがあった。

少年のわたしにとって、それは恐るべき魔窟として諒解していたから、近づくのさえ憚っていたほどで、詳しいことは知らない。ただ浅草橋近くの「ぐんだい」という一郭が有名だったほか、芝神明前、浅草公園、それに湯島天神境内にあったことを知るくらいである。も一つ、芝の愛宕下にあった矢場の小路のあったことを憶い出す。それは明治四十何年か文展に初入選した岡本一平の油画「とんねる横町」というのが、その矢場への入口を描いたものだったので、特にわたしの脳裡に残っているのである。

たまたま見つけた「風俗画報」第百二号（明治二十八年十二月）所載、「楊弓」の中に服部盛一の漢文『東京新繁昌記』抜萃があるので、ここにその一部を紹介しよう。

「弓店は場を連ね、阿娘窈窕、妖しく粧い盛んに飾り、紅袖巧みに客を招く。客の多少は全く娘の美醜にかかわる。客はもとより射を学ぶにあらず、専ら阿娘をからかうのである。屋号は風佳を競って梅林と云い、藤岡と云い、何と云い、かと云う。店は紙障子をしめ、障子の中央に糊せざるところ寸余あり、人の偸覗を許して、偸覗三銭の罰法を敢えて用いず、客あって之を覗けば、直ちに艶語を食い、媚笑を銜う、以て之を虜《とら》えんと欲す……」。

ここに掲げた政直描くところの「楊弓店の図」の光景は恐らく真を伝えるものであろう。

射的場

浅草公園をはじめ諸方の盛り場に射的場というのがあった。これは楊弓場の転化したものであろうか。店番は女の子がしていたが、矢場女のような役割を果たしていたかどうか、わたしは知らない。

店先の台の上に銃が四、五丁おかれ、銃口につめる木製の銃弾が十個ほど、円い皿の上にのっている。射程距離は約四メートルくらい。そして標的は人形だったり、煙草だったり、酒瓶だったり、賑やかに奥の棚の上に飾られていた。客は弾をこめると、台を越えて

射的場と大弓場（『東京風俗志』下巻、明治35年）

上体を前傾し、右手を出来るだけ伸ばして、銃眼を標的に近づけて射撃するので、おそらく標的までの距離は僅か二メートル余りに過ぎない。それでいて容易に命中しないのは、その銃にどんな秘密があるのか。

とにかく射的場の店頭にも嬌声が高かった。

娘義太夫

キャアキャア嬌声をあげて、スターに紙テープを投げつけたり、舞台にかけ上がって、花束を押付けるようにして抱きついたり、バイブレーターにかかったように全身をけいれんさせてモンキーダンスをやったり、若いファンたちが青春の情熱を一瞬に爆発させるような異状な動作を目の前にして、わたしはしばらく呆然としていたが、こんなことでいいのだろうかと戸惑いせざるを得なかった。狂っているとしか思えないのである。その時、その場での私はたしかに老いたる異邦人だった。

しかしこんな熱狂的な行動は英雄崇拝の変態的表現で、これができるのは青年の特権なのかも知れない。こう思いかえして冷静に見まもっているうちに、ふと何十年かむかしに、これに似た異邦人のような体験をしたことを思い出していた。

子供のころ、父の親しい大阪の結城紬問屋の息子Eさんが若気のあやまちで勘当され、

寄席の娘義太夫（『東京風俗志』下巻、明治35年）

しばらくうちに寝泊まりしていたことがあった。そのEさんに連れられて、わたしは茅場町薬師地内の宮松亭へ、娘義太夫をききに行ったことがある。もとより私には浄瑠璃が理解できなかったし、関心も興味も持たなかったから、こまかいことは覚えていない。ただ私の知っているのは、当時娘義太夫の全盛期で、宮松亭をはじめ、立花亭、つる仙、喜よしなど、睦み席という娘義太夫専門の寄席がどこも大繁昌していたことと、綾之助、昇菊、昇之助などが美貌でもあり、語り口もうまいという評判だったこと、それにどんな意味か知らないが、娘義太夫のことを〝たれぎだ〟と呼んでいたことぐらいである。

「とざい、とうざいッ。ここもとお聴きに達しまする浄瑠璃義太夫、相勤めまする太夫竹本〇〇〇、三味線鶴沢〇〇〇、まずはいよいよ壺坂霊験記壺坂寺の段。とざい、とうざいッ」というような前口上よろしくあって、御簾《みす》が上がると、見台を前に銀のピラピラ付き花簪を挿した銀杏返しの若い女が、華やかな肩衣《かたぎぬ》をつけて、うやうやしくお辞儀をしている。やがて美しい顔をあげた太夫は、デン、デン、デデンと太棹の音色につれて浄瑠璃を語り進んで、ときにむせぶがごとく泣くかと思えば、また大音声を張りあげ、扇拍子を打ったり、見台の上に延び上がったり、大熱演の身振りをするので、花簪が頭からずり落ちると、高座の前に陣どった客が先きを争って拾っている。そしてひいきの定連《じようれん》は太夫が語るサワリにも、クドキにも、よくそのつぼを心得ていて、持っている下足札を煙草盆に打ちつけ、「よう、どうする、どうする」と叫んで合《あい》の手を入れる。そこに語るものも、半畳も入れるものも、息がぴったり合って興を添える。そんなことからこの定連を〝どうする連〟と呼んでいた。面白いことにこのファンの多くは若い書生たちで、彼等はそのひいきの太夫が次の席亭へ掛持ちに出かける時、楽屋口に待ちうけていて、そこから乗る抱え車の後押しをして走るというような熱狂ぶりだったそうである。

志賀直哉さんの小説『蝕まれた友情』には、若き日の志賀さんと有島生馬さんとがともに娘義太夫の豊竹昇正に熱中したことが書いてある。およそこんなことには無縁だろうと思っていた、代表的な文化人たちが青年時代、このどうする連の仲間であったことはまことに興味深いものがある。二人は昇をアウフゲーエンと独訳して「アウフ」と略称し、始終彼女の出る寄席へ、学習院や、外国語学校の仲間たちと一緒に出かけた。有島はある時、森鷗外訳の『即興詩人』上下二巻に、イタリー語で「吾らのアヌンチァタに敬意を表す」と書いて彼女に贈ったという。またある時は二人で招魂社の能を中途から抜け出し、雪をおかして三田の寄席に行き、アウフの語りをきいて満足し、帰りは積雪の深夜の街を歩き廻って、もしこの雪の中にアウフが倒れていたらどうするか、そんな仮定について一時間も熱心に話し合った。それにしてもその時アウフはいまだ髪も束ねてうしろに下げていた、十三、四歳の少女だったという。

いま考えるとなんともおかしなお話だと思うのだが、これが今日の小説の神様と、芸術院の実力者との若き日における純情一路の姿だった。二人にとってアウフは青春の情熱を捧げる偶像だったのである。

角兵衛獅子・猿まわし

まだいたいけな二、三の男の子が、軍鶏《しゃも》の尾羽をつけた小さな獅子頭《がしら》をあたまに被り、うす汚れた赤い布を背中に垂らし、盲縞《めくらじま》の木綿の筒っぽに、手甲《てっこう》をつけ、黒と茶の棒縞の裁着袴《たっつけばかま》に足駄《あしだ》を履いて歩くのが角兵衛獅子だった。それに付き添うのは親方で、手拭を吉原かぶりにして、腹には太鼓を下げていた。

その角兵衛獅子の少年たちはわずかな心付けで、親方の打ちならす単調な太鼓のリズムにつれ、悲しげな掛声を間《あい》の手に、蜻蛉がえり、逆立ち歩き、肩車、股のぞきと軽業《かるわざ》のような踊りをした。

むかし、角兵衛獅子は三河万歳とともに新春の縁起を祝う景物だったということであるが、わたしの少年のころにはあまり季節に関連がなかったような気がする。角兵衛獅子は越後国蒲原郡（いまの新潟県西蒲原郡）からはるばる出てきて、旅から旅へわびしい姿で歩き廻っていたという。

画、「新撰東京名所図会」明治35年1月）

骨なしのように軽々とアクロバットをするのには、酢をたくさん飲んで筋骨を柔軟にするのだときいた。

「角兵衛獅子のかなしさは
親が太鼓うちゃ子がをどる
股の下から峠を見れば
もしや越後の山かと思ひ
泣いてたもれな共々に……」

芝三田聖坂より銀座通りを望む（山本松谷

と竹久夢二は歌っていたし、また斎藤茂吉には

「角兵衛のをさな童の幼さに足をとどめてわれは見んとす」

「くれなゐの獅子のかうべを持つ童子もんどり打ちてあはれなるかも」

という歌があるが、幸いなことにもう、あんな少年虐待の悲惨な姿は見られない。

それからまた背中にしょった風呂敷包の上に飼い馴らした猿をのせて、これも太鼓を叩きながらやってきたのは猿まわしだった。

玄関の扉をあけて入ってくると、猿はヒラリと座敷に下りて、猿まわしの牽く綱につれ、太鼓の音にのりながら猿は立って歩いたり、人蔘を喰べたり、お辞儀をしたり、芸らしいものを見せて、なにがしかの金を貰う。それをわたし達はおっかなびっくりに見まもった。

この猿まわしもこの頃では何かの集会の余興で見るくらいになった。

万歳

軒毎に門松が立ち、注連縄《しめなわ》が飾られ、日の丸の旗がひるがえり、空には凧がうなり、街には遣り羽子《ばね》の音が賑やかに、ほろ酔いの年賀の人が行き交う松の内には、三河万歳の太夫と才蔵とが打ちつれて、新春の御祝儀にやってくる。

ポンポン、ポンポンと才蔵の打ちならす鼓の音につれて万歳歌をのどかな調子で唄ったり、舞ったりする侍烏帽子に長袖、素袍袴すがたの太夫は、歳末に上京して来て、日本橋の才蔵市で野州、下総あたりからくる才蔵と組み、元日から東京の町中を流すという話を聞いたが、わたしの目堵した三河万歳が果たしてそんな江戸時代からのしきたり通りにしてやってくるのかどうか、疑わしい。

太夫というのは舞う人の敬称で、才蔵というのは才の男の転訛だときいた。前者は厳粛に祝辞を述べて舞い、後者は俗にくだけて、ユーモラスに唱い、かつ舞って、天下泰平五穀豊穰を祈って、戸毎に廻り、そくばくのお捻りを貰っていた。その身入りは多いとは思われなかったが、見ていても、聞いていてもわたしには一向興を引くようなものではなかった。

この万歳の太夫と才蔵とのやりとりが、後年、二人の掛合い漫才に変化したらしく、初めは間《あい》の手に鼓を打ちならしていたのが、だんだん現在のようなギター演奏をするようになったらしい。そしてむかし街頭に見かけた万歳は、今日の寄席や、テレビのスクリーン上で見る漫才に変貌してしまった。しかしこの大流行の漫才にしても、そらぞらしい掛合いが、わたしにはちっとも面白いとは思われないのだが。

厄払い

大晦日や、節分の灯ともし頃になると、「おん厄《やく》払いましょ、厄落し。おん厄払いましょ、厄落し」と云ってくる男の声があったのを忘れない。しかし実際には厄払いをして貰ったことも、見たこともないので、どんな身なりをした男かも憶えがない。

厄払いの文句には役者の名寄せとか、魚尽しとか、いろいろ工夫が凝らされていたらしいが、わたしは唯一つだけ厄払いのことばをはっきりと憶えている。

「あーら目出度いな、目出度いな。こん晩今宵のご祝儀に、目出度い事にて納めましょ。いまもこの横町で小河童小鬼に出っこわし、おのれ何んじゃと問うたれば、蝦夷松前《えぞまつまえ》の膃《おっ》肭獣《とせい》。おっとせいは気が強い。エンコラサッサと引っかつぎ、西の海とは思えども、この厄払いがしっとらえ、東の海へさらーり」。

これは幼年時代、諸国の正月風俗や行事について雑誌「少国民」に書いた石井研堂の文章のうちにあったのを、面白半分に反復していつか暗誦したものである。

操り人形

明治二十六年ころのことだったと思う。西洋操り人形が日本橋蠣殻町の河岸《かし》に新しく建った友楽館にかかった。ここはのちに東京米穀取引所となったりしたが、いまはその後に渋沢倉庫会社のビルが建っている。

観客はほとんど子供連れだった。わたしも叔母につれられて、兄とともに並んで見た。舞台一面すべて海中という想定で、両袖には岩礁の書割があり、ところどころに海草がゆらゆらと水の動きにつられるように揺れている。ライトに照らし出される青い海底近くを魚群が高く低く、右に左に遊弋している。そこに黒髪の長い人魚があらわれて、妖艶な挙措で舞うように泳いでゆくと、今度は凶暴な鮫が雑魚《ざこ》を追いかけ廻したのち、潜水夫が上から降りてきて、その鮫と格闘ののち刺しとめる。それから巨鯨があらわれたり、魚群が泳ぎ廻ったり、再び海に平和が立ちかえる。そんな場面が舞台前面いっぱいに垂れ下がった白い紗を透して出現するので、いかにも海底の神秘を覗きみる心地がした。

初めてきくその伴奏の音調と旋律とは天上のしらべのように、わたしの幼い心の琴線をかきならして、優しく、美しく、愉しく浮きたたせた。その妙音こそは、わたしがピアノ

あやつり人形（川上澄生画）

を聴いた最初の経験だった。そんなことで友楽館で見、かつ聞いた西洋操り人形はわたしの脳裡に深く刻まれて、四分の三世紀の後のいまに消えない。

浅草奥山の花屋敷に西洋操り人形がお目見得するようになったのは、その後のことである。わたしも花屋敷で、その西洋操り人形の小屋に入って、時折り見物したが、あの友楽館のときのような感激はついに再び得られなかった。

弁髪の軽業師

テレビで中共の京劇がアクロバチックな演技の訓練をしているのを見ていて、ふとわたしは明治時代によく見た弁髪少年の大道軽業《かるわざ》を思い出した。自分と同じくらいな年頃で、弁髪を後ろに長く垂らしていた支那人の子が、眼にもとまらぬ早業で、幾回となく繰り返し繰り返し蜻蛉がえりを打ったり、逆立ちしたかと思うと肢体を前に折り曲げて、両足を頭の横に下げ、両手で交互に前進後退したり、細長い筒の中に先ず両足両手を差入れ、徐々に頭から身体をたたむように押込んで、前にくぐり抜けたり、柔軟で軽妙な神技を下町の往来で公開し、その親方らしいこれも支那人が、遠巻に見ている人々から幾らかの寄捨を集めていた。

あの子は人浚いに誘拐されて日本にやってきたのだと聞かされたが、その真偽は知らない。日清戦争の後なので、こんな支那の大道芸人を見かけた。床屋に耳掃除だけを器用にする同国人が多かった頃なのである。身のこなしの軽妙敏捷なことはあの人達の特技のようで、とてもわが越後獅子の及ぶところではない。京劇がこんな大道芸能を基礎として、スポーティな現代的新舞踊を創造しているると解説があったが、達見だと思う。

太神楽

白衣に緋の袴をはいた巫子《みこ》が神楽で幣帛を捧げたり、鈴を打ちならして静かな舞をまうのをお神楽というが、また神社の境内や、街角にしつらえた舞台で、太鼓、笛、鉦などの陽気な馬鹿囃子につれて、素戔嗚尊、日本武尊、ひょっとこ、おかめの面をかむって、仕草おかしく踊る、いわゆる里神楽も一般にお神楽といっていた。わたしは幼いころお祭りや、縁日でやっていたこのお神楽を見るのを楽しみとしたが、少し長じてからは寄席や、会合の余興で見た太神楽《だいかぐら》に興味を持つようになった。あの頃の遊楽はいまと違って、まことに古典的で、バラエティに乏しかった。

太神楽は伊勢大神宮で行なわれる太太神楽《だいだいかぐら》がもとで、次第に演芸化したということであるが、太神楽師の演技は曲芸であった。

太夫は裃《かみしも》、後見は黒の紋付に袴という出立《いでたち》もあったが、ぐっとくだけた芸人らしい身なりのものもあった。囃子方の三味線、太鼓、笛、鉦などの賑やかな鳴物につれて、まず獅子、舞曲太鼓、曲撥《きょくばち》などから開き万燈《まんどう》、籠鞠《かごまり》を見せた。開き万燈というのは万燈をいろいろに飾り立てたり、支柱をついだりして、だんだんに高くあげ、これを太夫のひたいの上に乗せて支え、時分を見計らって仕掛けの万燈を開く曲芸である。また太夫は片手に長い柄のついた円筒型の竹籠を左右に動かしながら、片手で後見から手渡しされるまりを投げ上げては、籠抜けさせたり、籠の中や、飾りの房に鞠を定着させるのが籠鞠の曲芸であった。そのほか撥、短刀、皿の曲取りなどを、太夫と後見とが、ちょうど万歳と才蔵のように、道化た仕草と言葉のやりとりを交えながら観客を笑わせつつ、曲芸を披露するのだった。

その頃有名だった太神楽師は丸一、鏡味仙太郎で、日本橋元数奇屋町、丸善の裏あたりに住んでいた。わたしは丸一小仙という人のあざやかな籠鞠の曲芸を憶えているが、仙太郎の跡継ぎだったのであろう。そのほか大丸、海老一、鶴の丸など太神楽師はいくらもあって、演技のとき持ち出す円筒型の太鼓の胴に㊀とか、㊅とかそれぞれの家紋を染め出した布が覆ってあった。

つい先頃、NHKのテレビで珍らしく水戸の海老三という太神楽師の演技を見たが、この水戸、海老三の名も明治時代すでに知られていた。それにしても東京の太神楽はその後

上野不忍競馬場（錦絵）

どうなったのだろうか。寡聞にしてわたしは知らない。

不忍競馬

上野の不忍池《しのばずのいけ》をめぐって、競馬の馬場ができていた。幼いわたしは混雑する人ごみに視界をさえぎられて、何も見えないのにむずかったのであろう、父はわたしを肩車にのせて、人垣をこえて覗かせてくれたのは、そこで春秋二季に開かれている不忍競馬だった。時折りぱらぱら、どどどっと走り来たり、走り去る馬のひづめの激しい音がして、土煙りが立ったように思う。とは云え、もう四分の三世紀以上も前のことなので、そこにどんな光景が展開されていたのか、ぼうばくとして憶えているわけもない。

石井研堂の『明治事物起原』によると、明治十七年、共同競馬会社が不忍池畔に、全長約二キロメートル、幅員約二〇メートルの馬場をつくり、その発会には明治天皇の臨幸を仰いで、盛大な式典を催したということである。当時ニュース特報のような役目をつとめた絵双紙に、周延筆『東京上野不忍競馬之図』の三枚続きがある。それで見ると、池の北側、いま動物園のモノレールあたりに、御所造りの屋根をもつ、宏荘な和風二階建ての馬見場が見える。

この競馬会社はその後、収支が償わず、二十三、四年ころ解散の止むなきに至った、とあるが、山口桂三郎編『明治版画鑑賞年表』によれば、明治二十七年廃止となっている。どちらにしてもわたしの見たのはその終りに近い競馬で、わたしの三、四歳ころのことになる。

福島安正陸軍中佐が単騎シベリア横断を敢行して帰朝した、その歓迎会を東京市が上野不忍池畔で開いたのは明治二十六年六月二十九日と記録されているが、その折りはこの馬見場が式場となったのであろう。わたしはこの時も連れられて出かけ、やはり群衆の雑踏する中で、そばに居合わせた近衛の兵隊さんに抱き上げられて、福島中佐が威風堂々と入場してくるのを見たことを忘れない。

寄席

いまはテレビ、ラジオ、映画、さらにはプロ・スポーツなどに喰われて、寄席というのは僅かに人形町の末広、上野広小路の鈴本、新宿の末広亭、そして講談の本牧亭など、広い東京にも数えるほどしか残っていない。最近また逆にテレビの寄席芸能ブームの影響で客の入りがよくなっているらしいが、むろんむかしのような繁栄は見られないようだ。

わたしは子供のころから演芸に特別な興味をもたなかったから、寄席について語る資格はない。だからわたしの狭い視野に触れた寄席についてしか書けない。

そのころ東京市内の寄席は百数十軒もあったらしいが、たいていは夜の暇つぶしに最寄りの寄席に行くわけで、わたしは両親に連れられて時折り日本橋の食傷新道にあった木原亭に行った。下足をとり、五銭くらいの木戸銭を払って中に入ると、お茶子が空《す》いている場所に案内して、持ってきた座布団を敷き、煙草盆を置いて行く。その料金は一銭ずつくらいだった。ここはいろ物席で、落語、音曲、手品、新内、曲独楽、太神楽とバラエティに富んでいた。

わたしはここで落語、曲芸、太神楽をたわいもなく楽しんだが、一番印象に残っているのは、その当時錦輝館などで流行し出した活動大写真を初めて見たことだった。客席の真中に映写機を据え付けて、舞台の上に垂れ下げた白い映写幕の上に、軍馬がデッキクレーンで宙吊りとなって荷揚げされるような実写ものがうつし出されたが、その画面には擦り傷が雨のように降っていた。

京橋中橋の狩野小路にあった祇園亭、それから銀座一丁目、松田の横町にあった金沢亭もいろ物席であった。ここには桶町に住んでいた浮世絵師尾形月耕が毎日のように通っていたという話である。

日本橋茅場町の薬師境内にあった宮松亭は、娘義太夫の定席として知られていた。京橋南鍛冶町にあった山村亭は講談場《こうだんば》という名で通っていた。講釈師が張扇を叩いて語る席亭であることはいうまでもない。

これらは皆わたしの住んだ日本橋、京橋付近の寄席であるが、市内で有名だったのは本郷の若竹亭、両国の立花亭、四谷の喜よしなどたくさんあった。

その頃の席亭に出ていた知名な芸人は、落語家では円遊、円喬、小さん。講釈師では錦城斎典山、神田伯山、新内の富士松加賀大夫、手品の柳川一蝶斎、太神楽の鏡味仙太郎などの名が、わたしの記憶に残っている。

暑中休暇で帰省していた海軍兵学校生の友人に誘われて、浅草の浪曲専門の昼席に夏の半日を過ごしたことがある。しかし浪花節には全く関心もなかったし、知識がないので何も覚えてはいない。

貸席

明治時代には貸席という商売が盛業していた。業者の寄合いや、入札会。同好、同志、同窓などの会合。歓迎送別会、舞踊邦楽の温習会、日本画家の展覧会や画会。俳句の運座や、和歌の集《つど》い。詩吟剣舞、琵琶の会、歌留多会などなど、大勢の会合には舞台もある大広間を、小人数の折りは小座敷を、適宜席貸しするのである。

むろん日本座敷で、すべて畳敷である。玄関には下足番が下足札を引替えに履物を預かり、女中が座布団をもって、その座敷に案内し、お茶を出してくれる。頼めばじぶん時には仕出屋から何でも食事をとってくれる。

いまは集会のための会場には到るところ事欠かないが、当時はこうした貸席を利用するのが便宜でもあり、安上がりでもあった。

わたしの知る限りでは、日本橋通一丁目の榛原紙店の隣りにあった常盤木倶楽部が、そのナンバーワンであった。ここは哥沢芝以勢、芝金家元姉妹の家で、この貸席から長唄研精会や、落語研究会が生まれたし、紅児会、烏合会など、当時の新らしい日本画家の展覧会がしばしば開かれた。それから万朝報が主催した標準かるたによる百人一首選手権大会も、ここを会場として開かれた。

いまの東京駅八重洲口通り、京橋北槙町にあった池の尾は、往来に面して総二階の建物だった。ここではよく古道具屋、その他業者の入札会が催されて、威勢のいい掛声が戸外にきこえた。それから歌舞音曲のお浚い会があって、そんな日には玄関前に大きな立看板が出、華やかな女たちが出入りするのが見られた。

日本橋の阪本公園の中にあった阪本亭は、樹間にひっそりと建った平家の小じんまりした貸席だった。俳句の運座、クラス会などで時折りここの座敷に坐ったことがある。まだほかにもたくさんあったであろうが、わたしは上野公園の中の三宜亭、松韻亭とかを憶えているにすぎない。ここはさすがに場所がら日本画家の画会の発会によくつかわれた。その席では主催者の先輩友人たちが賛助のため、色紙に席画を描くのが慣わしだった。

森ケ崎鉱泉

いまならほんの一、二時間の行程、東京の奥座敷と云われる熱海や、箱根の温泉にいくことさえ、その頃は容易ではなかった。汽車、電車、人車鉄道または汽船に乗り継いだりするので、日帰りは無理だったから、たいていは泊りがけで湯治をするのが普通だった。それだけに足場のいい、つまりは交通の便利な東京近郊に温泉場があったら、という願いは東京市民一般の気持ちだった。そんなことから、大森と羽田との中間、森ケ崎海岸に鉱泉が開発されて、鉱泉宿がつぎつぎに建ち、にわかに殷賑をきわめたのは明治の末期だった。

とはいっても初めの頃は品川から京浜電車にのって、蒲田あたりから人力車に乗り換えていく始末だった。そして東京近郊でもここに長逗留して、手軽に湯治をする病後の人達もあれば、大勢して一泊し、花札を引いたり、騒いだりして引き上げるもの、静かに二人を楽しむものもいた。そのころかあるいは大正初期か、徳田秋声、正宗白鳥、近松秋江、久米正雄らの作家たちがここの大新に滞在しては、かつ筆を執り、かつ耽溺していたらしいことをしばしば諸家の創作や、随筆で読んだことがある。

森ケ崎鉱泉宿を中心とした小さい聚落の周辺は湿地で、そこら一面、芦荻が生い繁り、葭切りの声がのどかに聴こえた。すぐ近くの東京湾には篊棚《ひびだな》のつづく海苔場の先に往来する白帆や、汽船が見えた。

夏は海上をすべってくる涼風が芦の葉をかえしながら潮の香を伝えてきた。

湯治客の中には無聊をまぎらすため、釣船を出すものもいた。

ここで一番大きかった鉱泉宿は大新だったが、わたしがそこに行ったのは大正の初めだった。その湯殿の浴槽の中には、ここの芦の洲の中によどんで、メタン瓦斯の湧くような原泉をひいてわかすらしく、赤黒く濁った湯がたたえられていて、手拭を持って入るとすぐ醬油を煮しめたような色に染められてしまった。そして浴後はポカポカといつまでも温かだった。

この森ケ崎鉱泉街は大正時代から昭和初期にかけて全盛だったが、その静寂さがだんだんに破れて、このあたり一円に中小の工場が建ちはじめ、大東亜戦争の初めころは鉱泉宿も次々に戸を鎖して、煤煙は舞い上がり、鉄槌はなり響いて、最後まで残った大新の建物も軍需工場の寮に利用されることになり、森ケ崎鉱泉は絶滅した。そして現在の森ケ崎工場地区はすぐ近くの羽田基地に発着する航空機の爆音が耳を聾するような、騒がしい場所となってしまった。

IV　のみもの・たべもの

飴湯売り

いつかサントリー美術館の「明治の東京」特陳で、鏑木清方先生描く明治風俗画巻のうちに、桜湯や麦湯をお客にすすめる水茶屋の図があったのを見たが、これは年代のずれがあるから知らない。しかし夏の日盛りに楓川《もみじがわ》の新場橋畔、涼しい樹陰ができているところに小さな屋台を下ろして、無雑作《むぞうさ》に「あめ湯」と書いた紙の行灯を看板に、客を待っていた年寄りの飴湯売りがいたことを憶えている。

おそらくは人力車や、荷車を挽いて往来する筋肉労働者や、商品の入った風呂敷包みを背負って使いに歩いている小僧たちが、通りすがりに見つけて、ひと息いれつつ咽喉《のど》のかわきを癒やすために、この飴湯を飲んだのであろう。それは日清戦争のころで、すでにラムネや、氷水はあったが、まだ普及しているほどではなかった。あの頃はそうした冷たい食物より暑気払いの意味もあって、一般には熱い飲みものをとっていたのではなかろうか。それに飴湯の方が、より経済的だったに違いないのである。

わたしはついにそれを味わう機会を持たないうちに、街から姿を消してしまった。

あのころはまた大きな薬屋の店頭で枇杷葉湯《びわようとう》を接待していた。これはいかにも暑気払いの漢法薬らしい香りと甘味があったので、いたずら盛りのわたしは大いにこれを愛飲した。

甘酒屋

「ここまでお出《いで》、甘酒進上」という唄の文句があったが、市ケ谷の濠端にあった小切れ専門で当てた呉服屋で、ご愛嬌にお客へ甘酒をサーヴィスしていた。店頭にあの真鍮の釜が置いてあって、屋号もそのまま「あまざけや」といった。

甘酒を専業に、その卸・小売をしていた尾張屋という名代の店が日本橋人形町通りにあった。店先には朱塗りの箱型の台の上に金色燦然と磨きこんだ真鍮の甘酒釜が三つ並んでいた。

水天宮の縁日や、人形町の夜店を冷やかしに行ったついでに、わたしはよくこの店に寄っては、大きな湯呑に入ったあの白いどろっとした液体の中におろし生姜《しょうが》を入れて、甘酸っぱいような味を咽喉《のど》に流しこむのが好きだった。この明治の庶民的な甘党の店を高村光太郎は「人形町」という詩の中にうたっていたが、もう今は廃業してしまったようである。そこは角店だったので、その横通りを甘酒屋横町と呼んでいたが、尾張屋の店がなくなったので、明治座通りという名に変ってしまった。

汁粉屋

いまは喫茶店、珈琲店がざらにあるから街《まち》で小憩する場所に事欠かないが、明治時代には汁粉屋《しるこや》しかそんな店はなかった。

東京の汁粉は小豆の餡を汁として、砂糖で甘味を加え、中に焼餅の小片を入れたもので、汁粉屋の献立は御膳汁粉、田舎汁粉、ぜんざい、粟ぜんざい、粟ぜんざい、羊羹などであるが、あっさりしたすましの雑煮は甘味のあとの口直しによろこばれた。そして季節には氷汁粉、氷小豆を客の求めに応じていた。

壁にかけられた短冊の品書きの中には、いまさかりの蜜豆や、餡蜜はのっていなかった。黒蜜のかかった蜜豆は駄菓子屋で子供に売っていた下手《げて》ものであり、餡蜜はまだ出現していなかった。

わたしは甘党なのでよく汁粉屋の敷居をまたいだ。そのころ名代の店をあげると、まず日本橋食傷新道の梅園がある。ここは天下一品と評判されていた。室町二丁目、にんべん鰹節店前にも梅村があった。浅草仲見世の梅園はいまも盛業しているが、ここは大衆性があっていつも客が混雑していた。同じ浅草公園の松邑《まつむら》はこれに較べて高級だった。向島の言問《こととい》、上野広小路と根岸の岡野には、花見や、朝顔見物の帰りに寄った。

銀座漫歩の折りに入った店は一丁目の寄席金沢亭の隣りにあった亀村、それから尾張町新地の路地にある若松にはよく入った。異色のあったのは出雲町、いまの銀座八丁目の大通りの十二ケ月という汁粉屋である。

十二ケ月というその屋号にちなんで、正月から師走までの十二通りの甘い汁粉を、順にそっくり次々に残さず喰べ尽くしたお客には反物を景品として進上し、代金もいただかないとあって、かなり繁昌していた。わたしは友人と二人で、合の手に紫蘇の実を噛みながらその食《た》べ競《くら》をしたが、四杯目でもろくも敗退し、友人は六月まで喰い進んで遂に箸を捨てた。十二ケ月の汁粉は杯を重ねる毎に甘味が濃厚になるということだった。

そのほか新橋の萩の餅、芝神明の太々餅がいずれも汁粉を出していた。

大正・昭和にわたって隆盛を極めた三好野は、余りに大衆的で風趣がなく、味もまずそうなので、わたしは一度も入ったことがない。

水屋

晴天つづきなど、小河内の水源が涸《か》れきってしまうと、水道のカランを満開しても一滴の水も出てこない。そんなとき都の給水自動車が出て、街頭にバケツを持って順を待っているシーンが、二、三年前にもテレビに映ったり、新聞にニュース写真として掲載されていた。わたしはそれを見て明治の水屋を思い出したのである。

水道のなかったころの東京下町では、水は専ら井戸にたよるほかなかった。隣り近所共用の井戸の水を汲んで、それを台所に運ぶのだった。わたしのうちでは井戸の水質が清冽で、冬温かく夏冷たかったし、癖もなかったが、どうかすると渇水のため汚濁するので、飲用水には台所に水漉《みずこ》しの甕《かめ》をおいて使っていた。

それでもうちでは井戸が近くて便利だったが、井戸に遠い家や、水質の悪いところでは、飲用水に困っていた人が多かったので、その頃は満水した桶をたくさん荷車につんだり、天秤に担いで来ては、一荷《か》いくらで売る水屋という商売があった。

わたしのうちではこの水屋の厄介にならずに済んだので、詳しいことは知らないが、これを利用した家では、ふつう朝夕二回定期的にとっていたようで、一荷一銭くらいが相場だった。

どこから汲んで来たのか、とにかくその労力に対しては安い値段だったと思うが、あのころ東京では一般に水を大切に始末し、無駄使いすることがなかった。朝、顔を洗ったあとの水でも、そのまま捨てることはせず、庭の植木にかけたり、戸外の撒き水に使ったりした。

氷屋

夏になると氷屋がほうぼうで店を開いた。葭簀《よしず》張りの店を構えて、莨蓙をしいた縁台を出して客を待つのが多かったが、中には焼芋屋が夏場だけ氷屋に転業するのもあった。そして軒には竿竹の先に函館氷とか、竜門氷とか染め出した旗がひらめいていた。

函館氷というのは明治五年ころ函館から天然氷を船載して来て、売り出したのがもとで、のちには東北、長野、群馬、山梨など寒冷地で冬季採氷したのを貯蔵して、夏季に売り出す天然氷もすべて函館氷といっていたようだ。竜門氷というのは京橋新栄町あたりにあった工業的な機械製氷会社の名称で、神田錦町の河岸通りにもその大谷石《おおやいし》造りの氷庫があった。

天然氷を初めて東京に将来した先覚は中川嘉兵衛という人だったが、のちにその嗣子も製氷会社を経営していた。それが竜門氷であったかどうかはわからないが、わたしの竹馬の友、中川雄二の親戚にあたるというので、そんな話を小耳に挿んでいる。

さて街の氷屋の店頭にある屋台には鉄の四脚の上に横たわる大鉋と、甘露と称する砂糖水の入った大きな瀬戸物の壺、果汁や、小豆、白玉など種物の材料が並び、水をはった水盤には硝子のコップや匙がたくさん入っている。そしてラムネの瓶も棚に並んだり、バケツの水につかっていた。

よく売れるのは氷水で、高台付きギヤマンのコップにまず甘露水を入れた上に氷をかいて山盛りにし、鉱力《ブリキ》製の匙をさしこんでくれるのであるが、甘露を入れないで、白砂糖をかけるのが雪の花、氷を布に包んで鎚で叩いた氷片を出すのは氷あられ、これはぶっかきとも呼んだ。そのほか氷みかん、氷れもん、氷いちご、氷あんず、氷ぶどうなど果汁をいれたのや、氷薄茶、氷白玉、氷あずき、氷汁粉など種もののバラエティは豊富だった。

明治三十五、六年ころ、氷水が一銭五厘、種ものが二銭五厘程度だったように記憶する。いま氷は地方に行けば飲めないこともないが、もう東京には氷を専業とする店はない。

ラムネ屋

ラムネの製造所が東京のところどころに散在していた。わたしの憶えているのは京橋の西仲通り、桶町の角に商店と軒を並べている小さな町工場である。水を使う仕事なので、張り詰めた板の間がいつも濡れていた。

空壜を桶の水で掃除するそばから、ベルト掛けで動かしている機械に一瓶ずつのせて、回転させては、青っぽい分厚な硝子壜にラムネを充填する。一ぱいになると、スポン、シューッと炭酸瓦斯の沸騰する音がして、壜の上部の括りにある硝子球が上がって栓となり、一丁あがりである。その罎を四角な竹籠に詰める。そんな作業を七、八人で繰り返していた。消毒殺菌など衛生についての取締りがまだ緩やかな時代だった。

木製の〝抜き〟を罎の口に当てて叩くと、硝子球が下に落ちて口が開き、シューッと透明な泡が立つ。それをそのまま飲んだり、氷にかけたりした。まだサイダーさえ珍しい時代だったので、ラムネは氷屋はもちろん、公園の休憩所、町の駄菓子屋、屋台店などで、桶にはった水の中に入れて売っている唯一の清涼飲料水だった。

ラムネというのは英語か、オランダ語か、いずれは外国語と思っていたが、レモネードの転訛したものと知って、あァそうかとひとり合点したのはずっと後のことだった。ラムネを飲むとよくげっぷが出るところから、後年月賦販売をラムネと隠語で呼ぶようになった。

アイスクリン屋

いまはアイスクリームも普遍化して、季節を選ばず誰でも食べるようになったが、明治三十年代にはもっぱら暑いときの貴重な嗜好品で、どこでも味わえるというものではなかった。東京では帝国ホテル、精養軒などにはむろんあったが、銀座では凮月堂、函館屋、資生堂などで出していたヴニラ・アイスクリームが香気もあり、舌触りもさわやかだった。

しかしわたし達こどもにとっては、めったに口にはできなかった。

そのかわり庶民のためには夏の縁日にアイスクリン屋が出ていた。そのアイスクリン屋のおじさんは「えェ、アイスクリン、えェ、アイスクリン」とか、「さァ一杯五厘、冷たいのが五厘だ」とか呼び声をあげながら、桶の中に入っている亜鉛引き鉄板製の細長い円筒の蓋を左右に振り廻していた。その桶と筒との空隙には氷塊と荒塩が挿入してあって、アイスクリンの原料の入っている円筒を周囲から冷凍させているのであった。そして客があると筒の蓋をあけて、小さなコップに軟かく固まりかけた黄色っぽいアイスクリンを入れ、ブリキ製の匙をさして出していた。

わたしはこれを食べた経験がないので、その風味は知らないが、値段も安かったから牛乳も鶏卵も入らない、色付の砂糖水のシャーベットのようなものだったのではないだろうか。

その後、浅草あたりの活動小屋（映画館をその頃はこう云った）で幕間《まくあい》に売っていたのは「えェ、アイス、えェ、アイス」と略して呼び声をあげていたが、縁日のそれはアイスクリンと呼んでいた。

ミルクホール

日本橋、京橋あたりには見かけなかったが、神田、牛込、本郷、三田など学生街には到るところにミルクホールがあった。

店先には「ミルクホール○○軒」と書いた白金巾《かなきん》の暖簾《のれん》が下がっていた。そして硝子戸にも「官報新聞縦覧所」などと書いてあったり、店によっては「官報あります」と貼紙がしてあった。ミルクホールと官報とは密着していた。官報には高等学校や、官立専門学校の入学試験の告示や、その合格者が発表されるので、進学志望の学生たちはそれをミルクホールに見にいく必要があったのだ。また店によっては地方新聞を取って備え付けていたから、地方から上京して来ている学生たちは、故郷のニュースを知るためにもミルクホールに読みにやって来た。

店内には秋田木工の曲木の籐椅子四脚をセットした粗末な円卓が三つ四つおいてあった。食事時にはミルクにトーストが一番簡単で安上がりでもあったが、テーブルの上にはカステラのロール巻と、ジャミ入りのワップル（その頃ジャム入りのワッフルをこう云った）が蓋付きの高台硝子器に入れておいてあった。これが典型的なミルクホールの内部なのである。

日露戦争後から大正初期にかけては、カッフェ・パウリスタが銀座にあったくらいのもので、軽く飲物をとるところはなかったから、このミルクホールに入っては、砂糖を入れた温かいミルクにのどをうるおして、友達とだべったり、新聞を見たりして休息するのだった。

もうこの簡易なミルクホールの姿は見られないようである。

ビヤホール

わたしは下戸なので、ビールには縁がなかったから詳しいことは知らないが、ビヤホールという、いわば麦酒の居酒屋が初めて日本にできたのは明治三十二年七月、日本麦酒株式会社が、その頃の京橋区金六町五番地、新橋の北詰東側の角、いまの天婦羅屋天国の場所で、その醸造する恵比寿ビールの生《なま》を氷室《ひむろ》に貯蔵してジョッキの一杯売りをしたのだそうで、その価格は「半リーテル金十銭、四分の一リーテル金五銭」だったということだ。

この会社の工場は目黒、渋谷の中間、山手線の内側で伊達跡あたりにあったが、その製品名の恵比寿が一般化して地名となり、その近くに出来た駅名にまで使用されるようになった。しかしあのニコニコ顔の福の神を商標としていた恵比寿ビールはなくなり、日本麦酒の名もいつか札幌ビール株式会社という名に代わってしまっている。あの頃の恵比寿工場では新鮮な生ビールが飲めるということで、わざわざ都心から山の手線にのって出かけていくビール党の友人もあった。

明治四十年ごろだった。日本麦酒に対抗するように、札幌ビールの醸造工場が吾妻橋と枕橋との間にあった佐竹侯屋敷あとに創設された。わたしはその邸内の林泉がすばらしい庭園で開かれた園遊会に行ったことがある。工場のプラントもまだ小規模だったからさして気にもならず、池や石のたたずまい、庭木の枝ぶり、手入れのゆき届いた景観は見事だった。その広場に張られた天幕の中で西洋料理を食べ、ご自慢の生ビールを飲まされて顔を猿のように赤くした。あれはビアガーデンの走りだったのであろう。

「新撰東京名所図会」明治31年6月)

ビールはこのほか横浜に工場のあった麒麟と、大阪の吹田《すいた》にあった朝日などが、互いにしのぎをけずって競争していたので、ビヤホールはこの頃のガソリンスタンドのように、各メーカー特約の店が簇生した。

旧佐竹家の養浩園（山本松谷画、

あの頃のニューフェースに加富登ビールというのがあった。ラベルに兜の商標を表示していた。独逸語を習いはじめていた友人があって、これを注文するのに「カブテット・ビルヒを持ってこい」という。みんなが怪訝な顔をしていると、彼はすまして説明した。「これは独逸読みなんだ」。

ソップと食パン配達

朝まだ暗いうちから愛光舎、北辰社などと屋号の書いてある箱車をがらがら引いた牛乳配達が市内をかけまわって、戸口から戸口へと牛乳壜を配っていたのは、おそらく明治初期からのことであろう。現在は森永乳業とか、雪印乳業とか、大企業の代理店の店員が小型自動車を乗り廻してこれを続けているが、その需要量は驚異的に激増しているようだ。明治三十年ころ牛乳と同じように、口の狭い一合入りの硝子壜に詰めたソップを配達する商売があった。ソップというのはスープのことなのである。

牛乳壜口にはゴム輪をパッキングにつけた陶製の栓が針金のスプリングで締められるように工夫されていたが、ソップの壜の口にはコロップ（これはコルクのことである）の栓がついていた。むろん牛乳ほどの需要はなかったが、滋養があるとされて、病弱、病後の人達に愛用されていた。

そのソップ販売は牛乳と同様、維新後まもなく始まったらしく、東京健全社というのが明治六年九月に撒いたちらし広告の中に「……毎旦《あさ》味噌汁を喫すること各家概《おほむ》ね皆然り。然るに彼《か》の味噌汁は元と腐敗物より造れるものにして大いに人身に害あり、……有害の味噌汁に換ふるに、此有益の牛羹汁《ソップ》を以てし、加ふるに、麺包《パン》二三個を以て朝食に充てば、一は以て身体の健康を保護し、一は以て毎旦新炊を省《はぶ》くべし……」云々と我田引水の文明開花的効能を述べ立てている。そしてその牛羹汁《ソップ》は一合三銭とある。米一升五銭の時代だから、かなりの高値だった。

その文中に出てくる麺包を毎朝配達して廻る箱車があったことも、わたしの記憶に残っている。その箱車には築地チャヤリ舎と書いてあった。焼立ての食パンを西洋料理屋ばかりでなく、月極めの家庭にも配達していた。このチャヤリ舎の背の高い英国風の食パンはとても美味しかった。このソップや、食パンの配達も既に絶えて久しい。

鍋焼うどん屋

冬の凍《い》てつくような深夜の街《まち》の静寂さを破って、「なあべやァきィうどォん」と呼びながら、荷台を天秤で担いでくるのが鍋焼うどん屋である。手拭を頬かむりして、汚れたちゃんちゃんこを着たおやじは、呼び留められると、渋団扇を叩いて七輪の火をおこしながら鍋焼の用意にかかる。

火事の半鐘がなると物見高い東京の下町っ子はすぐ弥次馬に飛び出して行くが、鎮火しての帰る道すがら、鍋焼屋の荷台の前でふうふう云いながら食べているのをよく見かけた。わたしも一度は試食したいと思ったが、往来で立喰いするのは悪いことだと躾《しつ》けられていた。それでも友人の家で試験勉強をした真夜中、二階から往来に、兵児帯《へこおび》をつないで岡持ちをつるし、その鍋焼を釣り上げて、念願を果たしたことがある。

駄菓子屋

わたしが初めて買いものの経験をもったのは、近所の駄菓子屋だった。いまの五円貨くらいの大きさの、半銭とうち出した五厘銅貨を貰って、横町の駄菓子屋に行っては、駄菓

東竜閑町の雑菓子問屋（山本松谷画、「新撰東京名所図会」明治33年2月）

子を買ったり、玩具《おもちゃ》を買ったり、時にはめんこや、線香花火を手に入れた。

小遣いに貰うおあしは一銭のこともあり、五厘のこともあり、いまの一円アルミ貨より一と廻り小型な一厘銅貨を幾個か貰ったこともある。時としては孔《あな》あき青銅貨を貰って買った覚えもある。大きな天保銭は八厘に、寛永通宝は、大きな波形の模様のあるのが二厘、小さいのが一厘に、そして文久通宝は一厘五毛に通用したのである。

おこし、豆ねじ、黒い鉄砲玉、薄荷糖、芋羊羹、餡こ玉のような一文菓子、塩せんべい、ときには鮫の肉が入っているという煮凍《にこご》りのような食べもの、赤い紙の紐でたばねた丹桂《にっけ》、それから硝子管に入れた赤や黄に色着けした砂糖水。竹の筒に入った、甘い褐色の砂糖水を寒天でかためたようなもの。ラムネのそばには寒天、ところ天も水桶の中に入っていた。

駄菓子屋といっても子供の雑貨屋だったから、ボール紙や鉛製のめんこ、独楽、べい独楽、おはじき、ビー玉、竹とんぼ、呼びこ、線香花火、鼠花火、ボール紙の御面、付け髭、奴凧、追羽子、千代紙、切抜絵紙など子供の欲しがる安いおもちゃがたくさんあった。

それからボール紙にたくさん小紙片をまるめて色紙で貼ってある。その紙を任意にめくると当たり外《はず》れが出る「当てもの」というのが駄菓子屋にあって、これが子供の射倖心をそそった。また狭い店頭に四角い火鉢をかこんで文字焼《もんじやき》をやっている子供もいた。

神田の東竜閑町には軒並みに駄菓子の製造卸し屋があって繁昌していたが、近くの京橋、大根河岸《だいこがし》にもこの子供用駄菓子や、安玩具の問屋が幾軒かあった。町の駄菓子屋には、そこらで仕入れてくる商人が、抽斗《ひきだし》のいくつもついている箱車を挽いて、毎日のようにやってきた。

いまはその一文菓子も森永、明治、不二屋などのチョコレート、チューインガムにその場を譲ってしまって、駄菓子屋はもうどこにも見られない。またいまの幼児はあんな原始的なおもちゃは見向きもしないようだ。

パラフィン紙に包んだ高等駄菓子がいま仙台の名物となっているが、汚くて不衛生ではあったにしろ、わたしは情緒的なむかしの一文菓子に郷愁を感ずる。

かりん糖売り

ベルを鳴らしながら、駆け出すようにして、「雨が降ってもかァりかり、雪が降ってもかァりかり。かりか、りかりかりか、うんとこどっこいしょ」と威勢よく、そして早口に叫んでくる男があった。肩から植物採集用の胴乱《どうらん》を下げていた。その中に商売ものの駄菓子が入っていた。

ひところ毎日のようにやって来たので、いまの幼童がテレビのコマーシャルソングを暗記するように、わたしもこの愉快な音律の「かりか、りか、りか……」をよく憶えている。しかし一度も買って貰ったことがなかったので、どんな菓子だったか、はっきり分からない。ただ歌の文句から想像して、わたしは花林糖売りに相違ないと思っている。

焼芋屋

「おいーも、おいも、おいもォー」と連呼しながら車を挽いて、街々《まちまち》に売り歩くのが、こんにちの焼芋屋であるが、わたしの子供のころの焼芋屋は横町や、中通りに立派な店を構えていた。左官が塗り込んで黒光りする土のかまどが築いてあった。そして径一メートルもある浅い鉄釜が三つくらい並んでいた。

芋屋のおじさんはその店頭で、水を張った四斗樽に薩摩芋をいれて、澪《みお》のような格好をした芋洗い棒で、ゴシゴシと掻きまわして洗い、今度はこれを庖丁で斜めに切っては材料を仕込んでいた。

芋屋のおかみさんは時折り、大きな木蓋を持ち上げては濛々と立ちのぼる湯気を払って、釜の中の芋に箸をさして焼け加減を見、片面をかえしてまた蓋をすると、その周囲に縄状にした布切れをまわして、熱気の洩れるのを防ぐのだった。

午後のお茶受けころには、焼き上がるのを待つ客が岡持ちを下げたり、風呂敷を用意して店先に大勢立っていた。

燃料は薪《まき》を使ったが、芋俵や米俵も燃やしていたので、わたしのうちでは晩秋そろそろ火が欲しい頃に取り出す火鉢のために、藁灰を芋屋に分けて貰いに行くのだった。

もう東京にはこんな焼芋屋はないと思うのだが、いつだったか雑誌「あまカラ」に京都では丸寿という焼芋屋があって評判になっていることが紹介されていた。その写真を見ると芋の皮をむいて焼いている。東京ではあの赤黒い皮は剝かず、そのまま焼いていた。そしてわたし達は皮をむいて食べたが、時には少し焦げたのをそのまま食べると香ばしかった。芋の皮を剝いて、胡麻塩をふりかけて焼くのを西京焼といっていた。

写真で見ると丸寿の焼芋はプラスチック製の籠のようなものに、体裁よく包装しているのは現代的であるが、値段もお芋とは云えないのかも知れない。

焼芋屋は夏になるとひまなので、氷屋にかわるという話をきいたが、わたしの知っている下町の焼芋屋では新芋のふかしたのや、豌豆《えんどう》をふかして、大きな竹籠に入れて売っていた。買いに行くと古新聞紙の三角袋にそれを入れてくれた。

後年パリの街で焼栗を買った時、同じように古新聞の三角袋に入れてくれたので、郷愁を覚えたことがある。これはどちらが真似たというわけでもない。生活の知恵なのであろう。

芋を練って多少甘味を加えた芋羊羹というのがあった。濁黄色のと煉瓦色のとが二通りあって、これを三角形に切って売っていた。それは焼芋屋でも売っていたし、駄菓子屋の店頭にも並んでいた。日本橋の人形町通りにはこの専門店があったが、あの庶民的な芋羊羹の味はその後絶えて久しく味わったことがない。

よかよか飴屋

頭上に布切れの釜敷を置いて、その上に商売ものの飴を入れた盥台をのせている。その盥のまわりには魚河岸、大根がしと書いた手提灯を四つも五つも飾ってある。団扇太鼓を賑やかに打ちならして、時々「あァーよかよか」と唄いながら、町なかでかっぽれを踊る

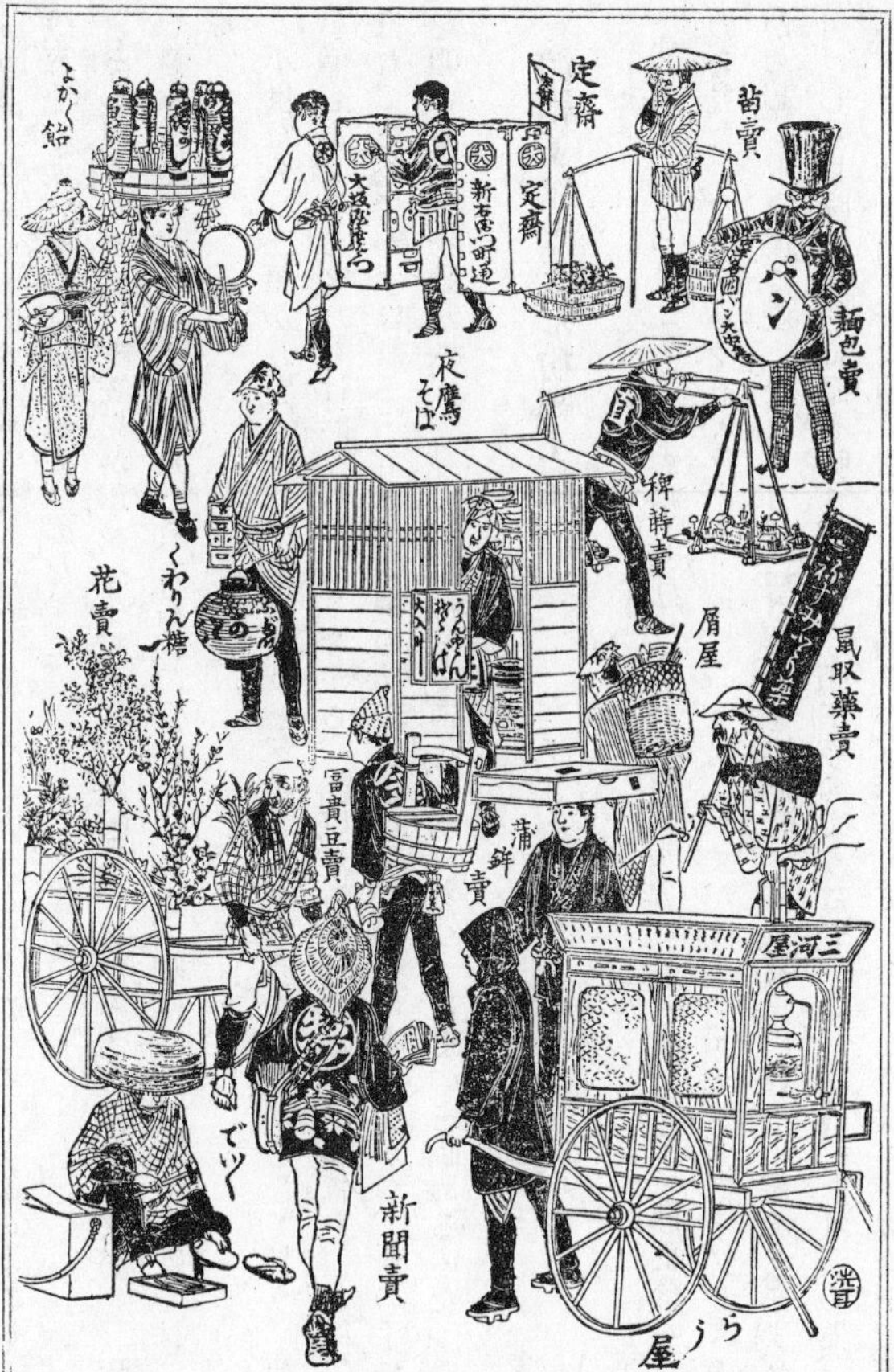

物売り（『東京風俗志』上巻、明治 32 年）

よかよか飴屋は、顔に白粉を塗ったり、紅をつけたりしていた。そして縞の着物の裾には浅葱色の太い袘《ふき》かえしが目立つのだった。

そしてうしろには編笠をかぶった、おそらくは飴屋のおかみさんらしい女が、三味線をひきながらついてくる。くたびれた着物の裾の下には白い脚袢、白足袋に草鞋をはいている。

小供たちは三厘か五厘くらいで飴を買うと、小さな紙の旗をおまけとして貰う。洟垂れ小僧もまじるお客たちは飴をしゃぶりながら、飴屋が「かっぽれ、かっぽれ、甘茶でかっぽれ、塩茶でかっぽれ……」と三味線の伴奏にのって、陽気に唄いながら、合の手に太鼓を叩いて、頭を動かさず、身振り手振りで道化た踊りをつづけるのを眺めるのだった。

飴細工屋としん粉細工屋

ついせんだって(昭和四十二年七月)、赤坂溜池で開かれたフランス菓子展に珍らしいものを見た。マルグリット・ラピエールというフランス女性がヴェネツィア・グラスの技法からヒントを得て創ったという、白ざらめを溶かし、これに食用紅や、藍などをまぜて色付けした甘味の素材に息を吹きこんで、硝子瓶のように光沢のある壺、瓶などの器、花、馬、その他さまざまな型にしつらえた糖菓が展示されていた。これはエレガントで精緻繊

飴売り（ワーグマン画）

細、装飾的でもあるのでパーティの卓上に飾ったあと、賞味することもできるという。わたしはふと、子供のころ親しんだ飴細工のお爺さんを思い出した。

これはまた粗野で庶民的なものだった。もう今どきあんな職人芸は亡びてしまったとばかり思っていたが、これも二、三年前ある宴会の余興に、飴細工と、しんこ細工の老職人が来ていたのを見た。どこか陋巷の片隅に生きていて、細々と江戸以来の伝統の灯をともしつづけているらしい。

縁日や、往来の道ばたに担いで来た屋台を下ろして、薄火で柔かにした白飴を竹の先につけて頰をふくらませて吹くと、だんだんに膨らみが大きくなる。その形を両手でととのえて、花鳥、人物、ときには馬とか、瓢箪とかを成型し、その上に食用顔料でどぎつい配色の色付けをする。それから出来上がった素朴な細工ものを屋台の上に見本として飾りたてて、みんなの注文をとる。その周りには大供小供がたかって、製作過程を眺めるのだった。

手のこんだ細工ものは好奇心のある大人が買ったが、子供は実利的で、安い土瓶の格好にふくらんだ飴の中に黒蜜を入れて貰ったのを買って、眺めかつ食べるのである。

しん粉細工屋も同じような屋台の前で、かぶせてある濡れ布巾を取り除き、手のひらに鬢付油を薄く塗っては、白しん粉を両手でのばしながら、多彩な色しん粉をつけて、これも飴細工と同じように小型な細工ものを作っていた。

わたし達はよく「ただしん粉」というのを買った。それは付木のような薄い木片に白しん粉を屛風のように伸ばしてつけ、その前に赤、青、緑、黄、黒など色しん粉の小片を点々と並べて置いて、端の方にちょっと鬢附油をつけてくれる。いわばしん粉細工のパレットなのである。わたし達は指や、掌に油をつけてはこの材料をくちゃくちゃと練りながら、お皿や茶碗のような単純な形ちのものを作り出すのだった。

しん粉屋もまた「寄せ鍋」というものを作った。薄い小木片の上に皿型の容器を白しん粉でこしらえ、そこに赤い筋を入れた白しん粉を紐状にして、小鋏でこまかくきざんで盛り、上から黒蜜と白砂糖をふりかけ、楊子を添えてくれるのだ。

生活に疲れた年寄りの、油のついた不潔な手でこねた、このしん粉細工を子供たちはよろこんで食べるのだった。あの頃はこれを不衛生として取締らなかったので、わたしも買って来て食べたが、母に見つかって叱られたことがある。

葡萄餅屋

縁日の店でよく買って貰ったものに葡萄餅があった。日本橋西河岸の地蔵さんの縁日では、いつも呉服町の角に店を張って、もうその頃でも珍らしい丁髷《ちょんまげ》の老人がそれを売っていた。

維新後みんながザンギリに頭を切り換えて二十幾年も立っているのに、依然として江戸時代から丁髷を結って、筋を通しているその強情さ、頑固さ、旧弊さの中には、文明開化の新時代に対する反感や、抵抗があったのであろう。しかし幼いわたしにそんな事を洞察する力はなかった。ただ変った年寄としてその稀小価値を認めていただけだった。

その老人が売っていた葡萄餅というのは、透明な薄いころもに包まれた餡ころのような菓子で、淡い甘味が美味しかった。

しかしこの葡萄餅も売っていた老人同様、しょせんはすたれゆく運命にあったのか、時代の嗜好に投じないのか、惜しいことにいつともなく消えてしまった。

ところが数年前、思いもかけず歌舞伎座の売店で、この葡萄餅を発見し、むかし懐かしさに買って帰り、さて喰べて見ると期待したほどうまくない。たまたま再会した旧知と何十年ぶりかで昔話をするのだが、先方はどうしたことか興が乗らず、意気が合わない、というように。わたしはこんなはずではないがと、幼い日の忘れられない味を心の中で反芻したのだった。

街の洋菓子屋

子供のころわたしはなまの洋菓子に親しむ機会に恵まれた。銀座の米津凮月堂のそれは高嶺《たかね》の花で、庶民の子供には容易に味わえなかった明治三十二年ころのことである。

たまたま八重洲橋付近の街の駄菓子屋で、当時としては珍らしい洋菓子が売り出された。おそらく駄菓子屋のおばさんの息子か、それとも身寄りのものに洋菓子製造に年季を入れた職人があって、何かの事情でそこに身を寄せていたのが、遊んでいても仕方がない、腕に覚えの菓子でも売ろうと、急ごしらえのオーブンで作ったものらしく、それでも本ものの西洋生菓子、いまにして思えば本格的なシュークリーム、アップルパイ、ワッフル、マコロン、そのほか二、三種のプチ・ガトーが売り出された。

そんじょそこらにはとうてい手に入らない泰西珍味で、値段も子供の懐ろを覗うのだから、小型にはしているものの凮月堂のフランス風の上品な洋菓子に較べたら格段に安かった。しかもその味のうまさと云ったら、世の中にこんなおいしいものがあるのかと、甘党のわたしはすっかりうれしくなって、口腹の仕合わせをよろこんだ。

丁度そのころ、わたしの舌は西洋の味をひたすら吸収するのに大童《おおわらわ》だったので、マッチ箱大の化粧函に入っているオランダのチョコレートや、英国のモルトン会社製の色彩美しいドロップス（むかしはモルトンと呼んでいた）を乏しい小遣いで大通りの西洋食料品店から買ってきては、そのエキゾチックな味を楽しんでいたが、この街の洋菓子の牛乳、バター、ピーナッツ、それに香料の入りまじった新鮮な味の魅力に惹かれて、洋菓子のファンとなり、オーバーな表現だが、日々が楽しかった。

しかしこの美味しい洋菓子を供給してくれた駄菓子屋は二月ばかりすると、また唯の駄菓子屋に返って、店先から洋菓子は消えてしまった。材料費がかかって儲けにならなかったためか、それとも職人に就職口が見付かって、ほかに行ってしまったのか、とにかく私を落胆させた。

せんだって東京のある有名店のマコロンを喰べて、わたしはゆくりなくも七十年も昔に味わった街の駄菓子屋の洋菓子の味を思い出したことだった。

屋台店の蜜パン

まあたらしいルネッサンス風な日本銀行の石造建築が白く光っていた明治三十年ころ、その西側の河岸通り、外濠の対岸には老松をかざしにした石崖があって、左には木造の銭瓶《ぜにかめ》橋が、右には瀟洒な大理石の橋柱をもつ異国風な常盤橋が見える。その道ばたに食べものを売っている可搬式の屋台店がいくつか並んでいた。それらの店には焼大福、三角形の豆餅、さてはいなり寿司、赤飯などがおいてあった。お客は荷車を挽いて通りがかりに寄る商家の手代や小僧、それから空車をひいてきた車や、客待ちの立ちん坊など、いずれも力仕事をする人達がひといき入れる休憩所であった。あるいは立ったり、あるいはうずくまったり、口腹を満たしたあとで、あるじのいれる番茶に喉をうるおしたり、煙草のけむりを吐いたりしていた。

幼い小学生のわたしは、無論そんな屋台店に入りこんで飲み食いすることはなかったが、その屋台の軒に出ていた「蜜パン」という看板にはとても惹かれたのである。

蜜パンというのは、食パンの一片にどろりとした濃い粗糖の黒蜜をぬりつけたもので、おそらくは餡パンと同様、純日本式な味付けだったに相違ない。あのころわたし達は食パンにバターや、ジャムをつける代りに三盆白《さんぼんじろ》の砂糖をつけて喰べていたが、この蜜パンは生活の知恵が生んだ庶民の発明だったのであろう。わたしはこれをうまそうに食べている小僧さんや、袢天着のひとたちが羨ましくてしようがなかった。

こんな食べものを売る屋台店は市内のどこでも随所に見られたが、わたしはいまでも蜜パンを口にしなかったことを心残りに思うことがある。そんなとき、わたしのイメージには荘厳な日本銀行の建物のそばの、小さな屋台店が現われるのである。

豆屋

「にまめェ、煮豆――」と呼び歩く煮豆屋は、前後にたくさん抽斗《ひきだし》のある箱車を引きながら、チャラン、チャランと真鍮のベルを鳴らしてやって来た。その抽斗のなかには葡萄豆、隠元豆、富貴豆、お多福豆、鶉豆、豌豆《えんどう》まめなどが入っていた。この煮豆屋がくるとおかみさん達はてんでに丼を持って、それぞれ好みの豆をお惣菜として買うのだった。

それから「金山寺屋でござい」と節をつけてやってきたのは、金山寺味噌ばかりでなく、隠元豆、黒豆、葡萄豆から紅しょうが、梅干、沢庵まで持ってきた。

「金ちゃん、まめ」と歯切れのいい呼び声で、岡持ちを肩にやってくるのは小豆の金時売りで、これは子供のお八つに売れた。

「焙りたアてェ――まめよォ」と、これはのどかに長く引き伸ばして、繰り返し呼びながらくるのは焙り豌豆まめ屋である。あの焙りたてで温かく、皮がはじけて、白い身の出た豌豆まめは適当の軟かさで、嚙みしめるとその塩味が何ともいえずうまかった。これは子供ばかりでなく、大人の酒の肴にもなった。

唐辛子屋

「七味《なないろ》ォ唐辛子《とうがらし》」と呼びながら、赤い唐辛子がぶっちがいに彫りこんである小箱の背負い紐を肩にかけて、売りあるく唐辛子屋は、声がかかると勿体らしく、真鍮の長い大匙《おおさじ》をつかっては、前にひろげた厚紙の上に、真っ赤な内藤番椒《とうがらし》をはじめ、山椒《さんしょ》、陳皮《ちんぴ》、芥子《けし》、胡麻《ま》、菜《な》種《たね》、麻の実など、いろいろな香辛料をいちいち抽斗《ひきだし》から取り出しては、早口な音調で、その品種と効能を述べたてながら調合し、厚い和紙の小袋に入れてくれた。その手には浅黄の手甲《てっこう》をつけ、あたまには手拭を小粋な吉原かぶりにし、足には脚袢、草鞋掛けというでたちで、その伝統的な江戸趣味はいかにも舞台の上の人のようだった。

七味唐辛子を調合する言い立ての文句は人によっていろいろ違うらしいが、祖母から教わって、いつとなく暗誦したのをここに紹介しておこう。

「とゥんとゥんとん辛子の粉、ひりりと辛いは山椒の粉、すわすわ辛いは胡椒の粉、芥子の粉、陳皮の皮、とゥんとゥんとん辛子の粉」

貝売り

深川や、佃あたりでは東京湾の海で貝類がよく採れた。その浅蜊貝、蜆、蛤、また時には赤貝、それらの剝身《むきみ》などの入ったぱいすけを天秤で担ぎ、大川をこえてやってくる貝売りがあった。「あさりィ、むきみョゥ」とか、「あさりィ、しじみョゥ」とか、若い衆が威勢のいい声をはりあげて流してきた。

しかし、しんしんと雪の降りつむ中にきいた、悲しげな貝売り少年の声はあわれ深かった。その竹で編んだぱいすけの中の蜆貝の上には斑らに雪がつもり、無雑作においてある五合桝も白くなりかけていた。冷たい泥雪の道を素足で歩いていた少年の姿は、わたしの脳裡にながく焼きついていた。

魚河岸

日本橋川に架かっている日本橋と、江戸橋との間の南側は四日《よっか》市《いち》で、その河岸には煉瓦建の三菱倉庫が並び、向い側には蜜柑屋と、塩もの乾《ひ》ものを扱う海産物屋が並んでいたが、川の北側は鮮魚類を扱う魚河岸だった。ひと口に魚河岸といったが、その区域は生《なま》ものの魚市場が立つ本船町、長浜町、小田原町、室町、安針町と五ヵ町を含めての総称で、いまはこのあたり一帯が日本橋室町一丁目という町名にかわっている。ここに全国から輸送されてくる魚を委託販売する問屋と、仲買、小売店などすべて三百五十軒が集まり、なおそれに関連する鰹節屋、海苔屋、蒲鉾加工業者などが並んでいた。

日本橋川の水面を埋めるように、鮮魚を積んで、伊豆、相模、房州など各地から集まってくる船がとまっていた。わたしは明け方ちかく近海の押送船《おしよくりぶね》が掛け声勇ましく、八丁櫓の快速力で兜橋の方から魚河岸目がけて突っ込んでくる、景気のいい風景を見た記憶がある。

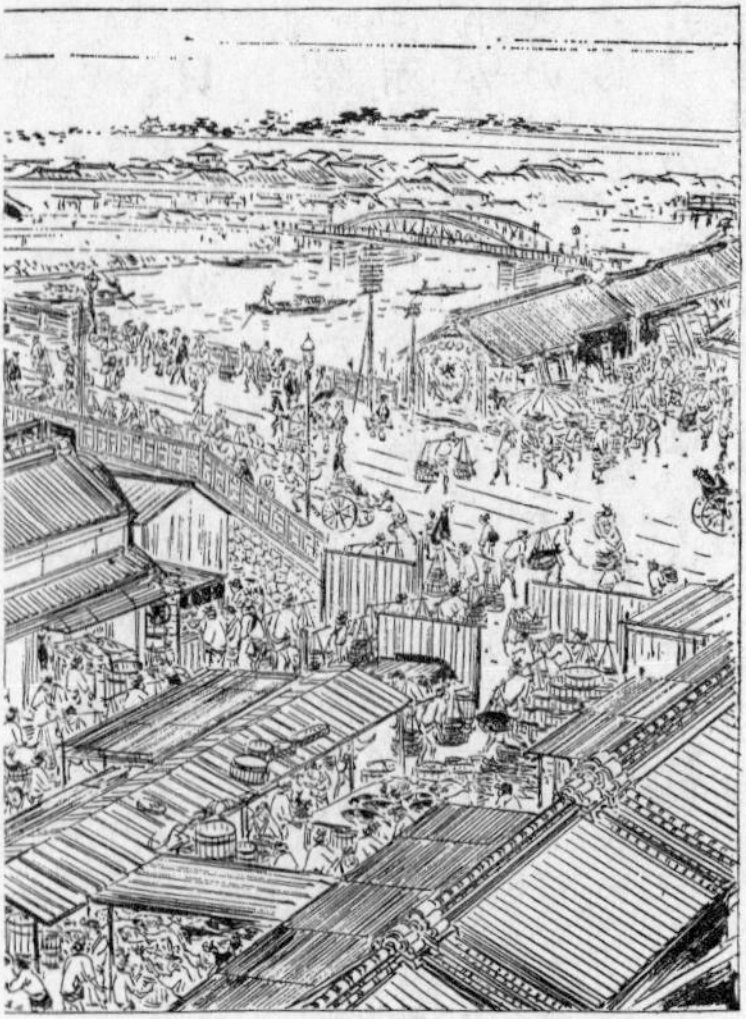
「新撰東京名所図会」明治 33 年 4 月)

河岸に面して立ち並ぶ白壁の蔵の前には石崖から水面に二メートルくらい突き出した桟橋が、日本橋ぎわから江戸橋畔まで長く続いていて、そこここに突き出している荷揚げ場に繋いだ船から鮮魚類を水揚げするのだった。そのあぶなっかしく、狭い桟橋の上には軽《かる》子《こ》や、ぼてふりの往来で雑踏し、

日本橋魚河岸（山本松谷画、

市場の店頭や、往来からは水揚げされたり、取引きされたりする魚を「いっちょョ、いっちょョ、にちょョ、にちょョ、さんちょョ、さんちょョ……」と繰り返して数え上げる声と、怒鳴る声、叫ぶ声などが錯綜し、雑然、騒然、耳を聾するようにきこえてきた。

市場の中には朝早く昼ごろまで、雑踏を極め、喧騒の限りを尽くしていたが、大通りの入口には木戸を立てかけて、用のない者の出入りを許さなかった。そして氷もまだ少なかったし、冷凍魚はなかったし、鮮度が早く落ちるので、市場の中の道路の上には葭簀《よしず》をさしかけて、陽《ひ》のさすのを防いでいたから、自然空気の流通も悪く、魚の血なまぐさい臭いは鼻をつくのだった。

その市場の中では、典型的ないわゆる江戸っ子と、自他ともに許す河岸の若い衆と、市中から買出しに集まる、威勢のいい魚屋の主《あるじ》や、料理屋の板前など、売り手も買い手も、いずれ劣らぬ鼻っぱしの強い連中が、乱暴なべらんめい言葉のやりとりでする糶《せ》りや、取引きには、はた目に殺気が感じられるくらいだった。

しかし朝市が終わると、すぐその後は清掃され、入口の木戸も取り払われる。と今度は日本橋や、江戸橋のたもとをはじめ、空地や、片付けた店先の往来に、鮨屋、天婦羅屋、おでん燗酒屋、すいとん屋、汁粉大福屋、甘酒屋などの屋台が立ち並んで、甘辛《あまから》それぞれに客を呼んでいた。そこにはたねが新しく、うまくて、しかも安いというので、わざわざ遠くから出掛けてきて、ここの暖簾をくぐる者も多かった。

人波の引いた午後の魚河岸に並んだ、そんな屋台店のあいだに、露天の縁台の上に坐った辻講釈師が、前の机を張扇でぴしゃぴしゃ叩きながら、軍談を一席伺って、投げ銭を集めている姿を見かけたことがある。それからまた日本橋から江戸橋までの川に面した桟橋の上を歩いて魚河岸の実態を覗きみた経験は、わたしの幼い日のアバンチュールだった。

長浜町に前田湯という銭湯を営む親戚があったので、わたしは時折りそこを訪ねたが、その座敷にも、風呂場にも生臭い魚の匂いが溢れている感じだった。とにかくあの頃の魚河岸の混雑と、異臭と、不潔とは想像外だった。

日本の中心、東京日本橋にあるという誇りもあって、魚河岸の旦那衆も、若い衆も江戸時代以来の伝統的な東京っ子を自任していたので、歌舞伎、角力などに引き幕や、積み樽を贈ったり、仏閣に大提灯、石燈を寄進するなど、魚がしの名を出し、顔を売るのに華美を競う風があった。

日本橋魚河岸（石版画）

しかし首都のど真ん中のその不潔や悪臭は公害でもあった。東京市区改正条例の公布によって、この魚市場の移転は明治中期に必然的に起こったが、板船権のために延期に延期を重ねたのち、ついに大正十二年の関東大震災によって解決することとなり、魚市場は現在の築地に移ってしまった。そしてもとの魚河岸、いまの日本橋室町一丁目はすっかり面目を一新して商店街になってしまった。僅かに日本橋畔に魚市場記念碑が建っていて、むかしを偲ぶよすがとなっている。

やっちゃば

日本橋魚河岸の鮮魚市場とならんで、青物市場は神田がいちばん有名だった。

東京市内には神田のほか、京橋、千住、新宿、青山などたくさんあったらしいが、むかしはしりの野菜は神田市場の承認がなければ、他の市場に出せないというほど権威があったという。その神田の市場の立つ場所は多町、連雀町、須田町、佐柄木町、通新石町と五ヵ町にまたがっていた。

その青物市場のことをどういうわけか、やっちゃばと云いならわしていたが、わたしは日本橋、京橋に住んでいた関係もあって、やっちゃばといえば京橋川の大根河岸《だいこがし》を思い出すのである。

『新撰東京名所図会』明治 34 年 3 月)

鍛冶橋近くの外濠から京橋川が分岐して、楓川を経、築地川に通じるが、そこに架かっている紺屋橋を中心に、西は比丘尼橋《びくにばし》、東は京橋までの北側を大根河岸といい、その周辺の北紺屋、南紺屋町、畳町あたり一帯に青物問屋が立ち並んでいて、毎日朝夕二回青物市場が立った。そんなわ

京橋より大根河岸を望む
(明治31年2月写、山本松谷画、

けでの俗称に相違ないが、ひとびとは「だいこがし」と呼んでいて、決して「だいこんがし」とは云わなかった。

　ここには近郷から農家のひと達が野菜や果物を、馬力とか、手車に満載して、寝静まった真夜中の街路を、ほの暗い提灯のあかりに照らして、挽いて来たり、または伝馬船《てんません》や、荷《に》足船《たりぶね》に積んで、水路を河岸に漕ぎ寄せたりして集まってきた。そして、朝はやくから青物問屋の店先に季節の青果が山とつまれた。わたしはどんな取引で商売が成立つのか知らないが、問屋側と、荷主と、買出しの八百屋さんたちが早口に数字の符牒を叫びあって、せりをやったり、算盤をはじいたり、積荷を数えたり、雑然、騒然として活気に満ち溢れていた。こんなとき紺屋橋の周辺は一般人が足の踏み入れ場もないように混雑するが、その取引きが一段落して買主も売主も引き上げると、あとは問屋の若い者が往来に落ち散った菜っ葉のはしや、縄、菰を掃き集めて、塵の山をつくり、店の前に水を打って、町は潮が引いたように静けさを取り戻す。そして先刻まで南紺屋町の河岸の空地を埋めつくして立ち並んでいた手車も、いつか四散して姿を消している。

日暮れもまたひととき、朝ほどのことはないが夕市の賑わいが繰り返された。

いまはこの京橋川の川筋には高速道路が走り、あのころ青果市場の立ったあたりにもニョキニョキと高層ビルが建ち並んで、むかしの面影は何処にも見られない。

「新撰東京名所図会」明治 33 年 1 月）

食傷新道のたべもの屋

明治時代の東京の小路には町名以外に、人々から親しまれている異名をもっているのがたくさんあった。

日本橋区だけで見ても、木原店《きわらだな》、稲荷新道《いなりじんみち》、式部小路《しきぶこうじ》、十九文横丁、樽新道《たるじんみち》、高砂新道、浮世小路、杉の森新道、駕籠屋新道《かごやじんみち》、玄冶店《げんやだな》、大丸新道、瓢箪新道、附木店《つけぎだな》など

神田青物市場（山本松谷画、

がある。安政・文久ころの尾張屋板『江戸切絵図』を見ると、これらの大部分の俗称が書きこまれている。このいかにも半七捕物帳に出てきそうな、江戸伝承の地名に幼い日のわたしは親しんでいたのである。

　このうち玄冶店は『世情浮名横櫛』のお富さんで人口に膾炙しているが、木原店の名もかなり知られていた。ここは江戸町割のとき木原内匠の屋敷があったので命名されたという。

　わたしの幼いころ、ここには木原亭《きわらてい》という色物席があった。名人三遊亭円朝が最後の高座をつとめたのはこの席亭だったと聞いている。わたしは時折りこの寄席で落語や、手品、太神楽を聞いたり、見たりしたが、はっきり印象に残っているのは、義和団事件に出征する軍隊を実写した活動大写真をはじめて見たことである。

　この木原店はまた食傷新道という別名で知られていた。というのはこの狭い小路の両側に食べもの屋が軒を並べて上戸や下戸の客を迎えていたからである。

いまは日本橋通一丁目東側、西川ビルと東急日本橋店（最近までは白木屋）ビルとが隣りあう、そのビルとビルの絶壁がお互いにそそり立っている間の峡谷のような小路が木原店こと食傷新道で、その頃は大通りの左角に畳表問屋の伴伝の土蔵造りの店があり、右角にはそばやの東橋庵があった。嘉永年間の本に東橋庵藤屋の名が出ているし、広重の版画『名所江戸百景』「日本橋通一丁目略図」には、白木屋に並んでここの屋号の書いてある暖簾や、行灯看板が描かれてもいる老舗《しにせ》だった。

新道に入ると南側にまず中華亭がある。ここは高級料理店で、金ぷらと鶉椀で名を売っていた。金ぷらというのはそば粉をころもとし、つなぎに卵黄を使うと聞いたが、揚げ上がりの色が鮮かだった。その隣りが有名な汁粉店梅園、いわゆる〝おしろこ〟の味も格別で、多くの甘党を集めていたが、ここのあるじはひだりききのせいか、雑煮の味付けがまたおいしく、辛党はこれで一本つけたくなると云われていた。

その先にあったのは新川という鰻屋、そして中通り近くに飴屋が天ぷら屋と並んでいた。北側には伴伝の奥倉の隣りに赤あんどんという大衆向きの小料理屋がいつも繁昌していた。ここではぶどう豆のつきだしが出たように憶えている。

それから利久せんべいについで、みきやという鳥料理屋、それから木原寿司の先に沼田という鳥料理屋があった。わたしはこの店ではじめて笹身のさしみを喰べた。この食傷新道では、いま他の店がみんな消えてしまったのに、この木原寿司と沼田とが息ながく商売をつづけている。

それから前述の木原亭があって、その先には牛肉屋、そして東仲通りの北角には、お座敷洋食の瓢家《ひさごや》を若い綺麗な姉妹が経営していた。が、これはどうも大正時代の錯覚のようである。あのころは何屋だったか、もう記憶がはっきりしない。

この食傷新道の出はずれ、東仲通りの筋向い、青物町の南角には、鯛の味噌漬を出すので知られた中鉄があった。

べったら市

めくり暦が日毎に薄くなって、十一月には酉の市、十二月には歳の市が立ち、ちまたの風をひとしお寒く感ずることは今もむかしにかわりはないが、そのさきがけのように十月二十日には恵比寿講があり、商家では商売繁昌を祝って、恵比寿さんをお祭りする慣わしがあった。その前夜十九日の晩には、日本橋大伝馬町から小伝馬にかけて、往来の両側に神棚、器具、魚、蔬菜類など恵比寿講に供用する商品の市が江戸時代から立ったが、いつからか、そこで売る浅漬が主役となって、べったら市と呼ばれた。

この〝べったら〟というのは、生干しの新大根を塩と麴で味つけした浅漬のことで、この市でそのはしりを口開けして売り出す慣わしだった。しかし太陰暦が太陽暦にかわっても、十月十九日という月日はそのまま踏襲していたので、浅漬は季節的にも早いため、風味は決してうまいとはいえなかったし、値段も高かったが、商家では縁起ものとして買い求めるので、夜店は下町の客で賑わった。

わたしは子供のころ日本橋本材木町に住んでいて、家からさして遠くもなかったから、よくべったら市に連れて行ってもらった。

食品、玩具、文房具、衣類履物、雑貨から植木まで、水天宮の縁日の倍以上も夜店が張られて、人出も多かったが、その中で漬物屋の店では若い衆がてんでに「べったら、べったらー」と大声に客を呼びこんで、景気をつけていた。客の中には買ったそのべったらを裸のまま縄にくくってぶらさげ、これもまた「べったら、べったら」と叫びながら、いたずら半分に振り廻すものもあった。触れたら、ねばついた麴のために着物をよごされるので、女のひと達はこわがって逃げるような騒ぎも見られた。べったらという言葉のうちには、周囲のものにくっつくというほどの語義があるようである。

このべったら市には大伝馬町の名菓店白梅亭で、紅白の切山椒《きりさんしょ》とくず羊羹とを売り出していた。べったら市と切山椒との関係については、つい聞きのがしたが、これを売っている露店の菓子屋もよく繁昌していた。わたしも帰りにはこれをねだって買って貰ったので、いまでも切山椒や、むし羊羹を見ると、べったら市を連想するのである。

もうべったら市は疾《と》うのむかしの話と思ってこれを書いたが、昨年テレビでべったら市の実況放送をしていたときいた。が、浅漬とともに切山椒や、くず羊羹も売っていたか、どうかは分からない。

凮月堂

明治十八年版『高名見立三幅対』(桃華堂千里編)には菓子舗として本郷の藤村、日本橋の栄太楼とともに凮月堂があげられている。わたしの少年の頃でも東京で最も著名な菓子屋といえば、まずこの三軒だった。

ただ凮月堂とだけ書いてあって、町名がないが、凮月堂といっても店が多い。幕末時代の『大江戸菓子商競べ』という番付には、西の前頭七番目に、「南伝馬、凮月堂」とあるから、いまはなくなったが、京橋南伝馬町二丁目の大住凮月堂だったことがわかる。わたしは少年時代この店の近くに住んでいたから、ときどき買いものの使いをした。とくに土曜の朝、特売するきんつばはすぐ売切れとなるので、早くから買いに行った思い出がある。詳しいことを調べたわけではないが、幕末時代すでに南伝馬町で盛業していたらしい。

しかしまた明治十七年版の『二人組合見立一覧表』には「洋菓子・東京・凮月堂」とあるが、これは京橋南鍋町・米津凮月堂の先代恒次郎が明治初年フランスに二度も渡って、洋食と洋菓子を習得してきたというから、米津凮月堂に相違ない。米津と大住との関係はどうなっているか知らないが、明治三十年代、わたしはよく凮月堂の商品切手を使用した。それには総本店・南伝馬町・大住凮月堂とあり、つづいて本店・南鍋町・米津凮月堂、それから上野広小路、麻布飯倉、神田淡路町などの店の名があって、一連の凮月堂チェーンの共通商品券になっていた。

これは余談になるが、その頃はまだデパートメント・ストアもなかったから、贈答用として商品券が最も多く使われたのは鰹節の〝にんべん〟高津伊兵衛商店のそれで、その次ぎに多かったのはこの凮月堂の商品券だったようにわたしは思う。

凮月堂ではどこの店でも三日月のある扇面の商標で、いろんな和洋銘菓を売っていたが、その中でも名代のカステーラがわたしは好きだった。パサパサと乾いた感じだが、嚙みしめると何ともいえない優雅な滋味があった。また日本で最初につくったというビスケットや、デセールはどこのよりもバラエティがあっておいしかったし、銀紙につつまれたキャラメルはその後到るところで発売された大衆的なそれとは、較べものにならないほど高貴な味がした。格調の高いゴーフル、カルルス煎餅、それからあのころ珍らしかったシュークリーム、ワッフルなど、凮月堂はわたしにとって憧れの甘いもの天国だった。

米津凮月堂は京橋南鍋町、いまの御幸《みゆき》通り北側の角店、土蔵造りの二階建で、軒には白っぽい麻暖簾に屋号と商標とが書いてあった。階下は菓子舗で、その奥の階段を上がると、二階が洋食部となっていた。

ここのフランス料理は先代恒次郎が本場で修業してきた腕のさえと、材料を惜しみなく使うよさで、実においしかった。そんなわけで食事どきには、美食家の知名な人達が馬車や人力車で集まってくるので、店の前は賑わっていた。

この店には、もひとつ特色があった。それは縞の着物に角帯を締め、白足袋に草履をはいて、片腕にナフキンを掛け、うやうやしくサービスする給仕人だった。その服装としつけのよさは、いかにも明治調ムードこまやかだった。これは身体に馴染まない借着のようなイブニング姿のウェーターよりは、遥かにきびきびしていて気持ちがよかった。

ずっと後のことであるが、東京に住み馴れた外人の家に招かれたとき、食堂のサービスをする使用人が木綿の黒紋付に袴をはいているのがエキゾチックに感じられて好もしかった。わたしはそのとき凮月堂の給仕人を思い出したことだった。

はじめて凮月堂の二階で、かたくなりながらフォークとナイフを動かしたとき、むろん本格的なフランス料理を素的だと思ったが、それより後から出た温かいスウィート・ポテトには、世の中にこんなうまいものがあるのかと感銘したことを忘れない。

羊羹の老舗

明治時代には今とちがって「甘いもの」の種類が少なかったから、おやつとか、お茶受けとかいうと、どこの家でも比較的長持ちのする羊羹が出た。

わたしは下町に生まれ育ったから、場所がら西河岸の栄太楼の練羊羹にいちばん親しんだ。あくがよく抜けているかどうかは分からないが、わたしの舌には適度の甘さで、大好きだった。また、たまには到来ものの本郷・藤村の羊羹を珍重した。東京第一の名店が吟味してつくる、あっさりした甘味を、わたしは嚙みしめるようにゆっくり味わうのだった。むろん大の甘党のことだから、米津や大住凮月堂、上野の岡埜栄泉堂、それから蠣殻町の三原堂のも、そしてまたおみやげの日光羊羹、成田の米屋羊羹も、それぞれおいしく食べた。

大正ころ赤坂に店を構えて、羊羹の有名店となり、いまに盛業している黒川虎屋はそのころ八重洲橋近く、京橋南槙町のわたしの家のごく近くにいた。仕舞家《しもたや》のような家構えで、その製菓のすべては宮内省御用として納めており、店売りはしなかったから、あのねっとりと甘い虎屋の羊羹はわれわれ庶民の口には入らなかった。江戸が東京となり、天皇家が千代田城に入られるのに従って、京都から移ってきた黒川のひとたちの言葉には京なまりがあった。

細田安兵衛の栄太楼の店舗は小さかったが、いつも繁昌して梅干飴、甘納豆、お目出糖、玉簾《たまだれ》とともに羊羹をうりものとして、東京みやげの随一とされていた。いまもなお大衆性に徹して、ますます大量生産し、販路を拡げて大発展を遂げている。

数年前久し振りにこの羊羹を味わおうとし、ふとその包装を見ると、栄太楼食品工業株式会社製とあった。現代に即応する近代経営大いに結構ではあるが、食品工業と包装に書く無神経さが気になった。近頃はさすがに反省したのか、栄太楼とだけ書いてあるが。

それに引きかえて対照的なのは藤村である。初代藤村忠左衛門が寛永年間前田侯の命によって独自の羊羹を完成し、宝暦年間江戸に出て、本郷に店舗を張ってから十六代の当主まで連綿として名物の羊羹をつくりつづけている。江戸時代のむかしはさておき、『東京流行細見記』(明治十八年七月刊)の菓子舗の筆頭には本郷・藤村があげてあり、また『高名見立三幅対』(明治十八年十二月刊)の菓子舗には本郷・藤村は凮月堂、栄太楼と共にとりあげられている。明治時代の作家尾崎紅葉、森鷗外、夏目漱石などの作品にはよくこの藤村の名が出てきた。

これは大正時代であるが、わたしはベルリンの客舎で抹茶をたてたおり、出発のとき餞別にもらった藤村の羊羹を持ち出し、印度洋の酷暑に耐えて少しも味の変らぬうまさを満喫して、故国をしのんだ経験がある。

それからおよそ四十余年、世相もすっかり一変しているのに、最近忘れていた藤村の羊羹がむかしのままの味と、装いで残っているのを知ったのは、ほんとうに旧知に逢ったようなよろこびだった。いま藤村は本郷での店売りしかしないのだそうで、昔ながらのとろりとした上品な甘みの味を落とさず、匂うような紫色のあざやかな包装に、伝統の暖簾を守っているのはさすがだと思う。

羊羹といってもその種類はたくさんあって、小豆の漉餡《こしあん》と寒天を主材とし、これを煮詰めたものを箱に流しこんで凝固させる煉羊羹。赤小豆の漉餡に小麦粉、浮粉などをまぜて煮詰め、これを蒸枠《むしわく》に入れ、濡れ布巾をかけて蒸す蒸羊羹。小豆の代りに白隠元豆を主材とする白羊羹。赤小豆の蜜煮をした小倉羊羹。塩をきかせた塩羊羹。水気の多い水羊羹。そのほか梅干、栗、柚子、柿、桃、胡栗、百合、挽茶、海苔を添加するなど、業者はそれぞれに家伝の秘法を用いたり、創意工夫を凝らしてつくっている。

文化文政にかけ江戸八百八町に評判をとった菓子の名舗として知られているのに、金沢丹後、船橋屋織江、鈴木越後などがあるが、そのうちでも金沢丹後は二代目金沢三右衛門(元禄)から十一代(慶応)まで徳川家用達として盛業したという。その十三代目の当主金沢復一氏は家伝の古文書によって『江戸菓子文様』(昭和四十年一月、青蛙房刊)を編しているが、その中に「挺物類」という項があって、

「挺物というのは庖丁物という意味であろう。金沢丹後の挺物類寸法は四寸五分四方、厚さ一寸三分、一挺十六切積りとあるが、羊羹類は一般菓子屋では棹物と呼ぶのが普通である。天保十二年に出版せられた『菓子話船橋』の中にも「煉物類一棹と唱るは長さ六寸に巾一寸、一船にて十二棹に切るなり」と書いてある。羊かんを流し固める箱(木製で内側は漆塗)を菓子屋は昔から船と呼んでいるので、棹というのは船に対しての言葉である。

しかるに金沢丹後では棹物と呼ばず、挺物と書いている。これは船橋屋の羊かんが煉羊羹であって、金沢丹後の羊かんは蒸羊かんであったからなのであろう。江戸時代には羊かんといえばすべて蒸羊かんのことであって、煉羊かんより上物とされていたので、江戸城へ納める羊かんも蒸羊かんなのであった。それゆえ時雨餅も外良餅《ういろう》も共に蒸し物であるから舟には流さず、木枠だけで蒸すのだ。蒸し上がってさましてから庖丁で切るのである。（中村達三郎）」

と書いてある。わたしは子供のころから蒸羊羹より煉羊羹が高級のように考えていたのだが、中村氏の説によると、江戸時代にはどうもそれが反対だったらしい。

ちなみに、この筆者はべったら市で切山椒を初めて売り出した梅花亭の当主で、明治時代には日本橋大伝馬町にその店があった。

また文中、『菓子話船橋』とある、その本をわたしはまだ知らないが、江戸末期に船橋屋織江の店は深川佐賀町、浅草雷門、湯島、昌平橋、赤坂、四谷など各所にあったらしい。前掲、明治十八年の『東京流行細見記』御菓子、口取屋菓四の番付には、その第三位に深川船橋がランクされている。

わたしはつい最近、麴町二丁目の北角、プレハブハウスの仮小屋のような二階建に、船橋屋織江と筆書きした、古風な行灯看板がかかっているのを見た。しかしいつもその鎧扉《よろいど》が下りていて、菓子を売っている様子は見えない。近所のひとの話では、製菓はもう止めて、明治記念館に赤飯を仕出しているという。

この表通りの筋向いには十二年ほど前、大阪から進出してきて、東京の甘党を風靡している鶴屋八幡東京店が立派な店舗を構えている。ここは明治二年の創業で、いまは三代目だ。風味は優雅に古典を堅持しているが、経営方針は進歩的である。この船橋屋織江と鶴屋八幡との取合わせは皮肉な対照となっていて、わたしには何か時代の移りかわりをまざまざと見せられる思いがした。

それから船橋屋織江の隣りに、これも江戸時代から日本橋通四丁目にいた茶道具の老舗堀津長右衛門の店が移ってきている。その十代目の当主と言葉をかわした折り、江戸時代の名家のひとつ鈴木越後の末裔が、いま両国一つ目に店は張らず、仕舞家《しもたや》のような構えで、むかしからの得意先から誂えてくる茶会の点心だけを調製しているという。そんなわけで値段は飛切り高いらしいが、こんな根性のある名店気質《かたぎ》はまことに頼もしい。

和菓子の店

凮月堂だとか、藤村や栄太楼などを書いていると、甘いもの好きのことだから、まだ書き残した和菓子のことが、それからそれへと頭に浮かぶので、これもひとわたり書かなければおさまらない。

百貨店の名店街に行けば、全国の銘菓が即座に求め得られる現在と違って、あのころは同じ東京でも遠方までは買いに行くのがおっくうなので、わたしが知っている銘菓といっても、ほとんどが身近の日本橋、京橋あたりの店のものだった。

これはわたしの素人かんがえなのだが、むかしは生菓子より干菓子の方が高級品だったのではなかろうか。わたしの知っている明治二、三十年代でも風雅優美な打ちものの、精緻を極めた意匠、形態、色調は工芸品のようで、これは味覚より視覚にまず訴える感があった。

思い出すのは中橋広小路の大通りにあった干菓子の名店松月堂である。ここでは歌舞伎名題狂言に因《ちな》んだ打ちものを売り出していた。茶の点心や贈答品を買いにくる女客でいつも繁昌していたが、雛祭りの前後には店先に緋毛氈を敷いて、そこに有平糖、雲平糖、あるいは金花糖でつくった魚介、果物、野菜などのミュニアチュアの多彩な雛菓子が、可愛い盤台や、竹籠に入れられて列べてあった。

それから北槙町の樋口万年堂では、六角形の落雁の入った吹寄せを売り出していた。わたしはここのあまい石衣《いしごろも》が大好きだった。

それより以前、わたしはどこでも手に入る金平糖《こんぺいとう》をよく買って貰った。この核子《たね》の上に砂糖をかけてつくった、多角形の掛けものをしゃぶるのが好きだったが、これは明治三十年ころからだんだんに減って、ついには姿を消してしまった。

有平糖の梅干飴、それから甘納豆糖、これは西河岸の栄太楼の名物だった。

　さて生菓子であるが、饅頭で評判だったのは塩瀬と壺屋、そして風月堂だった。どら焼と三笠を売り出したのは梅花亭、それからまた最中《もなか》の名家として知られたのは上野山下にあった空也《くうや》で、わたしは上野の帰りに寄っては、よくお土産に空也最中を買った。

　季節もののうち桜餅は向島・長命寺のがうまく、すぐそばの言問《こととい》団子も書き忘れてはならない。それから芝口の小萩堂の萩の餅、芝神明前の太々《だいだい》餅の名もなつかしい。

　大衆的な餅菓子として、一番よく売れたのは大福餅であろう。それだけにどこが名物というような店を知らない。きんつばは京橋南伝馬町の大住風月堂と、新橋の青柳とが知られていた。うまくて量がある割には廉いというので、直ぐ売り切れてしまうところから、売り出しの日時や、一人あたりの販売額を制限したりした。

　おらんだ渡来、すぺーいん名前のカステーラは洋菓子とすべきかも知れないが、もうこれは日本の

「新撰東京名所図会」明治31年3月）

言問団子と桜餅（山本松谷画、

風土に同化して、立派に和菓子になりきっていた感じである。文明堂のねっとりとした長崎風カステーラがまだ東京には入って来ていなかった。

凮月堂のカステーラについては既に書いたが、壺屋も売りものにしていた。そしてその店の軒にあがっていた看板には「粕庭羅」と書いてあった。また栄太楼では小さい瓢箪型のカステーラに千成《せんなり》と名づけていたし、松崎ではカステラ煎餅というのを売り出していた。

煎餅といえば日清戦争ころ、横浜から日本橋万町通りに進出してきた亀楽支店、木原店の利久、呉服町の烏賊煎餅、数寄屋橋の松崎などがそれぞれに特色のある各種煎餅を売り出していて、わたしの幼いころの好きな店であった。

立場茶屋

東海道を京へのぼるにしても、東北や、中仙道へ鹿島立つにしても、とにかく、道路元標のあるお江戸日本橋が起点だった。だから江戸時代には恐らく駕籠や、駅馬などの立場であったろうし、維新以後は引きつづき人力車、馬車の発着で日本橋界隈は賑わっていたに相違ない。その面影を伝えるように、日本橋南側広場の四日市町の一角に立場茶屋というのがあった。いまの東海銀行日本橋支店の建っている場所である。

屋号は笹屋といったが、人はみんな立場茶屋《たてばぢゃや》とか、ただ立場《たてば》とか呼んでいた。もと本陣ともいったそうだ。庶民的な、その頃の言葉でいえば、安直な食べもの屋だったから、橋むこうの品川町にあった縄暖簾の花村とともにいつもお客が立てこんでいて、魚河岸《かし》に買出しにきた客達が多く、早朝から店を開いていた。そして膳の上に徳利を何本も立てている、というようなのが多かった。店は木造総二階の追込みで、畳敷だから、下駄や草鞋をぬぎすてて坐りこむと、襷がけの女中が鶯色の漆《うるし》塗りの板に墨で書いた献立の品書きをもって、ご用を伺いにきた。わたしは一、二回つれられて上がった経験はあるが、どんなものを食べたかさっぱり憶えていない。

明治二十年代の末期には、もうなくなってしまっているようである。

銀座の松田

京橋を渡って銀座一丁目の東側、本家美寿屋と、本家みすやという二軒の針問屋が、いずれも本家を名乗って並んでいる先に、玉寿司の店があった。それから金沢亭という寄席のある小路を隔てた向う角に、松田という料理屋があった。

明治初期の二階建煉瓦長屋を改造した和洋折衷の建物で、間口は二〇メートルもあったろうか。二階にはバルコニーがあって、軒先には瓦斯灯がついていた。そして赤、青、藍などカラーフルな市松模様の硝子障子が異様な雰囲気をかもし出していた。

入口近くには大きな天水桶が据えてあり、その上には胴の浅い番手桶がピラミッド形に積み重ねられ、傍らには真っ赤な手押し喞筒《ポンプ》も飾りのように置いてあった。火事早い東京のことだから、人の出入りの多い店ではこんな防火設備が必要だったのであろう。玄関の奥、右側には中庭があって植木の青葉も見えた。そしてそこには噴水があり、朱塗りの橋が架かっていた。

こんな風に色硝子の障子、朱塗りの橋、赤い喞筒、そして厠《かわや》の壁面にはめこまれた硝子の中には金魚が游泳し、何の香料か芳香が漂っていたという。地方から人が出てくると、松田へ連れて行かなければ土産話にならないと云われたほどで、料理も比較的安値だった

銀座の松田（井上安治画）

し、大衆的な人気があった。なんでもお客が百人あがると大太鼓を打ち鳴らして、景気をつけたという話である。

この松田の華麗で低俗な趣味に徹した装飾過多について、鏑木清方さんはいまの目黒の雅叙園と対比し「これは昭和の松田であり、彼は明治の雅叙園だったのだ」と書いているが、まことに至言である。

四代広重は錦絵「煉瓦石商家之図」に松田、玉寿司あたりを取入れて描き、井上安治は「京橋松田の景」を作っているほどで、とにかく明治初期から中期にかけ、時代の嗜好に投じたらしく銀座の一名物となっていた。

わたしは幼時よく父に連れられて銀座漫歩をした折り、瓦斯の灯の明るい松田の前を通るたびに、大入りの客で賑わっているのを見た。しかし上がったわけではないから、詳しいことは知らない。それにしても激しい時代の波に押し流されて、いつか次第に客足が衰えを見せ、明治三十年代、ついに煉瓦地から姿を消してしまった。

ももんじやと馬肉屋

鍛冶橋と比丘尼橋《びくにばし》とのあいだ、濠端通りに面した京橋北紺屋町の角に尾張屋というももんじやがあった。ももんじやというのは猪、鹿、熊、猿など野獣の肉を食べさせる店である。木造二階建の店舗の軒先には野獣を開腹して、臓物を取り出したのちの肢体が毛皮がついて血ぬれのまま、大きい釣り金具に引っ掛かっていることがよくあった。そして店の前には大きな紙に「山くじら」と書き、下に牡丹の花が描いてあった。山くじらとは猪の異名なのである。そしてまた猪肉を牡丹ともいった。花かるたの「牡丹に唐獅子」に由来する故事付けなのである。このひそみに倣って、鹿の肉を売るときは看板に紅葉をあしらって描いてあった。

下手《げて》もの好みの客が味噌煮の鍋で食べるということであったが、わたしはそんな好奇心はなかった。母が四脚のものの肉は口にしないというので、家じゅうで牛鍋を突ついて食べても神棚に白紙を張って、不浄を、神様にお詫びするという風だった。まして猪や鹿など以てのほかの悪食《あくじき》だったのである。

ももんじやは両国の回向院近くに、港屋というのがあって、ここはいつも客が立て混んでいたようである。

四谷見附の三河屋はその頃すでに有名な牛肉屋となっていたが、むかしはももんじ屋として知られていたのだそうである。

さくら肉と異名のある馬肉を専門に食べさせるうちは、浅草あたりに有名店があったが、わたしには関心がなかったので憶えていない。わずかに記憶に残っているのは八丁堀、松屋町一丁目の電車通りにあったこばやし馬肉店だった。じぶん時には大衆的なお客で賑わっていた。


この章を書いてのち、わたしはたまたま、二代広重の版画『名所江戸百景』「びくにばし雪中」というのを発見した、というと大袈裟だが、初めて見た。それは鍛冶橋寄りの城辺河岸から京橋川に架かっている比丘尼橋を隔てて、数寄屋橋方面を望む雪景色の構図で、右側、川ふちの焼芋屋の小屋掛けの上には、お濠の向うの石垣が見え、左には大きく山くじらと書いた看板が眼を引く。これは云うまでもなく尾張屋の看板である。丁度それは明治後半期わたしが見馴れていたももんじやの場所と変っていない。だから尾張屋は店構えこそあまり大きくはなかったが、江戸時代から有名な老舗《しにせ》だったのである。

雪の比丘尼橋（二代広重画）

牛鍋屋

明治の初期、初めて西洋料理が将来されるようになって、にわかに牛肉を食用にすることが文明開化の象徴のように奨励され出し、牛肉屋が到るところにできて繁栄をきわめた。その頃は〝牛〟と赤く書いた旗を竿頭に高くかかげて目印しにしたと文献にあるが、わたしの知っている頃はもうそんな習慣はなくなっていた。

牛鍋というのは純粋に日本式調理法で、味噌、醬油、味淋、砂糖で味付けを施したが、割下《わりした》で煮るのが通例となった。いまはすき焼といっているが、むかしはこの語はなく、牛鍋と云っていた。

明治二十八年十一月発行の「風俗画報」第百二号所載、「近世創始商職業牛肉店」(太田多稼)には当時の牛肉店の様子が詳述されているので、ここに抜萃して見よう。

「……肉に並肉あり、ロース肉あり、ロースは並より価高きこと二銭、若《も》しくは三銭なり、其葱に和して烹《に》るを並鍋といふ、価五銭、脂を以て鍋を摩して烹《に》るを焼鍋といふ、価八銭、肉店に上れば葱を五分《ごぶ》といひ、肉を生《なま》といひ、汁を割下といふ、乃《すなは》ち隠語の如し。又肉の細かに切りたるを細切《こまぎれ》といひ、紅白の肉相半ばするをやまとやといふ。蓋し岩井半四郎の隠語なり。上中等の店にては普通の一品西洋料理を命ずるを得、故に壁上揭ぐる所の記書《しるしがき》にビフテキ何銭、ヲムレツ何銭、カツレツ何銭、スチウ何銭等、各々其価を記して客の命ずる所に任せて調理せり、上中等の家には官吏も往き、書生も往き、商賈も往き、三四十銭の銭貨を投じて、一酔の飽を取るを得。是を以て肉店は何れの所を問はず饑客雑還せざるはなし……」

東京一の牛屋と世評の高かったのは四谷見附の三河屋だったが、地理的に遠かったのでわたしは一、二度しか行ったことがない。

一番記憶に残っているのは京橋具足町の河合だった。南伝馬町四丁目、時計台のある薬屋小山連綿堂の横町、清正公《せいしょこ》さまの筋向いにその店はあった。店先にかかっていた、油のしみこんだ木の看板には「宮内省御用達」と書いてあった。玄関の左側で調理人が三、四人、大きな庖丁を柄のついた円錐型の鑢《やすり》にこすりながら、牛肉を切っては大きな皿に並べていた。その背後にある網戸の内には大きな牛の肢体が鈎につるさがっているのが見えた。

日本橋式部小路、吉沼時計店うらにあった早川牛肉店にも馴染み深かった。二階に上がって牛鍋を突ついたことも度々あるが、家から近いのでよく肉を買いにも行った。ここでは一品西洋料理の仕出しをしていたので、ソップとか、ビフテキとか、オムレツとかの出前を頼みにも行った。それはわが家時折りのおごりだった。

この早川は爾来六十余年、つい最近あたりまで営業を続けていた。むかし懐かしさに一度いって見るつもりでいるうちに廃業してしまった。

銀座一丁目の吉川と、竹川町の松喜とは地理的な関係でよく上がった。特に後者には永いあいだ馴染んだ。

新橋駅に近いので入ったことのある芝口の今朝《いまあさ》、浅草に行った帰りに寄ったのは仲見世の中の常盤と、奥の常盤、それから馬道のちんや、千束町の米久、上野の帰りに上がった広小路の世界などがある。

このほか入ったことはなかったが、牛屋の草分けと云われる、神田淡路町の中川とか、帝大や一高の学生たちが集まる湯島切通し上の恵智勝〈江知勝〉とか、本郷春木町の三枝とか著名な店は多かった。

それからまた市内各所に支店が多く、最もポピュラーだったのは、いろは牛肉店だった。本店は芝三田四国町にあったが、明治二十八年当時ほとんど三十に近い支店が市内にあったといわれる。いろは四十八店が理想だったのであろう。わたしの知っているのは日本橋通一丁目、呉服町の横丁、太田胃散本舗近くにあった支店で、植込みのある前庭に敷石が玄関まで続いていた。それから両国広小路の支店、ここの二階家のガラス障子は銀座の松田のように、赤、青、黄など色硝子が市松模様にはめこまれているのが、鉄道馬車からも眺めることができた。ここは後の画家木村荘八の実家だった。彼にはいろは牛肉店の店頭をリアルに描いた作品がある。

その店頭風景で思い出したが、下足番から大きな下足札を貰って、広い階段を昇ると女

牛肉店帳場（木村荘八画）

中が座布団を人数だけ持ってきて追い込みの座敷に案内する。客が席につくと、女中は立て膝で注文をきき、それを板場に通してから、焜炉を持ってくる。やがて別の女中が長い柄のある十能で備長《びんちょう》炭の赤々と余炎のもえている火をついで行く。そして次々に生肉や、葱、豆腐、白滝などを運んでくるのであるが、その女中たちは髪を銀杏返しに結って、黒襟のついた銘仙の着物に襷がけ、そして紺足袋という服装で、立居振舞も言葉遣いも荒っぽく、伝法だった。

カッフェ

長崎の唐通詞の一族だった鄭永慶という人が、明治二十一年ころ、下谷西黒門町に可否茶館という店を開いた。これが日本に於けるカッフェの濫觴だということである。時期尚早だったせいか、数年で廃業してしまったらしい。むろんわたしなぞ生まれたばかりの頃のことで、知っているわけではない。この秋には明治百年記念事業の一環として、地元に「可否茶館」の碑を建立する計画があるという話である。

しかしカッフェという名の店が初めてできたのは、それから二十数年後、カッフェ・プランタンだとされている。

文展だったか、はっきりしないが、浴室の中の裸女を主題とした油画を見た憶えがある。

明治末期のカフェーの内部〔左〕とカフェー・プランタン〔右〕
（共に印刷インキの歩み――『東洋インキ製造六十年史』所載）

アカデミックな描写技法による明るい作品で、描かれた裸婦は当時藤島武二がよくつかう綺麗なモデルだということを美術学校に通っていた友人から聞いた。その筆者は松山省三、のちのカッフェ・プランタン主人である。その松山がどんな動機でカッフェをはじめ、そして絵筆を捨ててしまったのか、その消息はわからないが、おそらくは当時美校の教授だったグランメートル黒田清輝や、岩村透らが語るパリの自由な芸術家生活に憧れてのことだったのであろう。ディレッタントである彼は明治四十四年四月、京橋日吉町二十番地、いまの銀座西八丁目、並木通りの東側、徳富蘇峰の主宰していた国民新聞の民友社前にカッフェ・プランタンを開業した。

その店は明治初年に、由利公正が築造したという銀座名物煉瓦長屋の一つを改造したもので、前には大きなパレットに Cafe Printemp と書いた看板が出ていた。その頃フランス語の店名が極めて珍らしかったから、このプランタンという名はいかにもハイカラで、新鮮な感じを一般にあたえた。そしてそこにあつまる常連の多くが画家、作家、詩人、俳優など芸術家たちで、芸術的サロンの雰囲気が横溢していたらしい。

カッフェといっても珈琲だけの客はなく、洋食、洋酒に集まる人達ばかりで、わたし達には近寄りがたい高級店のような感があったが、わたしは人に連れられて一席だけこの店の敷居を跨いだことがある。昼だったので余り客はなかったが、白いカバアのかかったテーブルに、秋田木工の曲木椅子という家具は別に異曲のない店内だった。唯アーチ型の持ち送りのある奥の間仕切の白壁には、一面に即興の感想、俳句、俗謡、あるいは署名、さては似顔絵など、縦横に落書きされているのが人眼をひいた。これは夜毎にたむろしては痛飲放談する著名な文士、画家、俳優たちが酔余の筆戯であって、これがまたプランタンの名物でもあった。

料理がどんな味だったかも、珈琲の香りが特に優れていたとも、わたしは憶えていない。

この店は銀座八丁目の銀座通りに移ったが、昭和年代にもなおその名を残していた。

カッフェと名乗りはしなかったが、プランタンの先駆をつとめたような店があった。それは明治四十一年ころから日本橋小網町河岸、鎧橋ぎわにあったメーゾン鴻の巣で、ここを若い文学者達がたまり場として集まり、ウオッカにゴルキーを、アブサンにヴェルレェヌを偲んで愛飲した。そして木下杢太郎、北原白秋、吉井勇らの詩や歌にもうたわれ、また平塚らいてう等、青鞜の女性たちに結びついて宣伝された五色の酒で世間に知られるようになったが、わたしが行って知っているのは、その後、京橋南伝馬町三丁目の西側、三階建のビル田村帽子店の跡に移ったメーゾン鴻の巣だった。

明治四十四年八月、カッフェ・プランタンに遅るること四ヵ月、銀座尾張町新地東角にカッフェ・ライオンが開店した。店内には和服の上に白いエプロンをつけ、その幅広い紐をリボンのように背中に結んでいる女給が大勢サーヴィスしていた。時代の嗜好に適応したのか、非常な繁昌ぶりで、カッフェの代表的所在となった。

明治末期から大正へかけて、カッフェは勃興期に入るが、そのいずれも名はカッフェでも料理を出すバーであって、酒、ソフト・ドリンク、珈琲、紅茶だけをのませる、フランス風のキャッフェではなかった。その点わたしの思い出に鮮かなのは、カッフェ・パウリスタである。

京橋竹川町の西に曲がる横町、時事新報社の前にその店はあった。いまの交詢社の向う側、二階建洋館の角店で、入ると右側にカウンターがあり、その傍らに始めにはなかったが、のちに電働式ピアノラが据えられ、紙腔琴のような金属性の音楽的騒音をあたりにぶちまけていた。

このカッフェ・パウリスタはブラジル邦人珈琲園開拓の恩人として、ブラジル政府から感謝のしるしに、年間一〇〇俵の珈琲を無償提供された水野竜という人が、ブラジル珈琲宣伝のために、明治四十四年、プランタンやライオンと相前後して創業した。

香り高い珈琲が一杯五銭、そしてドーナッツが一個五銭という大衆値段だったから、一般の人気をかちえた。それに分厚い白大理石板のついているテーブルの上には、白砂糖がいっぱい入っている壺がのっていて、添加する甘味もあてがいぶちではなかった。ぶっきら棒のボーイがサーヴィスしたが、それもさっぱりしていて気にはならない。わたしも銀座散歩の途次、よくここに入って、長い時間ねばる慣わしだった。「悪魔の如く黒く、地獄の如く熱く、恋の如く甘く」というような珈琲標語を、わたしはここの店で覚えた。

エキゾチックな雰囲気が新鮮だったし、それに嚢中の乏しいのを憚ることもなかったので、ここでは気やすく楽しむことができた。

パウリスタのこの大衆的商策が当たって、非常に繁昌したから、市内に数ヵ所、遠く名古屋、大阪、神戸など到るところに支店を設けるようになった。それは大正期のことだった。

海苔を採る人々

汐干狩やはぜ釣りの船にのって、たまに東京湾に出る機会があると、達磨船や、大伝馬船、時には汽船の行き通う水路の西側に立っている澪《みお》を境にして、篊《ひび》が行儀よく水面に立ち並んでいる海苔場のあいだにべか船を入れて、生海苔を採っている人達を見ることができた。

篊というのは雑木の枝や篠竹を海中に立て、そこに海苔を付着させるので、品川から大森、羽田あたり一帯が浅草海苔の本場とされていた。

この付近の海苔を採る人達は晩秋から春ころまでの寒いあいだ、海上に出て吹きさらしの汐風の中で、篊についた生海苔を手で摑みとり、笊の中に集めて持ち帰った。そしてこれを水洗いして夾雑物を除き、俎板の上に薄刃庖丁でこまかく切り、淡水の桶に入れて攪拌し、流し舟の上で葭簀《よしず》に木枠をのせ、そこに海苔の入っている水を撒いて、紙のように抄《す》くのである。それから海苔の貼りついた小さな葭簀を、戸外に立てかけた大きな葭簀の上に何段にも並べて天日乾燥するのであるが、初めは裏面を日光に向けて約三時間かけ干し、さらに表面を返して一時間ほど日に曝《さ》らす。こうしてできた乾海苔は十枚一帖としてたばねられ、市内の海苔商から浅草海苔として売り出される慣わしであった。

浅草海苔が初めてつくられたのは大昔の延暦ころと伝えられるが、これは果たして信憑できるかどうかは怪しい。慶長ころまでは浅草あたりの水辺で海苔が採れたが、貞享・元禄ころから品川の海浜で牡蠣を養殖した垣に海苔が付着することから思いついて、篊を立ててだんだんに増産するようになったという。

『新編武蔵風土記』には、浅草茶屋町の商人四郎左衛門の祖先が葛西・中川沖の海苔を採り、これを浅草で製造したゆえにその名があると出ているそうである。とにかくその浅草海苔の名は江戸名産から、明治時代には東京名産として引き継がれたが、品川・大森付近が主産地となっていた。

海苔生産業者は毎年六、七月ころ、楢、欅などの幹や枝、それから篠竹を集めて、二メートルないし三、四メートルくらいにしたものを三、四本くらいずつ根元でたばね、これを秋になって篊として海底に立てる作業をする。雑木は一年こっきり、篠竹は二年使用に堪えるという。近年は篊に間隔をあけて、そのあいだに網をつないでおくとか、篊を移植するとか、養殖方法も進歩している。

篊には十一月ころから生海苔が付きはじめる。秋土用明けに採取するのが秋海苔、冬至最後に採れるのが冬至海苔と呼び、これが最良質だとされている。大寒前から春の彼岸までのが春海苔といわれている。

これは大正初期だったが、わたしの住んでいた大井町周辺には大きな欅が非常に多かった。うちの庭にも欅が七、八本あって、毎年枝を下ろすと大森の海苔屋が篊の材料として引き取ってゆくのが例だった。

思い出すのは品川駅のプラットホームの崖下に東京湾の波がじゃぶじゃぶと打ち寄せていた明治三十年代、新橋駅を起点とする鉄道線路は金杉の先あたりから、海中をひとすじに走る堤防の上を品川に向かっていた。まだ芝浦の埋立てがなかったので、汽車の窓からは左に広闊な海がひらけ、お台場や、帆掛船、そして遠く房総半島の山々を展望することができた。そして右にはいまの田町駅あたりが入江のようになっていて、潮の引いた干潟《ひがた》の溝泥のそばには釣船や、海苔採り船が繋がれ、石崖寄りにはお台場通いの早船の船着場の旗が翻っていた。その本芝の料理屋「いけす」の付近に建てこんだ家並は漁師町で、そこらあたり一ぱいに海苔を干す葭簀が立て掛けられているのが見えた。だから芝浦でも海苔をつくっていたのである。しかしこれは大正時代に消えたようだ。

それからわたしは少年の頃、大森から羽田穴守あたりへよく遠足に行ったが、海岸に近い糀谷付近の狭い、凸凹道には貝殻のかけらがたくさん白く光っていた。そして水郷に見るような、両岸に階段があって、中央部が高くなっている粗末な橋の架かっている呑川には海苔採りのベカ船が繋がれ、岸には篊の古材がつまれ、ところどころに漁網が干してあった。茅葺きの聚落を蔽いかくすように海苔干しの葭簀が立ち並んで、どこでもおかみさんや娘達が海苔の裏返し作業をしているのが見えた。海近い洲に生い繁った芦をなびかせて吹いてくる風は潮の香を伝えてきた。こんな鄙《ひな》びた風景は大正をこえて、昭和も終戦ころまでほとんど変らなかった。

しかしいまは東京湾埋立て工事が進捗するにつれ、いろいろ迂余曲折はあったが、このあたり一帯の海苔採取業者は莫大な離業報償金を摑んで廃業するとともに、大森名物の乾海苔は絶滅し、時代にとり残されたような漁村はたちまちにして近代都市風景に変貌してしまった。

今日もなお浅草海苔の名は依然として残っているが、東京湾は埋立てのためと、海水の汚染のため、もう海苔の採取は至難となった。そして遠く東北、中国、九州など各地から生産されたものが送られてきて、東京名物の土産物になっている様子である。

V

のりもの・ともしび

渡　船

昭和四十年に佃大橋が完成して、江戸時代から長い伝統のあった明石町河岸から佃島をつなぐ佃の渡しも、ついに姿を消したが、わたしの記憶に残る明治の佃の渡しは、あのポンポン蒸汽の曳き船ではなく、艪と竹棹でのどかに船を漕いでいた前時代的な伝馬船のそれだった。

隅田川にはこの佃の渡しをはじめ、日本橋蠣殻町から中洲《なかず》を通って深川佐賀町に渡る中洲の渡し、浅草待乳《まっち》山下の山谷堀から向島堤の三囲《みめぐり》社前をつなぐ竹屋の渡し、橋場から白鬚への白鬚の渡し、それからずっと千住の上流、正確には荒川となっている尾久《おぐ》の渡しなどがあった。そして中洲の渡しの跡は中洲と清澄町とを繋ぐ清洲橋に変り、竹屋の渡しはすぐその上流に言問《こととい》橋が架かり、白鬚の渡しのあとは白鬚橋に、それから尾久の渡しは小台橋と、いずれも便利な橋になってしまった。

書き落とすところだったが、京橋小田原町から、その頃すでに埋立てが完成していた月島に通ずる渡しが明治三十八年戦勝記念として開通し、勝鬨《かちどき》と命名された。それがいま大川最下流の開閉橋として知られている勝鬨橋と変っているのである。まだこのほかにも、わたしの知らない渡しがあったか分からない。

いずれも大川にまだ橋の数が少なかったので、便宜のためこんな水上の近道が私的な交通機関となっていた。その伝馬船には渡し守とでも云いたいような二人の船頭がいて、乗客がだんだん集まって立てこんでくると、纜《ともづな》をといて一人が竹棹を押して離岸する。一人は艪を水に入れて漕ぎ始める。棹を上げて横にした一人は、船の中で履物のまま突っ立ったり、中仕切りに腰を下ろしている乗客たちから、渡し銭を徴集する。そして中流に出れば交代して潮に押されないように力強く漕ぐという風だった。

この渡し船とは別に早船という乗合船があった。大川筋は一銭蒸汽が動いていたが、この早船は支流を稼ぎ場としていた。

「新撰東京名所図会」明治34年4月）

わたしの知っているのは、浜町川岸から竪川《たてかわ》に入って本所の四つ目や、亀戸に行く路線と、飯田橋ぎわから水道橋を経て、渓谷のような景観を呈したお茶の水をくぐって眼鏡橋に出、柳原川岸を柳橋まで神田川を下るのと、も一つ、一石橋ぎわから神田橋、一つ橋と外濠を伝って、飯田橋に行く路線と

佃の渡し（山本松谷画、

があった。

早船はカンカンと鈴をならして、乗客を集めては解纜するのであるが、これは荷《に》足《たり》舟だから舟足は軽快だった。乗客は舳にぬいだ履物を置いて、船の板子の上に敷いた莫蓙に坐るのである。狭い川筋に動いている伝馬船や、碇泊している汚《お》穢《わい》船などの間を縫って漕ぎ進むのどかな艪の音や、舟べりに騒ぐ水の音は眠りを誘うようだった。

一銭蒸汽

子供のころ浅草に行くのが楽しみだった。いつも日本橋から鉄道馬車に乗って行くのだったが、今日はお船にしようと永代橋まで歩かされ、その頃まだ木橋だった先代の永代橋畔から川蒸汽船にのって大川をさかのぼり、観音さん詣りすることもあった。

その川蒸汽は永代橋から新大橋、両国、厩橋と大川に架かっている三つの木橋の下をくぐって、鋼鉄製のいかめしい吾妻橋のたもとで上陸するのだが、その航路は四区にわかれ、一区一銭という乗船賃だったので、一般に一銭蒸汽と呼んでいた。

東京市内の大衆的な交通機関としては汐留から上野―浅草間に鉄道馬車があるくらいで、この大川周辺にはまだ他にかわる乗りものがなかったから、この一銭蒸汽を利用するものがかなり多かった。

その発着場は橋の近くの水面に立っている杭に繋留されている浮き桟橋なので、立っていると時折り、打ちよせる波にあおられて、小気味悪い動揺が身体に伝ってくるのだった。

この一銭蒸汽は機関船が客船を曳航することになっていた。蒸汽機関を装置したその発動機船は屋根の中央部に立っている煙突から石炭のけむりを川風に低くなびかせながら、大川の水面をわがもの顔に上り下りしていた。その客船は水位の低い、船体の上一メートルほどの高さに屋根をもつ白ペンキ塗りの木造船で、船首と船尾にある僅かのスペースには欄干が張りまわしてあった。五六十人くらいの定員だったろうか。舷側に乗り移って、入口から二段ほど下りると、天井の低い船室には中央に通路があり、その両側に堅い木製のベンチが並んでいる。その窓ぎわに腰を下ろして、移りかわる沿岸の眺めを楽しむのだが、時折り往きかう汽船や、達磨船の船尾に引く水脈のうねりがどっとばかりに船体に激突し、波しぶきが横かぶりに窓硝子を叩きつけるので、思わず顔を引くこともある。

進行中の船室ではきまって香具師《やし》が通路に立ち上がって、ゾッキの絵本や、安手の絵ハガキを扇形にひろげ持って、長広舌をふるい、後から「おまけ」をこれでもか、これでもかというふうに付け足して、乗客の購買欲をそそるのだった。

橋に近づく時、ふり仰ぐと橋の欄干によって川面を見おろしている人達がいる。と思うと船は速度を落として橋脚のそば近く、橋下に入る。開闊な川面を航行するのと違って、ひとの股下をくぐるようで、何か圧迫感を覚える。そして川水に耀映している陽光が橋の裏や、石垣の暗部に反映して、ゆらゆら揺らぎつづける光影の戯れが美しくも、またあやしい模様を描く。

あの頃の大川の水はまだまだ綺麗で、中洲あたりには四つ手網を張っていた網船も出ていたし、浜町河岸では釣竿を垂れている釣りびとの姿も見られた。そして夏になるとたくさん水泳場が設けられて、蒸汽船がおこす水脈のうねりに浮き沈みながら嬉々として抜き手を切る若者たちも多かった。それでも時としては上流から漂ってくる塵芥や木屑にまじって、猫の屍体が流れていることもないではなかったが、ぎらぎらした油は浮いてはいず、川面を吹きわたる風が悪臭を運んでくることもなかった。一銭蒸汽は明治十八年、古川孝七が創立した隅田川汽船株式会社が経営していたが、明治三十三年には別の汽船会社が出来て、これは吾妻橋を起点に言問、橋場、鐘ケ淵を経て千住大橋に至る上流をコースとしていた。だから春ともなると、向島の土手にたなびく花の雲や、その川面に水すましのように快漕するボートレースの光景を、船窓から覗くことが出来た。

一銭蒸汽は石炭を燃料としていたので、煙突から吐き出す煤煙に悩まされる沿岸住民の苦情が多かったため、大正に入って重油を燃料とする焼玉エンジンに変ったので、あの連続的に爆音を響かせるところから、いつかポンポン蒸汽と言い慣らすようになった。

今はそのポンポン蒸汽のかわりに水上バスという名の汽船が、汚染のひどい、そして悪臭の多い大川を走っているようであるが、わたしは乗ったこともない。

野沢定吉画）

通運丸

両国橋畔、浜町河岸《はまちようがし》に丸通の旗がひるがえり、「郵便御用蒸汽通運発船所」という看板の出ている、明治調洋館風の店舗があって、両国橋や本所を背景にする隅田川に

隅田川の通運丸（錦絵、

は外輪の川蒸汽船が碇泊している錦絵がある。題して「東京両国通運会社川蒸汽往復盛栄真景之図」、画工野沢定吉描くところのもので、明治十年代文明開化の一情景である。

船体の両翼にある水車式の櫂《かい》が水を掻いて推進する川蒸汽船「通運丸」の第一船は明治十年二月石川島造船所で完成したもので、洋風造船技術を熟知しない職工が三ヵ月を費し、手探りで造ったという。わたしの知っている明治三十年前後にも、行徳《ぎょうとく》、市川、松戸、流山《ながれやま》、野田、関宿、境、栗橋、古河、取手、安喰、佐原、小見川、銚子など、江戸川や利根川の流域を上下して、関東平野に於ける必要な交通機関となっていた。

わたしは銚子の往復にこの通運丸の客となったことが二回ほどあるが、その発着所は両国ではなく、日本橋蠣殼町河岸にあった。明治十五〜二十年作という井上安治の版画「蠣殼町河岸」には中洲を背景に通運丸が描いてある。おそらくは川筋の水路によって、東京の発着所が違っていたのであろう。銚子へ行くのには夜八時に蠣殼町河岸を解纜し、深川の高橋から小名木《おなぎ》川を経て江戸川に出、市川、松戸を溯航して、田中村の利根運河からあけがた利根川に入る。その付近に浅瀬が多いので、船脚を軽くするため、三等船客を伝馬船に移して吃水をあげ、竹棹をさして深みに出、ふたたび船客を迎え乗せるような余興もあって下航し、取手、木下、安喰、佐原を経て、本銚子の川口にのぼったのが午後八時、この航程に通算二十四時間を要した。その間三度の食事は、船の司厨が用意してくれるのだった。

平坦な関東沃野を流れる利根川を蜿蜒と下るので、視界を遮るのは両岸の堤防や、岸に生い繁る芦荻のほかには帆船や、網船が見える位なもので、耳には絶えず単調な機関の音と、外輪の櫂が水を掻く音とが物倦く響いてくるのだった。時折り本船が中流に停止すると、急にそれらの連続音がぴったりと止まって、静寂が迫ってくる。その間に近く部落から頓狂な鶏の声がきこえるかと思うと、艀が寄ってきて、乗客や、郵便、荷物の揚げ卸しが始まる。それが終るとまた船は水音をかき立てて、川面を滑り出すのだった。

帰りは往路を逆に戻ってくるのである。運河の入口は難なく越せたが、江戸川から小名木川を経て、いよいよ隅田川に出る手前、もう蠣殼町の終点が目の先というのに、折柄の満潮で水位が上がっているため、高橋下をくぐることができず、止むなく引汐まで長い時間、川止めを喰うという呑気さは今思いかえしても驚くばかりだった。

駕籠かき

子供のころに父に連れられて日光見物に行った。その二日目、朝早く旅籠《はたご》を出て中禅寺湖に登った。さわやかな山の朝は大気が冷え冷えと肌に快かった。日光の町はずれ、大谷《だいや》川《がわ》の清流にかかる神橋《しんきょう》のそばには駕籠かきと、馬引きとが大勢たむろして客を待っていた。わたし達は脚袢に草鞋ばきという出立《いでたち》で、案内者に導かれて徒歩で登るのであるが、貸馬に乗ったり、駕籠に揺られて行く人も多かった。

そこでわたしは、芝居の舞台で知っていた竹の駕籠が交通機関として実用に供されているのを初めて見た。下町のおかみさんらしい女のひと達が四台つながって乗って行った。駕籠の中に身体をかがめて坐って、担ぎ棒からつるさげた手拭につかまりながら揺られていくのは窮屈そうであった。

馬返しからいろは坂の急峻にかかった時、わたしは籐椅子の脚もとに二本の棒をつけて、前後左右に四人の駕籠かきが神輿《みこし》をかつぐようにしてくるのに出逢った。その椅子に悠然と腰を下ろして、マドロスパイプをくわえながら、風景を展望している紅毛夫人は恐らく中禅寺湖畔に別荘をもつ英国人だったのであろう。いかにもあたりを睥睨して傍若無人のような態度に子供ながら反撥を感じた。こんな洋式の駕籠は六甲にもあったと聞くがわたしは知らない。その後わたしは香港でこれに似た担ぐ棒の長い轎《かご》というか、セダン・チェアというかに乗る機会をもったが、これはとてもクッションが快かった。しかしわたしは日光で行き逢った外人を思い出して、妙にうしろめたかった。

明治も三十年代になると駕籠は前時代の遺物で、すでに平地では姿を消していたが、日光、箱根のような山路ではまだ僅かに利用されていた。わたしは箱根でこれを使用しているのを見たことがない。ただ湯本、塔の沢あたりの軒先に古びた駕籠がつるされていたのを憶えているが。

それから大正の初期、天の橋立に旅行したとき、成山の登降にまだ使われていて、同行の伯母がこれに乗ったことがあった。それも五十余年前のことである。

ところがつい先だって（昭和四十一年六月の或る日曜日）のこと、素人のど自慢のテレビを見ていたら、雨降山の駕籠かきをするというひとが三人、脚袢に草鞋がけで出たのに驚かされた。大山の町から神社まで石段の多い参詣道路に、時折り好奇心から駕籠に乗る人があるのだそうである。

くるま屋

銀座四丁目の、いま木村屋パン店のあるあたりに秋葉大助商店があった。その店頭に武者絵が金蒔絵で車背に描いてある、珍らしい人力車が飾ってあったのを見た憶えがある。そんな金蒔絵のある車は明治初年に走っていたそうであるが、その後すたれて、上海、香港あたりに輸出されたという話をきいた。いかにも悪趣味だったが、歴史的資料として列べていたのかも知れない。

秋葉は明治六年からすでに人力車製造に従事して著名だったが、人力車最初の発明者は和泉要助とも云い、鈴木徳次郎とも云われている。とにかくこの両人に高山幸助を加え、三人が協力して明治二年その営業を東京府に出願したのが嚆矢《こうし》だったという。彼等はいずれも日本橋通四丁目、呉服町、そして京橋南槙町と、わたしが幼いころをすごし、最も馴染み深いところに居住し、通四丁目の青野文魁堂わきで、明治三年二月初めて試乗した時は人垣をつくったとあり、そして日本橋の袂に駐車して営業を開始したというような記録を見ると、わたしにはなにか特別因縁があるような気がして、興味を覚えないわけにはいかない。

「引越荷物人力車相模屋」などと看板を出した車宿が、わたしの少年のころは諸方にあった。

店には十余台も車を置き、住込みや、通いの輓子《ひきこ》がいた。親方は自身輓くのもいたが、大抵は帳場をやっていた。

しかし東京府下に於ける車夫の半数以上は、歯代を払って貸車を輓くという話をきいた。輓子は法被《はっぴ》に腹掛、股引、紺足袋に草鞋という服装で、あたまには饅頭笠か、古帽子をかぶっていた。そして雨天には桐油《とうゆ》の合羽《かっぱ》、のちにはゴム引き合羽を着ていた。

乗客があると、座席においてある毛布を下半身に掛け、日照りや、風の吹く時は竹の骨の幌《ほろ》をひろげ、雨が降れば黒い雨覆いをかけるので車内は真っ暗だった。のちにはその雨覆いの前面に透明なセルロイドがついて半分外部が覗かれるようになったが。

夜間は細長い弓張提灯の灯をいれて、梶棒の先に引っ掛けた。しかしその蠟燭も紙芯で、灯のまたたきが多く、人力車のヘッドライトは薄暗かった。連れが幾人かあり、何台もつづいて走る時は、余勢で互いに接触するのを防ぐため、曲がり角にくると、やや速度を緩めて、「あらョ」と独特な掛け声を順々にあげるのだった。

料金は距離や待ち時間など、標準賃金はきまっていたようであるが、時によって乗客がなく、あぶれていると、通り掛かりの人に声をかけて、「どうです、旦那、お安く参りましょう」「馬車値で参りましょう」などとせってくるものもあり、また与《くみ》しやすいと見ると、付け込んで、方外な料金を貪る胡麻の蠅のような悪いのがいた。これを朦朧車夫と呼んだ。

苦学生が学資をかせぐため、にわか車夫になるのもあって、町の辻にある「営業人力車停車場」と書いた角杭のそばに駐車し、蹴込みに腰を下ろして読書に余念ない殊勝な姿も見られた。

父に伴われて新橋まで行った帰り、そんな若い車夫に同情したのか、父はめずらしくその車にのって、胯間にわたしを立たせた。輓子は梶棒を上げて、ひき出そうとした途端、馴れないためか、バランスを失って、父とわたしは仰向けざまに、後方へひっくりかえり、車夫は梶棒につかまったまま宙ぶらりんになってしまった。そんな忘れられない思い出がある。

場所によると縄張りがあるのか、駐車場の標柱に、いつもそこに集まる輓子たちの名前を書いた木札があって、それに縄くじを結びつけ、乗客があると、皆でその縄を引いて当籤したものが、自分の車に客を乗せるような習慣を、不思議な思いで見ていたことがある。

車宿で大きかったのは日吉町、いまの並木通り、西銀座八丁目の北西角にあった日吉組だった。このあたり金春《こんぱる》芸者たちの料理屋、待合などへの出入りにはみんなここの人力車を利用していたので、ひところは百台を越す繁昌ぶりだったという。その後大正・昭和と時のうつりかわりに、数多かった人力車もだんだんに姿を消したが、この日吉組ばかりは連綿として今日に及び、日本髪のきれいどころがこれに乗って銀座通りを横切って行く珍らしい風景が見られる。その帳場もいまは東銀座の新橋演舞場裏の方に移り、台数も二十

五、六台となっているという。最近も自動車の洪水のため築地警察署ではその付近を駐車禁止区域としようとしたところ、日吉組の平均年齢六十歳ぐらいの車夫たち二十余人は死活問題として嘆願書を出し、芸者組合や、料飲組合も応援したので、警察では人力車の並ぶ約百メートル程を当分駐車禁止区域から除外することにした、と新聞は報じていた。

自働鉄道

第三回内国勧業博覧会が上野公園に開かれたのは明治二十三年のことであった。その時わたしは満二歳だったので、会場内で電車に乗ったということであるが、もう憶えてはいない。しかし自働鉄道のあったことだけは不思議に脳裡に残っている。恐らくこれはわたしの最も古い記憶に相違ない。

東照宮の鳥居と、精養軒前の小高いところにあった大仏との中間あたりから、精養軒の入口前を経て、不忍池畔に下りる石段の上あたりまで、ほんの僅かな距離ではあったが、波状型に構築された高架自働鉄道が架設されていた。高い起点から何人かの客をのせた車台が急速度で滑走し始めたかと思うと、その反動で上りの傾斜を上昇して行く、そして鋸《のこ》の歯型の軌条の上をまた下降、上昇、さらに下降、上昇を繰り返して終点に着く。それは瞬間の運転なのだが、それこそ自働鉄道の名の如く、他の動力によらないで、リアクションを利用するだけだった。

そのスピーディで、スリリングなのが子供心を刺戟されたのだろう、乗ってみたいなアと思ったのが、深く心に刻みついたに相違ない。この自働鉄道は博覧会終了後もしばらくそのまま営業していたようだが、わたしはこれを仰ぎ見ただけで、ついに乗らないじまいだった。

いまほうぼうの遊園地にあるジェット・コースターに乗って、歓声をあげている子供たちを見ると、わたしはむかしは上野で自働鉄道に乗りたいなと思って、果たさなかったことを思い浮かべるのである。

ついでながら、明治時代には自働電話、自働車と書いていたが、いつの間にか〝じどう〟の働は動に改められてしまった。わたしは以前この乗りものを高架自動鉄道と書いたが、最近見つけた「風俗画報」の記事にはやはり自働鉄道としてあった。

鉄道馬車・円太郎馬車

鉄道馬車は東京で唯一の公衆交通機関であった。汐留車庫から上野行と、浅草行とが出ていた。その上野行は新橋、銀座、日本橋、今川橋、万世橋、御成街道から上野広小路を経て上野山下に至り、さらに駅前から右折して浅草に迂回して新橋に帰り、また浅草行は日本橋本町から右折、小伝馬町、浅草橋、蔵前、駒形を経て雷門前に至り、これは左折して上野を迂回し、戻ってくる路線で、交互に発車していた。二頭立ての鉄道馬車は鉄路の上をチリンチリンと警鈴を賑やかにならしつつ、のろのろと動いていた。

明治二十九年ころまでは随時随所に停車して、乗客をのせていたが、停滞することが多いので停留場を定めて、その場所以外には停止しないことになった。しかし馬車の速度が緩慢なので、飛び乗り飛び降りはべつに禁止されていなかったから、若い者たちは得意になって進行中、右手で車体についている棒につかまり、跳躍して飛び乗ったり、飛び降りたりしていた。

馬はどこでも所嫌わず生理的現象を示すから、進行中にも軌道の間に塁々たる黄いろい塊を残したり、停まっていると勢よく液体を軌道の間に流出したりする。その線路ぞいに軌道へ潤滑油を塗り歩く人夫と、塵取りや箒で汚物を清掃して歩く人夫がよく目についた。

この鉄道馬車は東京馬車鉄道株式会社の経営だった。それが昭和三十六年、東京電車鉄道株式会社の電車に代って、鉄道馬車は果敢なくも姿を消した。

鉄道馬車が盛んだったころ、その競争路線に円太郎馬車といわれた乗合馬車があって、大通りの店舗と軌道との間をかけ抜けるように突っ走っていた。これはむしろ円太郎馬車が先に営業していたのを、あとから来た鉄道馬車にその乗客を奪い去られたといった方が

鉄道馬車

本当であろう。銀座以外にはまだ人道と車道のけじめもなかったし、左側通行の規制もなかったから、歩行者が勝手に右往左往している間を縫って、人力車が走り、荷車が通っている。それでも今から思えば人出も、車の数も大したことはなかったが、そこをこの円太郎馬車が豆腐屋のような喇叭を吹きならしつつ突っ走るのだから、うっかり歩いてはいられない。それに円太郎馬車の馭者が痩せ馬をピシッ、ピシッと長い鞭を打ちならして叱咤鞭韃するので、わたしは子供ながらに動物虐待の感を深くした。それに路面の凹凸がひどく、動揺が激しかったので、円太郎馬車またの名を〝がたくり馬車〟とも呼んでいた。そんなせいで、わたしはこれに乗った経験がない。

淡島寒月によると、これより先、明治七年ころ、芝口から浅草雷門の間を四頭立ての二階馬車が走っていたそうである。英国製の墨塗り車体で、二階への階段は後部車掌のいる所にあり、馭者はビロード服にナポレオン帽をかぶっていたという直輸入の欧化風景。料金は芝口から浅草まで一分《ぶ》。そしてその名も原語そのままオムニバスと呼んでいたという。しかし道路が狭く悪いので、交通事故が頻発したため、間もなく禁止され、これに代って小型の乗合馬車が登場し、一頭立ては六人、二頭立ては十二人乗りと取締りの法令が出たりした。その盛況も明治十五年鉄道馬車が開通される迄で、それからだんだん他地区へ駆逐されたり、余喘を保っていたことは前に書いた通りであるが、それも電車が開通する前に見えなくなった。

人車鉄道

明治中期から末期にかけて人車鉄道というのがあった。狭軌の軽量レールの上を人間機関によって運転する、いわばトロッコであるが、乗客用としていたので人車鉄道と呼んでいた。『明治事物起原』によると、明治二十一年静岡県藤枝—焼津間に開設されたのが最初だということである。

わたしが始めて小田原—熱海間の人車鉄道をみたのは明治三十三年であったが、これは明治二十八年に開通したのである。

小田原の十字町の起点から熱海まで、海に面した下田街道沿いに、その九割くらいは切り立った断崖の上を曲りくねり、上り下りして敷かれた九ポンドくらいのレールの上を、十人乗りくらいの小さな有蓋客車が、何輛か間隔をおいて動いて行く。その車輛がとても狭くて、向いあって腰を下ろした乗客は膝を交互に、松葉つなぎに接触しなければならないほど窮屈だった。

これを運転する動力は二人の人夫の脚力であり、臂力であって、平坦地では車背を押して徐行し、登り坂にかかると一歩一歩喘ぎながら、満身の力をこめ、額に汗を流して押し上げるので、牛歩遅々として進むが、ひとたび降り斜面にかかると、人夫達はヒラリと後

小田原一熱海間の人車鉄道
（金沢一作写、明治39年）

部のステップに飛び乗り、片手で身体を支え、片手で制動桿を操作しつつ滑走する。速度が加わるので、あわや前面の断崖から海中に飛び込むのではないかとハラハラすることもあった。事実勢い余ってブレーキがきかず、脱線転落するという惨事が新聞種となったことがある。

単線なので所々に待避線があり、これに近づくと人夫の一人が駈け出して行って、ポイントを切り替えた。そして淋しい場所で入れ違いの車輌を長く待合わすようなこともしばしばだった。

当時一マイル当り日本最高といわれていた乗車賃を払って、話の種に乗ってはみたものの、ちっとも快適ではなかった。

こんな人車鉄道はその後富士登山の際、須走―御殿場間にもあった。これは日露戦争当時、鉄材回収となったと聞いている。

東京近郊では金町駅から柴又帝釈天までの短距離区間にも、この人車ができ、参詣の善男善女がお猿の玩具を土産に持って乗っているのをよく見かけた。

この金町と柴又とを結ぶ人車鉄道株式会社は明治三十三年、資本金二万円で設立されたが、その乗車賃は片道五銭で、近所の農夫たちが日当五十銭くらいでこれを押していたという。庚申《こうしん》の日には一列車に七、八百人の参詣者が金町駅に下車し、争ってこの人車を利用したため、会社の業績があがり一割の配当をした。当時米価が安かったので、株主となっていた農家はホクホクだったという。最近、こんなことを帝釈門前の老舗高木屋が、草だんごの由来記の中に書いているのを見た。

原始的な人間機関の人車鉄道は明治末期にはすたれて、小田原—熱海間は恐らく軌道はその儘らしかったが、雨宮式蒸汽機関車が登場して軽便鉄道となった。これがまた大きな漏斗《じょうご》のような煙筒をつけた小機関車で、いま遊園地で子供を乗せているのにそっくりだった。

電車

わたしは子供のとき、上野公園で開かれた博覧会の会場で電車に乗った筈である。

これがはなはだあいまいなので調べて見ると、明治二十三年の第三回内国勧業博覧会でのことらしい。多分連れて行ってくれた両親から「電車に乗って喜んでいた」と思い出話をされたのが脳裡に滲みこんでいるのかもしれない。

しかし、その電車は模型のようなものに過ぎなかった。わが国で最初に電車が実用に供されたのは、明治二十八年の二月開業した京都の電車鉄道で、七条駅から伏見京橋まで軌道延長約四哩、その所要時間三十分だったという話である。

しかし東京市内に初めて電車が動き出したのは、京都に後れること八年、明治三十六年八月、東京電車鉄道株式会社の新橋—品川間だった。

藤沢から片瀬、腰越を経て鎌倉大町まで通じた「江の電」(江ノ島電鉄)などは、この時すでに瓢簞型のポールを屋根の上につけて走っていたようでもあり、また川崎駅から大師河原まで電車鉄道があって、新橋から川崎までは汽車、それから電車にのって大師詣でをしたような記憶もあるが、この新橋—品川間の開通とどっちが早かったかは、はっきり憶えていない。

とにかく、地方のは単線だったし、東京の電車は軌道が複線だった。それに車台も大きく、速度もあったので、鉄道馬車のように走行中飛び降りするような無茶はできなくなった。それから赤ペンキに塗装した電柱を停留場の目標として、停留場以外では停まらないと掲示を出した。

それから間もなく東京市街鉄道の三田、青山などの路線の先駆として、神田橋から日比谷までが開通した。

その開通第一日の朝、わたしは少年の好奇心から神田橋内の大蔵省正門前まで歩いて行き、群がり集まった大勢の乗客にまじって、丁度そのころ開園したばかりの日比谷公園有楽門前まで、ほんの一キロ位を試乗し、満ち足りた気持ちで帰った思い出がある。

翌、明治三十七年には、東京電気鉄道株式会社の路線中、土橋—お茶の水間が開業した。わたしはもう試乗するほど電車をもの珍らしくは思わなくなっていたが、この外濠《そとぼり》線は自宅の近くを走っていて、利用度も多く、沿道の環境もよかったせいか、わたしの大好きな路線だった。

その頃、東京電車鉄道は先頭を切った品川―新橋間に、さらに新橋から上野、浅草を走らせていた鉄道馬車を電車に換えるし、他社も競って新路線の拡張をしていたから、東京の電車鉄道網は到るところに張られて、全く面目を一新する感があった。

三社のうち東京電車鉄道は下町の大幹線をもって、馴染が深いだけ「東電」として一般に親しまれていたが、山手方面に地盤を張った東京市街鉄道の電車は「街鉄」と略称され、また外濠を一周する東京電気鉄道のそれは「外濠線」と呼ばれていた。わたし達少年仲間は、この三社の電車それぞれに贔屓があり、その長短を是非したことは、今日の少年の野球チームのファンと同じだった。それでわたしは前にも書いたように、外濠線ファンであった。これはわたし達だけの現象だとばかり思っていたところ、徳川夢声氏の自伝や、獅子文六氏著『ちんちん電車』それから永井龍男氏の『手袋のかたっぽ』を読むと、いずれも外濠線びいきなのである。わたしは期せずしてわが党の士が多かったことを知って、微苦笑を禁じ得なかった。

あの頃の電車の車台は鉄道馬車のそれに較べて、やや大型になっていたが、ボギー車ではなく、乗客は前後の運転台や、車掌台から乗り降りした。そこがまた吹き曝しだったので、雨や雪の日には運転手や車掌はゴム引きの雨合羽を着たり、帽子の上にはフードを被ったりしていた。ただ外濠線の車体は、運転台の前面には硝子窓がついていたし、車窓も大きく、変速器はウエスチングハウス社製だったかと思う。ステアリングハンドルが円型だった。そのクリーム色の塗装も優雅だったし、照明も数が多く、あの頃の暗い東京の夜の街を走るさまは、光彩陸離という形容がぴったりとした。

どこの社線も、電車の前面には不体裁な救助網が取り付けられていた。そして車台の屋根には角《つの》のように出ている二本のポールを架空電線に接触させて、その電流によって運転させるのであるが、時にショートして青白い火花を散らしたり、ポールがはずれて停車することがある。そんな時、車掌はポールのロープを両手に持って、上体を車台からうしろにのけぞらせ、仰向きになって、懸命に復元させようとつとめるのだった。

また運転手は進行中、絶えず前方を注意して、たて続けに足踏みの警鐘をちんちん、ちんちんと鳴らしていた。あの頃は線路内を平然と歩いている人が多かったせいである。しかしその騒がしさも、いまから思えば長閑《のどか》なものであった。

運転手、車掌はともに黒羅紗製の立て襟、金釦の制服で、学生帽のような制帽を被っていた。

襟もとから白いカラーを出し、ネクタイをつけるようになったのは余程のちのことである。

明治三十九年、この三社が合併し東京鉄道株式会社と称して、それまで三銭だった乗車賃が片道四銭、往復七銭。そして割引往復五銭となったことがある。この割引は午前七時まで早朝の乗客に限って、車内で発売されたので学生や労働者達はこれを利用した。むろん復券はいつでも使用できたのである。

それから乗車賃を払うとき行く先を云うと、路線網を印刷してある大きな乗換券に、下車地点、乗換場所、時刻にパンチしてくれるのだった。

この時の値上げ反対には、日比谷公園で市民大会が開かれたり、暴動さえおきた。

それから明治四十四年には私鉄の電車をそのまま東京市が買収して引き継ぎ、東京市電気局が経営することになった。市長尾崎行雄はその市電誕生に際し、「経営の成否は直接市民生活にも影響し、市の盛衰にも関わる。それは神経血脈の人体に及ぼす関係のようなものだ」と従業員を激励した。しかしその半年後、私鉄時代の解散手当が少ないという事で、その年も押しつまった大晦日、市電従業員六千人の大同盟罷業が起こり、翌四十五年正月二日に解決した。

わたしは年末多忙のとき完全に足を失って苦悩しなければならなかった東京市民の憤懣と、怨嗟の声を忘れない。わたし自身もこのストのためなんの用事か思い出せぬが、神田―目黒を徒歩で往復しなければならぬ難行を課せられた。

あれから大正・昭和にかけて、かれこれ六十年、その長いあいだ市電は都電という名にかわり、東京都の交通機関の本命として貢献をして来たが、今や自動車による道路混雑のために速度は低下し、乗客の利用度も少なくなる一方なので、都の経済に赤字を累積させる癌として、邪魔物扱いにされ、ついにここ五年後ばかりの間に東京の路面から撤廃される運命になってしまった。

明治時代からちんちん電車の恩恵に浴してきた者にとって、まことに感慨深いものがある。

貸自転車屋

三輪自転車、それもゴムタイヤーがない鉄輪で、前輪についているペタルを交互に踏むと、ギクシャク前進する。伝導のチエンもついていないような原始的なメカニズムで、その後に出た子供のおもちゃそっくりだった。

そんな鍛冶屋仕事の車を店頭に置いた貸自転車屋があって、一時間いくらかで賃貸していた。その中には前輪が大きく、直径一メートル半もあるのに、後輪はとても小さいのがあって、それをつなぐ車体は弓なりに曲線を描いていて、鉄板製のサドルがついていた。そのS字型になっている鉄の架構はいまから思えばロマンチックな形態だった。

それは日清戦争前後のことだったが、この貸自転車を借り出して、ガチャガチャと騒がしい金属音を立て、横町を乗り回している大人をよく見かけた。まことにのどかな街頭風景である。

その後、車輪には細いスチール・スポークがたくさんつき、空気入りゴムタイヤーのはまった舶来の二輪車が姿を見せるようになって、自転車もだんだん娯楽用から交通機関として実用化されるようになり、貸自転車屋の店頭にもニッケル鍍金《メッキ》のピカピカ光る車が列ぶようになった。

しかし借りるにしても保証金はいるし、一時間四、五銭という借賃も高かったし、それに大人用の大型ばかりだったから、私たち子供には縁がなかった。

それでも自転車はいまの自動車以上貴重な乗りものだったから、幼いころの憧れで、よく自転車を自分のものにして欣ぶ夢を見たことを忘れない。

貸馬車屋

威風堂々と二頭立てや、一頭立ての高級馬車を乗り廻すのはいわゆる貴族紳商にきまっていて、われわれ庶民には縁のない高嶺《たかね》の花だった。わたしは馬車はみんな自家用車だとのみ思いこんでいたが、この高級馬車のハイヤーをする貸馬車屋があることを知ったのは明治も末のことだ。しかしそれは明治十二、三年ころ既に開業していたということで、ただその料金が高かったのと、それを利用するような階層の人達は体面上か、賃借することを卑しむ風があったため、余りはやらなかったそうである。

それでも日露戦争直後ころには帝国ホテルや、築地のメトロポールホテル、それから、六本木などに五、六軒の貸馬車営業者があった。それが帝都馬車商会、築地馬車商会、長野馬車商会などと、いずれも馬車商会と呼称していた。

わたしは好奇心と虚栄心の入りまじった気持ちから、一度この二頭立ての馬車に乗って東京の市街を走って見たいと思っていたが、たまたま知人が築地から芝までハイヤーを頼んだのに便乗して、念願を果たしたことがある。

その後、湯河原温泉に行ったとき、小田原―熱海間の軽便鉄道で吉浜駅に下車し、駅前から温泉まで、一頭立ての高級馬車に初めて一人乗る機会をもった。おそらくその鄙《ひな》には稀れなオープン型は、中古車として都落ちしてきたものに相違なかった。

ある集まりでこんな思い出話をしたら、有島行郎さんは幼年時代、両親に伴われ、帝国ホテルの貸馬車で横浜へ一日のドライブをしたという。朝早く麴町紀尾井町の自宅を出て大森八景園で観梅したのち、東海道を横浜まで走らせ、野毛山で遊んでから、その頃ドイツ人が経営していたマカドホテルで食事をして帰ったのだそうである。

これは当時として非常な豪遊で、誰にも出来ることではなかった。

御者と馬丁

馬車で憶い出すのは御者《ぎょしゃ》と馬丁《ばてい》のことである。東京では日露戦争後になって、馬のいない馬車が車台の下から白い煙りを吐いて走るのを見掛けるようになったのだから、明治後半期の高級な乗りものは馬車だった。

その高級馬車には箱型と幌型とがあって、自家用車も幌型の方が多かったが、中には冬は箱型、夏は幌型を併用する貴族紳商もあった。車台の塗り色はすべて黒、そして馬は一頭立てもあったが、大抵は二頭立てだった。

車輛の前面、一段高い御者台に腰を下ろす御者は、たいがいパリッとした羅紗地の、金ボタンや金モールの飾りをつけた制服を着用していた。そして赤白の縞のあるリボンを扇型に飾ったシルクハットを被り、黒皮の長靴を履き、白い手袋をはめた左手には馬の手綱を、右手には長い革鞭《かわむち》を振って馬を駆使するのだった。こうした御屋敷づかえの御者の中には鼻下にいかめしい八字髯を蓄えて、いつも威儀を正しているものがあった。

車台の背部についている鉄のステップに直立している馬丁は紺のアンサンブルで、饅頭笠をかぶり、奴《やっこ》さんの格好をした木綿のはっぴを着、股引、厚底足袋を履いていた。そして笠の前面と、はっぴの背部にはその家の紋章をつけていたが、外人の車の馬丁のにはイニシァルの組合わせを紋章として刺繡してあった。この和洋折衷の服装は外人のエキゾチックな嗜好から流行したものであろう。書き忘れたが馬丁のことを一般に〝べっとう〟と呼んでいた。

馬車の主人が乗降するとき、御者は革鞭を顔の前高く捧持して敬意を表し、馬丁はうやうやしくドアを開閉して最敬礼する。それから馬車が動き出すと、馬丁はひらりと身軽に車背に飛び乗り、曲がり角や、停車する際にはいち早く飛び下りると、馳けて行って馬の口をとるのだった。

むろん馬車屋のそれには、こんな威容をととのえた御者や、べっとうが乗っていたわけではなかったが、それでも今日のタクシーの運転手のように、乗客が行く先をいっても、唖のように黙りこんでいるような、ぞろっぺいではなかった。

蠟燭屋

わたしの記憶の中にうすぼんやりではあるが、蠟燭屋がある。

わたしが物心ついた明治二十年代にはすでに軽油によるランプ全盛の時代だから、蠟燭は提灯の光源となるくらいのものであった。したがって蠟燭の商売の前途は、その紙芯にともる灯がしたたる蠟の涙のためにおののきふるえて、またたきつつほのかな光りを投げているように思われた。

油じみて黒びかりした「御蠟問屋」という看板をかけた蠟燭屋が日本橋あたりに幾軒かあったが、もう屋号は憶えていない。店頭では職人が蠟だらけになって、蠟燭を摺り上げる手仕事を見せていた。臼で摺った蠟に、火で柔かに熔かしたのをまぜて蠟燭の中身を作った上に、品質のいい肥後蠟を上塗りして、上部をひときわ大きく、下部を細く仕上げる手練の技術は、年期をいれたものでなければ出来ない作業らしかった。

黄色みを帯びたその出来上がりの見掛けも、それから点火した際の光度も、色の抜けるように白く、糸芯で燭光の明るい西洋蠟燭には較べものにならなかった。そして和製蠟燭は黒々と油煙が立ちのぼるし、たえず芯を切らなければならなかった。

あの昔の大蠟燭に赤や紺色で、鶴や亀の絵が描いてあったのを憶えている。これは祝儀の席上にともしたものであろう。

昭和のはじめだった。親戚に不幸があった際、供物として直径一〇ミリ《ママ》、長さ五〇ミリ《ママ》もあったと思う、超大型の和蠟燭が届けられた。通夜の霊前には電気の献燈が明々とついているので、庭先に竹の燭台をつくって点火したが、その燭光より油煙が黒々と湧き上がるのが凄まじかった。

御蠟問屋の絶滅する運命にあったのは当然のことだった。

提灯屋

大晦日とか祝儀の夜とか、近火があった晩は定紋や、屋号などを書いた大提灯を軒先や門前につるして目印しにしたし、どこの家でも携帯用の弓張提灯を幾つか常備していた。それに氏神様の祭礼には軒先に、かしらがしつらえた提灯掛けに紙の牡丹の花を飾った下へ賑かな祭り提灯をつるしたし、そのほか、やれ奠都三十年祭、やれ日英同盟祝賀、戦捷祝賀と、そのたびに奉祝提灯に灯をつけたし、また提灯行列にはほおずき提灯の需要がたくさんあった。また神社へ献灯の超大型提灯とか、人力車の提灯とか、花柳界の御神灯とか、提灯屋の仕事はかなり多方面に亘って忙がしかった。だから提灯屋の店頭には、白提灯に赤や黒で文字を書いたり、紋所を描きこんでいる主人や、それを干したり、防水のために油をぬっている小僧の姿があった。提灯屋にはまたびらの仕事があった。白い布や紙に、鶴亀をあしらったり、のしを赤く右に、まん中に開店祝とか、清酒百樽とか書いて、左に○○さんえ、下の方に××町たか橋などと書いたびらを景気付けに祝うような慣習があったので、そんな面でも忙がしかったようだ。

その提灯屋の店先ではたくさんの墨を入れた擂鉢の中を擂粉木《すりこぎ》でかきまわしながら、墨汁を作っているのをよく見かけた。

らんぷ屋

屋号は忘れたが、新場橋のすぐ近くの河岸通にらんぷ問屋があった。耳飾りのようなカットグラスがたくさん垂れ下がったシャンデリア風の豪華な吊りらんぷには、丸芯の白い油壺が幾つか朝顔型の磨き硝子のシェードを装っていた。そうかと思うと、乳白色の油壺とお碗型の曲線をもつ清潔なシェードの吊りらんぷが自在鉤金具に懸っている。赤い縁取りしてある皿型の紙傘に透明な硝子壺の安らんぷ。凹面の照明鏡をバックにした壁掛けらんぷ。和室にふさわしい挽物や、竹の台付の置らんぷ、など各種各様の石油らんぷが天井から吊るされたり、棚に列んだりしていて、店内にはエキゾチックな、不思議に華やいだ雰囲気があった。それが夜ともなると、その幾つかに点々と火がともる、と、その柔かい黄色い光りが硝子や、金属に照り映えて、しっとりとした明るさが充ち溢れる。わたしには美しいお伽の城の内部のようだった。

しかし今の眼で見たら恐らくは黄いろい光りがほのかな風にもまたたいて、薄暗い感じのする、わびしいショールームに違いないのだが。

蠟燭や、菜種油の行灯に代って、明治時代のシンボルのように、あの頃の暗い夜を照らし出していた石油ランプはやがて瓦斯に押され、電灯に追われて、いまは好事家の骨董的なコレクションの対象となっているだけで、この商売は明治中葉いちはやく廃滅に帰してしまった。

瓦斯マントル

わたしの家に瓦斯灯がともったのは明治三十三、四年ころだったと思う。

それよりずっと以前、新橋から出る汽車の左窓から、浜離宮のさきに東京瓦斯の瓦斯タンクが目に飛びこんでくる。あの大きい円筒型の瓦斯タンクは文明開化の象徴として、子供心にも頼もしく思われた。

そのころ瓦斯は銀座や、日本橋などの大通りに街灯として使われるほかは、奠都三十年祭などに銀座の新聞社のイルミネーションに用いられて、奉祝という文字型にした瓦斯管の孔《あな》からめらめらと炎が燃え上がっているのを美しく見たことが記憶に残っているくらいで、われわれ庶民の家庭には縁がなかった。

明治三十年ころから東京下町の水道や、瓦斯工事がほとんど同時に行なわれて、到るところの道路を掘りかえしたり、埋立てたり、かわるがわる往来の土に鶴嘴を打ち込んでいた。そのメーンパイプの埋設が終ってしばらくすると、今度はまた家々への枝管を敷くために、掘りかえしが繰り返されるのだった。

らんぷ屋（川上澄生画）

そんなわけでわが家に専用水道が引かれると、急に井戸が不用になって、風呂場がしつらえられ、また座敷や台所にほのあかるい瓦斯灯がともされると、それまでたよりにしていた石油らんぷとお別れすることになった。瓦斯の火口《ほくち》から上向きに赤黄色く燃えあがる火の先に青い炎が出て、夜の闇を追い払うようにあたりを照らし出した。石油らんぷとはまた格別に明るい世界が展開した思いで、あの時の満ち足りたような昂奮は忘れられない。それからまた暫くしてわが家に第二の灯火革命が起こった。瓦斯灯のバーナーの先に白く小さい網のようなマントルというものをかぶせると、青白い光りが一段と明るさを増して、部屋じゅうが月光を浴びたように、クールな感じに燦くのであった。わたしにはこのマントル一つだけで魔術のように、青く澄んだ海底に沈潜しているにも似た世界が開けてくるのが不思議でならなかった。

この瓦斯マントルは初めアメリカ、ドイツあたりの輸入品だったらしいが、国産では有名音楽理論家田中正年博士がラミーを原料として最初に創製し、これを東京瓦斯会社から売り出したという。また大野虎之助という発明家も明治三十八年ころ綿糸を原料として大野マントルというのを製造販売したと文献に書かれている。わが家で初めて使ったのは舶来品だったと思うが、とにかく初めてマントルを被ぶせて瓦斯に点火した時、たちまち赤く焼けたと思うと、その原型のまま灰となって残り、それが火炎を濾過して青い光りを照らしだしたので、わたしはマントルをアスベスト製とばかり信じていたのである。

それから何年もたたないうちに、またわが家には第三の灯火革命があり、電灯時代を迎えたので、天井や柱に取り付けた瓦斯灯のブラケットは無用の長物となってしまった。

カーボン電球

日露戦争以前の東京下町の一般家庭では、電灯をつけているうちは多いとはいえなかった。街灯のほか、会社、商店などにぽつぽつ使用しつつはあったが、普及してはいなかった。それでもさすがに丸の内の三菱村では電灯がともっていたが、その三菱三号館（現在は新東京ビルとして新増築されている）に入っていた輸入商の合資会社高田商会では商売柄でもあろうが、英国キャンペル会社のサクション瓦斯機関によって、米国ウエスチングハウス社の発電機を動かして、東京電灯会社の送電をうけずに、自家発電をしていた。

余談に亘るがわたしは明治四十一年、千葉県習志野の騎兵連隊に入営した時、そこではまだ電気の恩恵に浴することができず、夜は石油らんぷがともり、舎内当番はほや掃除に骨を折っていた。そして浴場の給水にも風呂当番が深夜手押しぽんぷを何時間も動かすような重労働をしていた。

ところが東京下町のわが家では明治三十六年ころ、すでに電灯に親しんでいた。せっかく瓦斯灯をつけて、青白い光りを浴びたばかりなのに、また電灯に切り換えたのである。

天井から木綿のコードが下がり、その下に乳白色の硝子の傘の下に、茄子型の尖端が針のように鋭くとがっている電球がついていた。そのような透明の硝子の中にはカーボン・フィラメントが省筆の w 字型についていた。

スウィッチをひねると、その電球の中のフィラメントに電流が通じて、パッと明るい光線があたりを照射するのだった。

このカーボン・フィラメントは竹の繊維を焙焼して作るものだそうで、六燭光、一二燭光、二四燭光、三六燭光などといろいろあったが、夜のくらさに馴れていたせいか、八畳の座敷に一六燭光の電球を一つつけるくらいであったし、すでに瓦斯灯の洗礼もうけているので、かくべつ明るくなった感じはなかった。電球の発明者エヂソンが初めて炭素線に使った原料は京都産の団扇の竹の一筋だったということで、その竹材が外国に輸出されるという話もきいた。

電球は東京芝浦電気会社がマツダという銘柄で盛んに製造して売り出したが、明治末期には中小の製造工場も多く、社外品も相当出回ったが、フィラメントがよく切れる難があった。

そのカーボン電球に代ってオスラムとか、タングステンとか金属フィラメントの電球が出現するようになり、光度は拡大し、しかも安全性が加わったのは明治の終りか、大正の初めだったろうか。

VI　きぐすり

松井源水・長井兵助

わたしの幼いころ、観音さんの境内から六区にかけての地域を浅草の奥山と呼んでいた。その奥山で松井源水の独楽《こま》廻しと、長井兵助の居合《いあい》抜きを見た覚えがあるが、永井荷風、久保田万太郎、木村荘八などなど、浅草通の諸名家のうちで誰かこれに触れて書いたものがあるかどうかわたしは知らない。いまはすっかり薄れた記憶を辿って、書きとめようと思う。

仁王門をくぐって右、観音堂前の広場で人垣にかこまれた壮漢がいた。大きな五つ紋を染め抜いた黒木綿の袷を着ながし、朴歯《ほうば》の下駄をはいている。それが長井兵助である。長井兵助は居合抜きの名人であった。しかし兵助は大道で居合抜きを見せるのが専業ではない。実は歯薬や膏薬を売る、いわばテキ屋なのであるが、それを売るために人寄せの手段として居合抜きをしたのである。

彼はおおぜい二重にも三重にも立ち並んでいる見物人の輪近くの地面に、ステッキで円を描いて人垣を拡げ、「さて、お立会い、ご用とお急ぎでない方は」と呼びかけてから、正面の刀架にかけてある長脇差を腰にさし、刀柄を握って瞑目していたかと思うと、一瞬、気合をかけるが早いか、鞘から奔出した秋水が中空に光った。居合抜きである。それからまた半紙を取り出し、脇差の刀刃にかけて二枚に截り、さらに重ねて四枚に截る、それから「……四枚が八枚、八枚が十六枚、十六枚が三十二枚、三十二枚が六十四枚……」と刀の切れ味を試すようにこまかく切りきざんだうえ「ふっと散らせば比良の暮雪は雪降りの姿……」と名調子よろしく花吹雪のようにあたりに吹き散らしてから、落語で人々に親しまれている、あの「陣中膏蟇の油」を能弁に宣伝して、客があると貝殻に入っているその膏ぐすりを売るのだった。

そうかと思うと長井兵助は見物人の中から歯痛を訴えるものを人垣の中から引っ張り出してきて、歯の治療をしてやったりする。むろん病人はサクラだったらしく、これは歯磨を売るためのデモンストレーションなのである。

松井源水の独楽廻しもわたしはここで見た覚えがあるのだが、また源水の居合抜きを見たような気もする。そうするとこれは長井兵助と混同しているのかなとも考えられる。それからまた源水の独楽廻しを寄席で見たようでもあるし、一体彼は何を売っていたか思い出せない。何しろ七十余年前の記憶はまことに手頼りないのである。

源水も兵助と同じような服装をしていたと思う。彼のうしろの台の上には大きな独楽がいくつか列べてあり、その両端には高張提灯が立ててあった。これもまわりを遠巻きにしている見物客にしゃべりまくったのち、長い紐を綾掛けにたすきにして、大きな独楽に麻縄をかけまわしていたが、やがて身がまえて、「やっ」とばかり縄を引くと、独楽は宙を

松井源水の居会抜（『東京風俗志』上巻、明治 32 年）

飛んで、源水の掌に静止したように直立している。それから独楽は生きたもののように彼の腕から肩へと上がって行く。独楽はさらに綱渡りをさせられたり、刀の刃渡りをさせられたり、地面に叩きつけられたり、つまみ上げられたりするが、依然として廻転を停止しない。

これを書いてから念のため二、三の文献を調べて、わかったことだが、松井源水も、長井兵助もなかなか伝統のある家柄で、それこそそこにもあり、ここにもあると云うようなけちな香具師《やし》ではなかった。

松井源水の祖先は富山で反魂丹《はんごんたん》を創製した古い家系で、四代目が江戸に移り、その薬を売る人寄せに独楽廻しをし、浅草奥山で見物人を集めて、江戸の名物となった。延享年間徳川将軍家重が金竜山参詣に御成りの際、家の芸を上覧に供して以来「御用」の符を拝領、浅草田原町の俚俗、源水横町に門戸を張った。その十三代目は慶応二年アメリカの興行師ペンコツと契約し、曲独楽をもって二年間欧米を巡演したのち、明治二年『源水洋行日記』を著した。十六代目は独楽は廻さず、居合抜きをして歯磨を売っていたが、歯磨の製造業者が続出してから、業勢萎靡として振わず、十七代目は家の芸によって寄席に出演するに至ったということである。

また長井兵助家も祖先はもと筑波山麓新治《にいはる》村の出で、江戸にひと旗あげるため筑波山頂の大岩に腰を下ろして、今に残る蟇の油売りの口上を案出したと伝えられる。江戸では奥山で、その蟇の油や歯磨を売るのに居合抜きを見せたり、浅草蔵前の住居では代々歯医者を業としていた。天保年間十代目は松井源水の門に学んだという。

これを見て、わたしのあいまいだった記憶はだんだんはっきりし、疑問は氷解した。わたしが見た居合抜きの松井源水は十六代目で、寄席で見た曲独楽の松井源水は十七代目だったのだし、高張提灯が立っていたのは将軍家御成り御用を誇示するために「御用」と書かれていたわけで、長井兵助との関連があったことも判明した。あの頃の浅草には、まだ江戸の名残をこんなにはっきりと見ることができた。

定斎屋

定斎はそのむかし豊臣時代に、泉州堺の薬種商定斎可明の薬法を伝えて製剤したという銷夏の煎薬で、江戸時代からの伝統を固守した行商の販売方法が特異なので知られていた。わたしの知っている明治後半には日本橋馬喰町の糸屋又兵衛と、日本橋新右衛門町にあった大阪屋服部藤右衛門とが、ともに定斎屋《じょさいや》の老舗として盛業していた。わたしの幼いころの家は新場橋の近くにあり、新右衛門町の大阪屋とは背中合わせになっていたので、定斎屋というと大阪屋を思い出すのである。

夏の朝など大阪屋の店先には海老茶色漆塗りで定斎とか㊅の商標と屋号を書いた薬味箪

日本橋新石衛門町の定斎本舗大阪屋
（『印刷インキの歩み——東洋インキ製造六十年史』所載）

笥がたくさん並んでいた。そしてその売子たちの出発前のざわめきがたいそう賑かだった。糸屋又兵衛の薬味簞笥は朱塗りで、文字は蝶貝の螺鈿《らでん》が見事な工芸品のようだった。

　定斎屋の売子たちは茶色のはっぴ、腹掛、そして股引、脚袢、草鞋掛けという古風な服装で、頭には手拭を吉原かぶりにのせているのもあったが、商売柄どんな暑い陽ざしに照りつけられても、決して日射病にはかからないという心意気で、帽子や傘はささないということだった。

　定斎屋は相当重そうな漆塗りの薬味簞笥一対《いっつい》を、これもがっちりした樫の棒で担いで、ゆっくり腰で調子をとりながら歩くと、薬箱の抽斗《ひきだし》についた金環が、その歩みにつれて一斉にカタカタ、カタカタと合奏する。この音で町の家々では定斎屋の通るのを知るのである。こうして町から町へ行商するのであるが、いつも三人一組で、一人が荷を担ぎ、二人が小さな柳行李のような容器、後には皮鞄を肩から下げて歩いていた。

さきごろ毎日グラフ別冊「明治百年」を見ると、現在、日本橋の渡部武重郎という人が日本橋箱崎町、総元祖、大丸屋とある古びた薬味簞笥を担いでいる写真がのっていた。おそらく定斎の孤塁を守る最後の一人なのであろう。

その後、出版された瀬戸内晴美さんの『一筋の道』によれば、この大丸屋の定斎は渡部武重郎さんが調剤し、これを売り歩いているのは臼井繁治さん（七十二歳）なのだそうである。

宝丹

お腹をこわした、ソレ宝丹。頭が痛い、ソレ宝丹。寒気がする、ソレ宝丹。熱が出た、ソレ宝丹。どんな病気にも母は五十銭銀貨のような型の錫の容器から楊子のような小匙で、煉瓦色の半練りにした粉薬を少しずつ舐めさせる。舌にのせると芳香がひろがって口の中が爽かになるので、わたしは大好きだった。それがまた即効、神《しん》のごとき万能薬なのである。

この宝丹はわたしだけに特効があったわけではなく、そのころどこの家庭にも常備され、外出には必携品として愛用されていた。

上野広小路の鈴木時計台の横丁、池の端仲町の賑やかな商店街にその老舗はある。

宝丹の本舗守田治兵衛の祖先は延宝八年(一六八〇)、堺から江戸に出て薬業を開き、爾来十二代に亘っている。文久年間オランダの医家の方剤で初めて宝丹を創製発売したという。

明治五年版の『高名三幅対』には、宝丹の守田治兵衛は軍談の伊東潮花、画家の柴田是真と共にあげられ、明治十一年九月の団々珍聞の『近世盛衰競』には盛の方、前頭十番の地歩を占めているし、明治十二年版『東京諸雷名花競』の妙薬七法に守田宝丹が喜谷実母散、岸田精錡水と共に入っている。

守田宝丹は西南戦争の際、軍旅必携薬に指定され、日清戦争、日露戦争にも引き続き重用されたということで、販路も激増していたらしい。洒落れた隷書風の字体で書いた宝丹の商標は、われわれ年輩のものには馴染み深いものだった。

それから守田宝丹の店では番頭から小僧まで、店の者みんなが盲縞の着物に、同じ紺色の角帯を締めていて、いかにも老舗《しにせ》らしいしきたりの奥床しさを感じさせた。

しかしその良薬宝丹も、いつか時代の波にのまれて消えてしまった。——とばかり思いこんで、ふとそんな話を友人にしたところ、十二世守田治兵衛がここ数年前から、中絶していた宝丹をよそには卸していないが、店売りしていると知らされ、上野へのついでに池の端仲町へ廻って見た。なるほど守田治兵衛薬舗はあったが、店には他店の新薬が色とりどりに列んでいるのに、肝腎の「宝丹」の広告が見当たらない。僅かにこれも家伝の「守妙」の広告があっただけである。店に入っても、あの盲縞の着物を着た店員が出てくるかわりに、年寄りの女の人が出てきた。わたしは多少の感慨をこめて、「あの、昔の宝丹がありますか?」と訊くと、「はい」と無造作にカウンターの下から一袋だけ出してくれた。「これを五つ下さい」というと、さらにほかの場所から取り出してくれた。この老婦人は身内の人だろうか。店の人を見かけなかったが、どうしたのだろうか。わたしはわびしい気持で出てきた。

帰って早速、むかしそっくりの錫の容器から半練りの薬をとり出して、六十何年振りに舌の上にのせると、たちまち口中がすーッと爽かになった。それはそのかみの宝丹の味であり、香りであった。

須原屋

須原屋茂兵衛というのは江戸時代、元禄末ごろから『国郡全図』、『大名武鑑』などを刊行して、全国にひろく知られた随一の地図版元であるばかりでなく、数多くの木版本を上梓した書林であった。

須原屋はまた出版書肆としてばかりでなく、婦人血の道の妙薬、家伝順気散の本舗としても知られていた。岸田吟香の名薬小史によれば、始祖北畠茂兵衛は南朝の遺臣顕家中納言の家系で、紀州有田郡から江戸に出、万治元年（一六五八）ころ日本橋青物町に書肆を開いたが、のち元禄元年（一六八八）日本橋通りに移って、盛んに書籍の出版をつづけた。たまたま甥の北畠春庵が調剤した婦人病秘薬の処方を伝授されて、これを順気散という名で発売したところ、効験いちじるしく妙薬として信用を博し、爾来二百有余年、十余代相次いで、家伝順気散の声価を堕《おと》すことがなかったという。

その須原屋北畠茂兵衛の店が日本橋通三丁目、いまの高島屋百貨店の北角のところにあったと、わたしは記憶していた。店内に並んでいた古びて黒光りのする戸棚には、鉄の抽《とっ》手《て》のついたひきだしがたくさんあるのが印象的だった。そして木版刷りの薬入れ紙包みが積まれていて、店内には薬草の香りとともに、よどんだ空気が漂っている感じだった。しかしその店はやがて姿を消してしまったが、須原屋は須原屋でも、北畠茂兵衛ではなく、遠藤兵吉の須原屋薬舗だったと云う。

わたしが有名な須原屋茂兵衛の古色蒼然たる店を、この眼で見たと思っていたのはどうやら間違いだったらしい、とすれば北畠茂兵衛の店はいったいどこに、いつごろまであったのか。

いま手許にある粕川有信訳『医法要略』（明治六年版）という木版本の奥付を見ると、東京日本橋通一丁目になっている。それからたまたま進藤新五郎編『日本橋区地面付長者鏡一覧』（明治十七年刊）によって、通一丁目一五、北畠茂兵衛が二三五坪八八の地主であったことを発見した。そしてその番地を朝倉寛校『明治東京全図』によって調べた結果、白木屋の向い、西側で稲荷新道の南角あたりであることが判明した。

貴重な古地図や、古文書をたくさん出版して、過去の日本文化に貢献した須原屋茂兵衛のその後の消息を知りたいと思うのだが、わたしには今これだけしか分かっていない。

瓢箪屋

わたしは少年時代は京橋南槇町一番地に過ごした。いまの東京駅八重洲口前である。わたしの家はしもたやであったが、隣りは土佐屋という和紙問屋で、その先に瓢箪屋があった。城辺河岸通りに面して支那風を思わせる土塀に囲まれ、その両端に鋳鉄製の大きな天水桶が据えてあった。正面洞門の上には家伝薬人蔘梅花香、神功丸の看板が立ち、その屋根の上には金の瓢箪がきらめいていた。その金の瓢箪は明治中頃の「中橋名寄せ」という大津絵節の歌詞にも「……金のひょうたん雨晒し」と唄われている。

店舗や住居は、でんとした二階建の土蔵造りで、門の正面あたりには高櫓のような三階があった。裏の路次にあった井戸は鉄分があったが清冽だったので、夏なぞ近所の人達がその「瓢箪屋の井戸」へ水を貰いに行った。それから店さきには、暑気払いに特効がある

行商のぼり

瓢箪屋（明治 30 年頃）

という枇杷葉湯を、往来の人たちの飲むにまかせたので、わたしたち悪童も遊びつかれると、枇杷の葉、肉桂や、甘茶などの入りまじった漢法薬らしい煎汁にかわきを癒やした。

　通称瓢箪屋白井正助の初代は明和二年（一七六五）美濃から江戸に出て、城辺河岸に漢法薬本舗美濃屋を創業し、家伝の秘法による人蔘梅花香、神功丸、順喜消毒薬などを製造販売し、爾来六世の当主まで白井正助の名を継承した。その人蔘梅花香というのは腫物、切傷などの妙薬で、わたしもよくその厄介になったが、それは貝殻を容器としていた。江戸時代に町々を売り歩くのに持っていた、紺の旗指物が残っているが、それには薬名の上に貝殻二片を商標とし、右に「諸しゆもつ、五痔、切きず、うちみ、くじき、いたミ所によし」、左に「江戸かちはし御門外桶町河岸、美濃屋庄助製」と白く染め抜かれている。

明治十七年刊『二人組合見立一覧表』には京都の鳩居堂又兵衛と並んで、東京の白井正助が上げられている。

その六世白井正助はわたしと小学校も同じで幼な馴染みである。幼名は三之助といった。わたし達の遊び盛りのころ、瓢簞屋の天水桶には水が干されていたので、かくれんぼにはいい隠れ場所であった。三之助は独逸協会中学を出てから若くして父兄を失い、正助を襲名して家業を継ぐこととなったが、堂々たる店構えとは違って苦しい世帯のやり繰りに腐心した。それから約半世紀、幾変遷を重ねて次第に家業を拡大して、まず株式会社ひょうたん屋から遂にエス・エス製薬株式会社に発展し、ボランタリー・チェンストア・システムによる販売政策で、薬業界に積極的な近代経営を推進したが、先年はからずも経理上の破綻が起こったので、責任をとり、社長を辞した。

その間心労も多かったろうが、考えようによっては瓢簞屋はなくなっても、エスエス二百年の社史に白井正助の名は牢乎たる基礎となっているのだし、それに老来健康に恵まれて、名利にこだわらず、閑日月を楽しんでいるのは羨ましいとさえ思うのである。

実母散

京橋の中橋広小路、いまのブリッヂストン・ビルディング西側の横町中ほどに、小林好古堂という有名な骨董商の向かいに千葉実母散本舗があった。それから鉄道馬車の通っている大通りには高橋実母散本舗というのがあったが、これは間もなく姿を消した。

そして大鋸町《おがちょう》の東仲通りに喜谷実母散本舗がいかにも老舗《しにせ》らしい品格のある店を構えていた。その店先の南側、土蔵の前にひとむらの竹が生い茂っているが、これは昔から喜谷実母散本舗の目標《めじるし》としているものらしく、実母散の包装にも竹が輪郭に描かれている。

とにかく中橋付近には三軒の実母散本舗があって、いずれも元祖らしく装っていた。『耳嚢』『狂歌江戸図絵』の川柳に「中橋に嘘の実母も二三人」と皮肉った句がある。むかしは商標登録の制度もなかったから、このようなことになったのであろう。

江戸名物狂詩選に「江戸中橋実母散、和力神妙即効奇、産前産後皆服用、最妙婦人血道時」とあり、『糸桜本町育』という浄瑠璃本（安永二年）にも「チットモ気遣い中橋の薪屋薬の実母散」とあるくらいで、むかしから世に知られていた。薪屋薬というのは喜谷の祖先が近江から江戸に出てきて、ここで始めは薪炭商を営んでいたからである。

わたしの母は喜谷実母散の愛用者で、血の道、のぼせ、眩暈《めまい》、感冒にはこれが一番と、いつも食前や、就寝前に振り出しては飲んでいたので、わたしは実母散といえば喜谷だと信じこんでいた。

喜谷実母散本舗の創業は元禄年間のことで、爾来二百五十有余年、当主喜谷市郎右衛門は十世だという。明治五年刊『高名三幅対』、同十三年刊『東京諸雷名花競』にも大鋸町

実母散本舗（山本松谷画、「新撰東京名所図会」明治 34 年 3 月）

喜谷実母散の名が挙げられており、七世市郎右衛門は貴族院の多額納税議員にもなっていたことがあり、京橋界隈きっての素封家となっていた。しかし戦時中、企業合同から喜谷はその製薬を中止したので、その間に千葉実母散の売上げが伸《の》して来たという。それで折角家伝の良薬をそのまま放棄することはないと、先年来ヒサゴ薬品会社が喜谷からその許諾をうけて、喜谷実母散を製造販売していると伝えられる。

黒焼屋と五臓円売り

神田の眼鏡橋から上野広小路への馬車鉄道通りを御成街道《おなりかいどう》とか、御成道《おなりみち》とか言っていた。江戸時代、上野東照宮へ将軍が参詣する道筋にあたるのでこの名があった。その西側、黒門町か末広町あたりだったと思うのだが、横町を隔てて、黒焼屋の看板を出している角店が二軒ならんでいた。その屋号もわたしは忘れてしまったが、その北側の店は横町の板塀から庭の松が覗き、表通りの店頭には伝統をしのばせる古い看板がいくつか掛かり、その下に等身大の人体解剖の標本がおいてあったのが、わたしの脳裡に深く刻みこまれている。標本は皮膚内部の筋肉、臓器、血管などを如実《にょじつ》に表現するように、赤、青、灰と、どぎつい色彩に塗り分けられていた。そして天井から黒焼になった鳥や獣の肢体らしいものが吊るしてあったので、わたしはただ不気味に、むしろこわいような感じで碌々観察もしなかった。おそらく古来の口伝や、禁厭《まじない》による秘薬とか、媚薬があったのであろうが、どんな商品を扱っていたのか、詳しいことは分からない。ただイモリの黒焼を恋慕する対手の人の頭上ひそかにふりかければ、対手も自分が好きになって貰える、という禁厭の効果があるとは聴き知っていた。

とにかく、こんな江戸時代の名残りをとどめた珍らしい商売屋が御成道には並んでいたのである。獅子文六氏の『ちんちん電車』をみると、こんな黒焼屋が少なくとも十軒はあったと書いてあるが、わたしはそんなにあったとは知らなかった。しかし店頭に気味の悪い人体解剖の標本をおいていたのは、あの角店だけ一軒に相違ない。

この黒焼屋の人体解剖標本で思い出したのは、浅草公園に出ていた五臓円の薬売りである。これはその小さな台の上に人体解剖標本を置き、その内臓や、筋肉を籐の棒で指し示しながら、薬の効能に長広舌をふるうのだった。

その怪しげな標本は腰をかけているような状態で、上体の内臓は抽斗《ひきだし》のように引きはずしが出来、下半身は赤い布が覆ってあり、いやらしい感じだった。

毒消し売り

初夏から秋口にかけて、日やけして健康そうな地方の女の子がひとり、ときには二人、お国なまり丸出しで、「毒消しはいらないかねエ」と、一戸別に門口《かどぐち》から声をかけ廻ってきた。木綿の風呂敷包みに黄色い油紙をかぶせ、太い真田紐《さなだ》で結んだのを背負った、その毒消し売りの女たちは、みんな一様に菅笠をかぶり、紺絣の着物に脚袢、草鞋履きという、質素で、りりしい出立《いでたち》ではあったが、メリンスの帯の模様と、短い着物の裾の下にのぞかせた腰巻に、何かなまめかしい色気をみせていた。

彼女たちは季節になると、渡り鳥のように北の方から集団で東京へ出てきて、浅草の定《じよう》宿《やど》にとまり、毎朝観音さんの境内に集合しては市内に散って行くのだときいた。

生盛薬館の薬売り

日清戦争、義和団事件、日露戦争と継続した戦争の谷間にあった日本は、強く富国強兵が打ち出されて、軍国調一色に塗りつぶされていた。こんな風潮は売薬の行商にまで及んだ。そのはじまりは恐らく明治三十二年ころだったろう。生盛薬館の薬売りが出現したのである。

金モールの筋を何本も巻いた軍帽のようなものをかぶり、黒羅紗に両前金ボタンという軍人の礼装まがいの上着には金ピカの胸章や、肩章が、そして腕には金筋や、渦巻がいくつもついているのを着、その上に肩から大綬のようなものを斜めに下げ、腰には鞄をぶらさげていた。赤い太筋のついたズボンに靴をはき、手には手風琴を持っている。なんとも珍妙な姿だった。

「せいせいやかんのばいやくは……インフルエンザに肺の咳、痰咳、溜飲、胸つかえ……」と宣伝文句の歌詞をうたいながら、単調なリズムで手風琴を弾く。その〝せいせいやかん〟と聞こえるのは生盛薬館ということで、当時としては奇抜な宣伝であり、斬新な販売方法だった。この音楽入りで、陸軍将校のように盛装した薬屋さんは少なくとも子供たちの好奇心を満足させるに充分だったから、〝せいせいやかん〟のおじさんがくると、

生盛薬館の薬売り（川上澄生画）

大勢ついて歩くのだった。そしておじさんが歌の一節を唄い終ると、ユーモアたっぷりに「オイチニイ」と歩調をとって言う。子供たちもそれに続いて「オイチニイ」と連呼する。また子供たちはその語呂から「せいせいやかんの禿げ頭……オイチニイ」とおじさんをからかうように唄うのであるが、酸いも甘いも嚙みわけたようなそのおじさんはニコニコして、時には手風琴で伴奏したり、「オイチニイ」と掛け声をかけたりする。そんな微笑ましい風景も見られた。

しかし子供に人気はあっても、商売の業績は必ずしも香《かんば》しくなかったのかも知れない。一時はこの生盛薬館の薬売りの姿を東京の街々《まちまち》でよく見かけたが、いつか消えた。そして都落ちして地方の小都市の街や、辺鄙な山間の街道などで、着古して羊羹色になった例の軍服姿で、手風琴をかかえたピエロのように歩いているのを見かけた。

川上澄生氏はかつて、「……せいせい薬館の薬屋さんの姿を東京で見失ってから何年たったろう。私も少年から青年となり、もっと大人になった或る日のこと、野州日光の町のある横町でせいせい薬館の薬屋さんの昔ながらの姿を見た時は嬉しかった。その薬屋さんは眼鏡をかけて真白な顎ひげを生《はや》した老人だった。」と書いていた。

万金膏

子供のころ、よく遊びまわっては転んだり、ぶつかったりして、手足や顔を擦りむいたり、怪我をしたりした。そんなとき軽ければ、いつも血がにじんだり、ぱっくり口をあけている傷口の上に、黒い膏薬をのばした和紙を鋏で切ってはぺったりと貼りつけて貰った。傷口をろくに消毒もしないで貼るのだったが、べつに化膿することもなく、局部が自然に癒着するまで、風呂に入っても容易にはがれなかった。それが万金膏だった。

和封筒ほどの大きさの和紙に、そのはじ二〇ミリ程を残し、一面に膏薬をのばしたものを二つ折りにしたのを、剝がして適宜に切って使うのであるが、よく密着するので上から押える必要もなかった。それだけに万金膏を剝がすとき、毛孔を引っ張られる感じで、とても痛かったから、急いで剝がさなければならなかった。

日本橋上槙町、西仲通りの西側北角に浅川晃栄堂という売薬屋があって、ここで浅井万金膏を発売していた。二階建土蔵造りのその店頭には、長い年月に耐えてつやもなく、はげかかった金箔漆塗りの木看板には薬の名称や、屋号を浮彫りにしたのが老舗《しにせ》の貫禄を示すようにかかっていた。

VII

そのほか

代用小学校

久保田万太郎の代表的な戯曲に『大寺学校』というのがあって、これがいまでも折りおり上演される。明治末年、寺子屋の進化したような代用小学校が新時代の公立学校に押し流される過渡期の哀愁を描いたものだが、その大寺学校のモデルだといわれる浅草の寺本小学校というのは、文学座の舞台でその老学校長に扮した新派俳優大矢市次郎の母校だそうで、明治三十七、八年にかけて通学したという。生徒の中にはお酌もいて、お座敷がかかると授業なかばで帰ったり、露地裏にくる物売りの呼び声がよくきこえてきた、と彼は書いている。

明治前半期は義務教育の普及につとめた時代だったが、東京市内には公立小学校の整備が間にあわなかったため、到るところにまだ大寺学校のような個人経営の、いわゆる代用小学校があった。後半期になってそれは徐々に閉鎖され、生徒は公立学校に収容されたようである。校長以下二、三人くらいの先生が学級掛けもちで教える小規模の代用小学校のことだから、校舎は狭く、運動場もなく、設備も教室に黒板、机、椅子くらいなもので、旧来の寺子屋式教育方法による読本、修身、習字、また女子には裁縫などの教課を入念に教えたようだ。そして厳格な躾けや、礼儀を正しく教える学校が多く、授業中よそ見をしたといっては、教室外に長時間立たしたり、乱暴したといっては籐の鞭でぶったり、罰則が相当きびしく行なわれたと聞いたが、半面小人数だったから生徒一人一人の家庭の事情も分かるので、師弟の仲に家族的な親しみが多かったことは否めない。

わたしの少年時代の行動範囲、日本橋、京橋界隈だけを数えても、会文学校、小松原学校、高橋学校、戸田学校など、代用小学校はたくさんあった。

日本橋元大工町、いまの東京駅八重洲口近く、そのころ有名な料理店菊隅のすぐ近くに、小松原小学校があった。そこに学んだことのある俳人長谷川かな女さんの自伝『小雪』によれば、その学校は芸者屋町の真ん中にあったので、場所柄、お茶屋、芸者屋、落語家などの子供も多かったが、女の校長さんが婦徳の備わった人だったので、大きな商家ではその子弟を殊更この小さな私立学校を選んで預けたのだそうである。

わたしの通学した公立小学校はその小松原学校の近くにあったが、高等科二年に進級したとき、閉校した小松原から生徒が五人ばかり、わたし達のクラスに編入されて来た。みんな元大工町付近の子供ばかりだった。そのひとり青木幸太郎はのちに東京株式取引所理事になったが、彼の父は手品師として知られた柳川一蝶斎だった。

明治三十年ころ男爵平山成信が経営していた小石川原町の素山学校は、授業料が一ヵ月五厘だったそうで、公立小学校の生徒たちは「五厘学校、五厘学校」と嘲弄して、よく喧嘩をした、と土地の古老市川虎之助さんは語っていた。この五厘の月謝というのはごく特殊な事情があったのであろう。そのころ公立の月謝は二十銭であったから、生徒の少ない私立学校の方が高いのは当然で、普通は五十銭くらいだったと云う。

あの頃はどこの小学生も非常に排他的で、他校を敵視し、よく衝突したり、喧嘩をした。いじめっ子の餓鬼大将がいると、子供達の平和は破れるのである。わたし達は公立小学校に通学することを誇りとして、私立の代用小学校を軽蔑する傾向があり、東京市立城東小学校というのにも、市立を〝いちりつ〟と読んで、私立と間違えられないように注意したが、喧嘩をしたり、いじめるようなことはなかった。

私塾

むかし浪人が陋巷でくらしのために寺子屋を開いたように、維新のときも廃藩置県で禄に離れた士族が生計のため洟垂れ小僧を集めて『大学』の素読や、手習を教える私塾を開いたりした例が多いようだ。

明治も半ば過ぎるころ、東京の下町にも公立学校の先生が、その自宅で内職《ほまち》に夜間、算盤や、習字を教え、また漢文、英語の手ほどきをするのが多かった。わたしも箔屋町の露地にあった私塾に、兄が通っていたので連れてって貰った。

英語は茶色の部厚い表紙のナショナル・リーダー、巻の一、アルファベットを覚えると、すぐ It is a dog から口うつしに声をあげて読まされた。

漢文の方は大きい和綴本の輪郭の太い罫の行間に、木版活字で刷ってある「子程子の曰く、大学とは孔子の遺著にして諸学徳に入るの門也」に始まる『大学』の章句を、先生が音読するあとについて、御経のように読み上げるのであるが、ただ画の多い漢字を棒読みするだけ、意味の説明もないからさっぱり分からないし、興味も湧かない。

それからまた算盤の稽古にも、二一天作の五、二進が一進などと、これまた九九を呪文のように暗記させられた。

学齢に達したばかりのわたしにはすべてがむずかしいので、すぐ通うのをやめたから、ついに初めのつまずきで、一生英語はだめ、計数にうとく、そして四書五経にも親しむ機会を失ってしまった。

それから余程のちのことだったが、わたしは呉服橋近くの露地にあった雲峰塾によく通った。それは習字の私塾で、塾主田原雲峰女史は高林五峰の高弟だった。わたしはその最も怠惰な弟子だったが、先生が温かく迎えてくれるので、始終遊びに行った。

午後になると学校帰りの生徒や、女中をお伴にしてくる良家の子女たちにまじって、奥様もくれば、芸者、料亭の女中、商家の番頭なども集まってきた。座敷一ぱい、三列くらいに並んで配置された、簡単な机の前に坐って、硯に墨をすってから、半紙に手習を始める。お手本は入門のとき先生から書いて貰った榛原の折手本で、成人のは天地玄黄に始まる千字文だった。平日は手習だけ、土曜日はそのお清書をする。それを先生が朱筆で円や点をつけたり、意に添わぬものにはその字の上に修正の朱を加える。夕方授業がすむと芝居のように机を付けて、玄関の隅に積み上げる。

ある年月、修練をつんで上達したお弟子達は先生に連れられて、八丁堀の大先生のところへ行き、書号を貰うことになっていたのは、茶道や華道と同じようだった。

もっと大きな私塾も幾つかあった。それは閉鎖した代用小学校の校舎を利用して、生徒を集めていた。

「代用小学校」にも書いた小松原学校が明治三十一年に閉校したとき、生徒の大方は公立小学校に移ったが、引き続き校長先生のご薫陶を願いたいという希望者も出たので、小松原塾が開かれることとなった。長谷川かな女さんはその居残り組の一人となり、畳の上で家事、裁縫、習字などを教わったという。そして最年少者ながら、新たに入ってきた嫁入り前の娘さんや、先生を慕って集まったはたち過ぎの女の人にまじり、その感化で紅葉、鏡花、荷葉、涙香などの小説本を持ち寄っては廻し読みした、とも自伝に書いている。

その前後から代用小学校はだんだんに閉鎖しなければならない運命になっていたらしく、兜町近くにあった会文学校は、やはり私塾のように英語、漢文、算盤などを習う小学生や、中学生が放課後に集まっていたようだ。

それから京橋北槙町の横町(ここも東京駅八重洲口に近い)に、はげちょろけのペンキ塗り木造下見張り二階建の高橋学校も閉鎖後のことなので、夜学に英語、数学などを老校長や、その家族たちが黄色い石油ランプの燈影《ほかげ》で教えている姿を、往来から窓越しに覗き見ることができた。

水練場

今日のようにプールというものがなかったから、東京の子供達が水泳を習うのには、大川端の水練場に行くほかはなかった。いまは誰も使わなくなった水練場と云う名称は、むろん水泳場のことであって、あのころわたし達は〝すいれん〟とか〝すいれんば〟とか云って、一般には水泳とは云わなかった。

両国橋から新大橋までの西側、日本橋の浜町河岸は料亭、倶楽部、寮、住宅など閑雅な家並が続いていたし、洋々と流れる大川が前に拡がって、往き来の船も、飛びかう鷗も、のどかだった。

夏になるとこの浜町河岸には、石垣から川の面に張り出した水練場が向井流、水府流、笹沼流、あるいは修武館など、それぞれにその泳法の流儀を標榜して幾軒も立ち並んだ。どれもこれも荒削りの羽目板を打ちつけた丸太組みの仮小屋で、その外部には定紋を大きく染め出した幔幕を張りめぐらし、その入口には中央に垂れ幕を絞って房を下げ、その横に○×流師範なんのなにがしと大書した看板がかけられ、また高く目印しの旗が川風に翻っている光景は、芝居の舞台に見る狩場のようで、大太鼓の音が響かんばかりだった。

その水練場に通う子供達はみんな木綿の猿股をはき、木綿の水着をきていた。それは甚兵衛のように短い胴へ、筒っぽの半袖が間をあけて、紐が千鳥掛けに縫ってあった。そして衿の前には○×流門人なんのなにがしと書いてあるのもあった。これも江戸時代からのしきたりの名残りだったのに相違ない。

水練小屋ではみんな六尺褌を締めて真っ裸になり、お椀型の帽子を被っていたが、中には水難よけの成田山の木のお札を細紐で肩からかけている子もいた。そんな初心者は小屋から垂直の梯子を下りて水に入ると、助手たちに指図されるままに、丸太につかまって両足を交互に水面に上下動して水沫をはね散らしたり、面かぶりや、犬搔きを繰り返して、川水を飲みながら、身体を浮かせる稽古をした。

小屋から中流に浮いている丸太までの水域に平泳、背泳、立泳、そして抜き手を切って泳ぎまわっている熟練した河童《かっぱ》たちは、時折り川の中心を通る一銭蒸汽や曳き船などがなかく引く水脈の高波に乗ったり、その陰に隠れたりしていた。あの頃はみんな日本古来伝承の泳法で、バタフライとか、クロールというような外国の泳法はまだ移入されていなかった。

水練場の経営者は大竹（笹沼流）、土屋（向井流）、伊藤、永井（水府流）、鈴木（修武館）

などで、その大抵は武道の教師達だったという。

府立中学など公立学校の指定学校の指定水練場になっていた真伝流水泳協会というのが浜町河岸の対岸、深川の千歳町寄りの中洲に建っていた。ここに往復するには協会専用の渡し船で、浜町から大川を横断するのだった。水泳協会のクラスは幾段階にもなっていて、赤、赤白、黒白、黒など帽子で色分けしていたから、水の中でもすぐ判別できた。

水練場に通うのには、その水泳帽のうちに手拭、褌、蟇口などを入れて、帽縁についている紐を締めると円くなる、その紐を肩にかけて、暑い日盛りを歩くのだから、泳いでいるうちは涼しくても、相当の苦行だった。

夏の終りに近づくと、どこの水練場もひと夏修練の成果を試るために遠泳会を催すのだった。護衛の大伝馬船に見守られながら、腕に覚えのある河童たちが水面に点々と長い列をなして、水しぶきをあげながら川口から品川のお台場沖に泳いで行く光景を見ることができた。

あの頃の大川は清流とは云えなくても、まだ工場の廃液の流入や、川上から漂流してくる塵芥で汚染することもなかったから、魚も釣れたし、水泳もできたのである。

浜町河岸どころか、いまの一号高速道路に変容した、築地の京橋警察署前の築地川の、あの街なかの狭い堀割のようなところにさえ、水練場設置が許可されていたほどである。

御雇外人

最近アジア、アフリカなどの新興国家が次々に独立して、近代化に大童《おおわらわ》となっているが、その近代国家建設のためには先進国の進歩した技術を導入したり、優秀なエキスパートを招聘したりして、新知識の吸収にこれつとめている。

わが国からもいろいろな方面でその後進国開発指導のため、すぐれた人材を海外に送り出しているのはまことに心強い限りである。

かえりみると百年ばかり以前、日本はその逆だった。明治維新前後、丁度いまの新興国並みにわが国でも欧米から「お雇外人」を大勢招聘して、文明開化のために指導をうけていた。長い間の鎖国のおくれを取り戻すため、先進国の協力を仰がざるを得なかったのである。鉄道を建設するためにも、憲法を制定するためにも、学校教育を普及するためにも、医学を修得するためにも、美術、音楽を進展するためにも、商工業を開発するためにも、その他もろもろの新知識を導入するために、政府を始め、民間会社も高額を支給して、お雇外人を招聘した。

そしてわれらの先人はその知識を急速に吸収し、咀嚼してこれを自家薬籠中のものとした。そのお雇外人の中にはそのまま日本に住みついたものもあったが、多くは一、二年ないし四、五年でいちおう使命を終えて帰国したらしい。

私のもの心ついた明治三十年代はすでに憲法は発布され、日清戦争には勝利を得た後のことで、ようやく新興の機運が動いていたから、お雇外人はもう僅かしか居なかった。それでも外務省などには嘱託がいたようだし、帝国大学、高等学校、音楽学校などには入れかわりに外人教授や講師が招聘されていた。その中にはラフカディオ・ハーンのような立派な文学者や、ケーベル博士のようなすぐれた哲人もあった。

そして民間でも貿易会社などには重要な地位を占めている外人が、日本人を頤使していた。

一般にまだ外人に対しては劣等感を抱き、〝異人さん〟として尊敬するような風潮があった時代だから、このお雇外人に対しては過剰な敬意が払われたし、彼等もまた、良識のある一部のひとを除いて、邦人を見下ろしていたような態度をとっていたことは事実だった。

わたしが勤めた貿易商社にも四、五人の外人がいたが、いずれも邦人社員とは比較にならぬ高給を食《は》んでいて、厚遇をうけていた。そして彼等はいずれも優越感をもって自らの殻にとじこもり、日本の環境には同化しない風があった。むろん進んで日本語を学ぼうとも、話そうともしなかった。

もっとも、その商社はアメリカ、イギリス、ドイツなどに支店をもち、主として輸入業務を扱っていたのであるが、本支店間の通信、書類はもとより、経理帳簿に至るまで、すべて英語を用いていた程であったから、彼等には日本語を苦しんで習得する必要はなかったのであろう。

いま世界的にランクされる一流の大企業などの注文で輸入した各種機械や装置の組立て、取り付け、そして試運転の立ち会いからその後の操業指導のために、その技術者や職長が渡来、滞留するようなこともしばしばあった。これは第一次世界大戦直後だったが、ある光学会社では十数名のドイツ技術者の技術導入のため、その家族を収容するジードルング〈集合住宅〉を建てるような大袈裟な施設をしたこともあった。当時わたしはずいぶん金をかけるものだと思ったが、第二次大戦後、日本のカメラが世界的躍進を見、やはり後進が先輩を凌駕したことを知って感嘆するほかなかった。

第二次大戦後は駐留軍の外人たちが大勢やってきて、強制指導をされたが、これはお雇い外人ではなく、押掛け外人だった。が、この苦《にが》い経験もきっと効果を挙げることと信じて疑わない。

国立銀行

小林清親の木版画に「海運橋・第一銀行」というのがある。海運橋を隔てて天守閣のような高塔をもつ五層楼の和漢洋折衷の建物が白雪に粧われている光景で、往来には人力車や、蝙蝠傘、番傘をさしている人も見える。すべては明治九年ころの真景である。

この建物は棟梁清水喜助が明治初年、横浜の外人応接所を請負った際、屋根に自由な意匠を許されたので、和洋折衷様式を案出して施工したところ、これに関心を示した三井組の三野村利左衛門が清水に依嘱し、三井組バンクとして着工、明治五年に竣成した。これを都合によって第一国立銀行が譲り受けて入ったもので、木骨石張り、ブロンズ瓦葺、ベランダの柱や、スパンドレル、欄杆などブロンズを用いた、時代の尖端を行く斬新な建築は文明開化の象徴として、東京名所の一つとなっていた。

その頃の絵草紙屋の店頭にはこの銀行の錦絵が飾られ、東京土産としてよく売れたそうであるが、わたしの子供のころ、うちの絵草紙の中にもそれがあった。国輝画「海運橋五階造真図」(明治六年二月版)と題する錦絵には「東京海運橋兜町ニ第一国立銀行を開く、是は国中の商法を盛んになさん為なりと云、西洋形五階造り唐銅柱瓦外廻り総て唐銅を用、高サ十二丈余、間口十五間、奥行二十八間余、明治四辛未年秋経営、同五壬申年六月成功、匠工清水喜助」と書いてある。

それからまた萩原乙彦著『東京開花繁昌誌』(明治七年版)にも国立銀行と題して、「国立銀行とは俗にいふ為替会社の事なりとぞ、欧羅巴荘厳の華閣魏然と造営あり……」に始まって美辞麗句をつらねているが、余り冗長にわたるので、ここでは省略しよう。

第一銀行雪景（小林清親画）

わたしの少年時代、このあたりは行動半径の中にあったので、人形町の水天宮、茅場町の薬師などの縁日の往復にこの建物の前を通ったので、この城閣のような屋根のついた西洋館はわたしの脳裡にもよく焼き付けられている。

いま海運橋の下の楓川《もみじがわ》は埋め立てられ、上には蔽いかぶさるように一号高速道路が走っていて、まぼろしの竜宮城はあとかたもなく消え、まるでむかしの景観はしのぶべくもないが、あの国立銀行の跡にある第一銀行兜町支店の玄関前には、「この地は明治六年六月十一日（一八七三）わが国最初の銀行である第一国立銀行が創立されたところであります。昭和三十八年六月建之」と、ブロンズ板が嵌め込まれている。

いったい国立銀行というのはどんな性質の銀行なのか。明治五年国立銀行条例が制定され、翌年さらに金札引換公債証書発行条例が制定された。これに準拠して民間人が三、四の国立銀行を設立したが、忽ち経営困難に陥ったため、明治九年国立銀行条例を改正して条件を緩和した。これは当時華士族の秩禄処分のため発行した公債証書が余り巨額なため、その価格が低落して、華士族を困窮の道に追い込むので、彼等の公債証書を資本として紙幣を発行する銀行を設立させる政治的な含みもあった。これがため全国に国立銀行を創立するものが急増し、明治十三年には百五十三行に及んだという。その第一号が明治六年渋沢栄一らによって創立された第一国立銀行だったのである。

この国立銀行は京都の第百五十三国立銀行の設立許可を最後とし、明治十五年の設立によって、分散的だった銀行券発行がここに集中されて、兌換制度が確立し、国立銀行は普通銀行に転換したり、合併したり、あるいは満期解散したりして、明治三十二年にはすっかり姿を消してしまった。

第一国立銀行がその国立の二字を解脱して、普通銀行になったのは明治二十九年九月のことであるが、その二、三年くらい後、わたしは第一銀行の株主総会に二回ほど出席した経験がある。というと年齢の点で不審に思う人があるかも知れないが、実は叔父の代理として日本橋坂本町の銀行倶楽部で開かれた株主総会に行った。このちびっこ総会屋に事業報告も、決議も分かるわけはなかったが、わたしはただ渋沢男爵の風貌に接するだけで満足だった。そして帰りに米津凮月堂のおいしいデセールの小函をお土産に貰ってよろこんで帰って来た。

わたしが憶えている国立銀行はまだほかにも幾つかあった。

親爺橋ぎわ、小舟町には立派な土蔵造りの第三国立銀行があった。ここはのちに向かいあっていた安田銀行と併合した。いまの富士銀行の前身である。

新橋駅に面した、蓬萊橋ぎわにあったルネッサンス風の洋館に入っていた第十五国立銀行は株主に華士族が多かったので、華族銀行と俗称されていた。

それから日本橋万町《よろず》、東仲通りの角にあった、これも土蔵造りの第百国立銀行には祖母のうちの使いについて行ったことがある。行員たちは殆んど縞の着物に、角帯、前掛けを締めた商店の番頭風で、洋服姿は余り見られなかった。

これらの銀行は明治二十九年から三十一年ころまでに、国立の名を返上している。

わたしの記憶にある丸の内の三菱第一号館（つい最近まで東第九号館、明治の代表的建築として親しまれていたが、ついに解体された。）に小さい看板を出していた三菱合資会社銀行部は、第百十九国立銀行の発展的解消の結果であることをのちに知った。これがいまの三菱銀行の前身であることは云うまでもない。

いまでも地方に数字を名称にした銀行があるが、これは国立銀行の名残りである。

平民新聞

日露戦争前、万朝報には非戦論を主張していた急進的思想家が多かった。しかし日露の風雲が急となるに及び、国民一般の輿論が開戦に傾くに従い、社長黒岩涙香は新聞の経営者として、この趨勢に抵抗し得ないことを察知し、ついに社内を主戦に統一することにした。これがため客員内村鑑三は退社して、『聖書の研究』刊行を決意し、幸徳秋水、堺枯川の二人は断乎所信をつらぬくため、紙上に「退社の辞」を発表して去って行った。そして同志石川三四郎とともに平民社を起こして「週刊平民新聞」を創刊することになった。明治三十六年十一月十五日その第一号が刊行された。それは退社の日からわずかに三十六日目だった。

平民社は麴町有楽町一丁目、数寄屋橋内に日比谷公園に行く道路に面した角にあった。旧式な櫺子《れんじ》窓のある二階建の棟割長屋で、硝子戸のはまった玄関前には幅の広いどぶがあり、板橋がかかっていた。そして軒の上にはペンキで平民社と書いた看板があがっていた。

週刊平民新聞はタブロイド版で、秋水、枯川、三四郎のほか執筆者には片山潜、安部磯雄、木下尚江、西川光二郎ら社会主義者に加えて、伊藤銀月、斎藤緑雨、田岡嶺雲、斯波貞吉の名があった。わたしは少年ながらこの人達の非戦論に傾倒、共鳴していたので、その創刊号をこの平民社まで買いに行ってから購読者の一人となった。

しかし戦争は始まった。そして戦時下、週刊平民新聞はしばしば発禁を喰らい、けっきょく発行停止の厳命をうけた。そこで今度は雑誌「直言」を発行して、執拗に主張をつづけたが、それすらも発行停止となってしまった。

そのころには社内もようやく和平を欠いて分裂し、枯川は別に由分社を起こし、秋水はアメリカに渡り、三四郎はあらたに木下尚江とともにクリスチャン・ソシアリズムを標榜する雑誌「新世紀」を刊行することになった。それは明治三十八年十月頃のことである。

第二次の平民社から「日刊平民新聞」が創刊されたのは明治四十年一月十五日のことだった。それまで一年余の空白は社会主義者たちが検挙されたり、投獄されたりしたので、それこそ文字通りダークチェンジだった。今度はシンパのスポンサーもあったのであろう、京橋新富町の新富座跡の比較的ひろい本社となり、秋水、枯川のほか、西川光二郎、荒畑寒村、山川均、大杉栄、白柳秀湖らが加わった。

わたしの記憶にいまも残っているのは、一面に平福百穂、小川芋銭、小杉未醒、それから新人竹久夢二らの諷刺的なコマ絵がしばしば掲載されたことと、短歌の投書欄があって、毎日五、六首のっていたことだ。

「豊葦原瑞穂の国に生れきて米が喰えぬとは嘘のよなはなし」というのは安成二郎の有名な歌であるが、この歌が日刊平民新聞に出たのか、どうか忘れたが、とにかくこんな生活派的傾向の短歌ばかりだった。この短歌欄にも百穂、芋銭、夢二の名が時折り出ていた。こんなことを忘れないでいるのも、実はわたしもその投書家のはしくれとして、時にそんな風な自作の歌のようなものが、紙上に活字になるのを楽しみにしていたからなのである。いわば文学的なシンパに過ぎなかった。

社会主義運動に対する政府の圧迫がますます激しく、それだけに平民新聞の論調も記事も苛烈を加えて、クロポトキンの無政府主義宣言を翻訳してのせたり、秋水の「親を蹴れ」という過激な論文を掲載したりして、幾回も発売禁止を命ぜられ、そして最後には秩序紊乱の件で発行停止の運命に遭遇してしまった。

いま日刊平民新聞は明治四十年一月十五日から、同年四月十四日までの計七十五号が覆刻されているらしいが、わずか三月の短命に過ぎなかったようである。そしてその末期にもすでに社内には直接行動派と、議会主義派との対立があった。

日刊平民新聞は社会、政治面にいろんな話題を提起したが、文化面ではほとんど業績らしいものを残していない。ただ一つ、その名は忘れたが、アメリカから新帰朝の洋画家の作品を平民社がバックアップして、新富町の社屋で展示したことがある。わたしはその折り初めて平民社に行って見た。しかしその作品は茶褐色のかった、アカデミックな技法で、臭みの多い画風だった。ちょうどその頃、同じようにアメリカから帰って文展に出品した柳敬助の作品とは較べものにならぬと思ったことだった。

相政二代

相政こと相模屋政五郎、その名は幕末から明治にかけての俠客として、講談にも語られるし、活動写真にもなったことがある。慶応ころの『大江戸盛商家』という番付にも行司の上位となっており、明治五年版『高名三幅対』にも俠客、中橋、相模屋政五郎の名があげられている。しかしわたしはその事蹟については何も知るところがない。わたしの知っている明治三十年代は、日本橋南茅場町の河岸にあった三菱倉庫の人入れをしていた。人入れというのは艀《はしけ》で出入りする貨物の荷役労務者を一手に取り仕切る仕事だった。

わたしの小学校の同級生山中政五郎は相政の長男だった。俠客というと親分子分の関係につよく結ばれ、強きをくじき、弱きをたすける任俠の徒として、すぐ次郎長や、忠次を連想するが、友人山中の父である相政は秩序を守る善良な一市民だった。

相政の家は日本橋箔屋町、いまの高島屋デパートの南側入口あたりにあった。木造二階建の間《ま》数《かず》の多い住宅であった。わたしは山中に誘われて、ときどき放課後に彼の家へ撃剣を習いに行った。

そこで初めて相政に逢った。その頃は病気で引き籠っていたらしく、よくエヘン、エヘンと咳払いをしていた。小柄ながら剛毅謹直なひとで、その子供に対しても厳格なしつけをしていた。その長男である山中を呼ぶのにも「エヘン、エヘン、政五郎！」と咳払いをしては太い声で呼んでいた。

玄関の奥につづく部室は麻糸の刺子《きしこ》のある畳敷で、撃剣の道場にあてられていた。面、胴、小手、竹刀など撃剣用具が七、八組も揃っていて、わたし達は相政の若い者に支度をして貰っては、剣術の基本から教わるのだった。そんな時、相政も隣りの座敷から出てきて、若い者を対手に模範仕合をして見せた。短軀にもかかわらず、気魄のある強い声をあげて、「お胴」「お面」と、竹刀を振って斬りこんでいったりした。

打ったり、打たれたり、頭のくらむような思いをした稽古のあと、わたし達は汗臭いお面をぬぎ、手拭をとって一と息いれていると、相政は板の上に西瓜をのせて、座敷の真ん中に持ち出し、日本刀の居合抜きをしたかと思うと真っ二つに西瓜は割れ、これを皆に食べさせるのだった。

学校の遠足で飛鳥山へ行ったとき、山中は道灌山あたりの畑から引き抜いた大根を背負袋に忍ばせて持ち帰り、得々としてうちへのお土産に出したところ、彼の父は激怒して、「百姓が汗を流して作ったものを、無断で持ってくるとは何事か。俺は盗人《ぬすっと》の子を持たない。すぐ今から返してこい。」とどなられ、夕暮れ時だというのに、若い者につきそわれて、疲れた足を引きずりながら、また田端まで行って、その現場だったと覚しい畑に置いて、夜遅く帰ったという。

明治三十七年五月、日露戦争の戦捷祝賀会の提灯行列が馬場先門見附の桝形の中で大混乱をおこし、多数の死傷者を出したことがあった。山中は次弟と一緒に参加したが、人ごみにはぐれてしまった弟はのちに、その犠牲者の一人として発見された。その葬儀の帰りに、会葬者には饅頭の折を出す習慣があったが、相政の家ではその代りにボール大の提灯を型どった菓子を幾つか入れた竹籠を配布した。その提灯を横から二つに割ると、中には露艦が沈没したり、日本兵が銃剣をかざしているシーンの糖菓細工が出てきた。愛児の葬儀というのに洒落っ気たっぷりの趣向だった。

葬儀についての逸話はもう一つある。それはその後まもなく二代目相政が病死し、一ヵ月後その本葬が行なわれた際だった。

日本橋の自宅から浅草の寺へ練り歩く長い葬列は華やかなもので、さすが一代の顔役にふさわしかった。先頭に立つ揃いの相政の印袢天を着た多勢の若い者たちが粛々と歩く後には、数多くの生花や樒《しきみ》とともに放鳥の籠もつづき、有名な歌舞伎俳優、芸能界や花柳界の人たち、赤筋の入った印袢天の火事師たちの群れ、それに一般の葬送者も多く加わって、往来の人目をそばだたせた。

さて寺の本堂での葬儀に大勢の僧侶たちの読経がすみ、老導師が払子《ほっす》をもって引導をわたしている最中、祭壇に安置されたお棺の屋根が突如、宙に浮き上がって天蓋のようになったかと思うと、棺のまわりの板がバタバタと四方に倒れて、跡には骨壺と位牌とが立っていた。その一瞬、会葬者は愕然として息をのむ思いだったが、老師は泰然として動ぜず、偈《げ》をとなえていた。こんなしゃれた戯作者的趣向も、故人が病床で書いた遺言の一項目だったそうで、山中はこれを実行するために葬儀社に計り、厳秘裡に特製の棺をあつらえ、本堂の天井に滑車を取り付け、着棺後、棺蓋に細い紐を結び、時分を見計らって引っ張ったのだそうである。

それからまた会葬者には、相政の家紋をかたどった樋口万年堂の落雁の折と、これも家紋である六角の石崖紋の模様に焼かせた湯呑を配るなど、すべてに人の意表を突いていた。

父の死後、山中は若くして家業を継ぎ三代目相政となったが、彼にも仁俠の血は濃く流れていて、人のためには己れを忘れて尽くすことが多く、それだけに衆望をあつめた。

彼は徴兵で世田ケ谷の近衛砲兵連隊に入隊したが、抜群な成績で三年満期除隊の際には伍長となっていた。これは一般兵として全く異例な昇進で、わたしは彼のほかにこんな例を知らない。

帰郷後、彼は家業に精励して近代化を計っていたが、大正に入って間もなく肺患のためみんなに惜しまれて夭折してしまった。

煙草屋

煙草は江戸時代から嗜好品として愛用されていたが、それはきせるで喫う刻み煙草で、紙巻煙草を喫煙するようになったのは明治になってからのことであった。

日本で初めてその紙巻煙草がつくられるようになったのは、明治六年ウィーンの博覧会に出陳されていた巻煙草製造機械を見て、深い関心を示した竹内毅、石川治平のふたりが各個にその機械を一台ずつ購入して帰朝し、その翌年石川が先ず開業し、竹内は明治八年試作して天覧に供し、煙草製造に従事したのが嚆矢だと伝えられる。

わたしの少年のころはまだ薩摩の国分《こくぶ》、阿波、秦野産の刻みを煙管に詰めてふかす人が多かったし、煙草屋の店頭には舶来の巻煙草が数多くならんでいた。

ピンヘッド、ビクトリー、ホーク、パイレェト、スター、フラグなど十本三、四銭くらいの大衆品から、キング、カメオなどの中級品、エンチャンテレス、スリーカッスル、ソーレース、ウェストミンスターなどの高級品を新橋の江副商店、京橋の木村商店などが直輸入していたようだ。それから京都の村井兄弟商会ではサンライスを発売していた。

しかし国産の巻煙草もないではなかった。手加工も可能だったから、主人が少数の店員とともに煙草の葉を刻んだり、紙巻をする小企業もあったようだが、大手業者として宣伝されていたのは、千葉商店と、岩谷商会とであった。

千葉商店というのは銀座一丁目の西側にあって、店主は千葉松兵衛と云った。ここでは大江戸、国華、菊世界、金牡丹、銀牡丹など、口付紙巻のいずれも二〇本入を四角型に包装して発売していた。これらはどちらかというと高級品に属していた。

これと対蹠的だったのは岩谷の天狗煙草だった。

ちょうど日清戦争後で、国民の愛国心が俄かに盛り上がった時流にのり、輸入品を駆逐するという大義名分で、国産煙草を旗印にした岩谷は、金天狗、銀天狗、大天狗、中天狗、小天狗、青天狗、赤天狗、白天狗、愛国天狗、ペルリ天狗、恩賜天狗、日英同盟天狗、鷹天狗などなど、無数の、なんとも奇妙な名の銘柄を盛んに売り出していた。

この岩谷商会の社長岩谷松平は鹿児島の産、生まれながらのアイディアマンであり、PRマンだった。店舗をはじめ、服装、乗用馬車まで赤一色にして衆目を集めていた。銀座三丁目東側、いまの松屋百貨店の南角あたりにあった店舗の軒を蔽うようにかかげた大看板には㊉の家紋と、天狗の面の商標を描き、「勿驚煙草の税金たった二百万円」と書き、それが翌年には三百万円と書き換えられる。むろん誇大広告なのである。

そのころ村井吉兵衛の村井兄弟商会では、ヒーローという名の大衆煙草を懸賞付で大々的に売り出したが、岩谷はライバル意識が強く、盛んに村井を攻撃したのが因をなして、民衆が日本橋室町通りの村井商会支店の店舗に乱入して破壊するような事件まで起きた。この煙草合戦はその後も熾烈を極め、岩谷は日刊の国益新聞を創刊して国産煙草の宣伝にこれ努めた。

わたしは村井の発売する紙巻煙草の包装に挿入されていた彩色刷りのカードが大好きだ

煙草の広告看板（明治 36 年）〈木村荘八画〉

った。陸海軍人、歴史的な人物、西洋婦人などいろいろな図柄のカードを貰っては貯めるのが、その頃の子供たちのよろこびだったのだ。

岩谷対村井との闘争が煙草製造を国営に踏み切らせる動機となったということで、明治三十七年春の戦時臨時議会に提出された煙草専売法案が通過し、その七月一日から実施された。かくてそれまで民間の手で行なわれた煙草製造は、専売局にゆだねられることになった。

あとがき

いま明治時代の庶民生活を回想しますと、維新後における文明開化の影響で、欧米風に大きく変化を遂げた筈ですが、その後半期に於てすら、まだまだ多分に封建的な江戸時代の名残をとどめておりました。

あのころ、わたし達の祖父母や、両親たちが営んでいた市井生活の中には、時代のうつりかわりに左右されて、前近代的な因習と、近代的な新風とが混沌として、同時に共存しておりました。そしてあの時代に即応して発展した新興の企業も、古い伝統にささえられて盛業していた商売も、ほとんどがその後の時の流れに浮き沈みして、あるいは衰頽したり、あるいは変貌したり、あるいは消滅したりしました。そしてその多くが日に日に忘れ去られつつあります。

わたしはさきに明治二十年代後半から明治末期までの、東京下町における庶民生活の一断面を小自伝『下町っ子』に托して書きましたが、まだ書き残したことどもが多いので、こんどは幼き日のまぶたに映った明治後半期に於ける東京の商売や仕事に関する種々相を書きとめておこうと思い立ちました。後日それがあのころの庶民生活を知る上に、なんらかの手掛りになろうかと考えたからです。そこでわたしは明治二十一年、東京下町に生まれ育ってきた市井生活の体験者、目撃者として、また証言者として、この眼で見、この心で触れた庶民のなりわいを、素直に、そしてできるだけありのままに書き綴るよう心がけました。とは云え凡庸な一少年の、狭くかぎられた視野の中での見聞ですから、別にかわった経験があるわけではありません。加えて生来不粋で偏狭なわたしは、芸能にも花柳の巷にも無縁であったため、そんな艶やかな空気にはなじめませんでしたし、趣きのある世界の消息に通じません。しょせんわたしは頑なに自分自身の好みに傾くほかはありません。

それに幼少年時代のはるかに遠い記憶を呼び起こして再生するので、ぼんやりと消えかけた古写真を陽光に透かしたり、拡大鏡をあててクローズアップするように、イメージを確かめるのですから、はっきりしなかったり、思い違いをしたり、ど忘れしたことも沢山あります。そのあいまいな個所を正確につかむためには、手許にある僅かばかりの文献や、資料を参考にしました。

しかしその文献、資料を参考にすることが、わたしにとっては曲者なんです。もとより歴史家でもなく、民俗学者でもない、一介のアマチュアのことですから、記録や資料を渉猟して、問題をひとつひとつ深く掘り下げるような研究をする柄でもありません。しかし参考資料を調べると、わたしはつい烏が孔雀の綺麗な羽根を装いたがるように、知ったかぶりのペダントリーを振りまわす危険があります。だからわたしはできるだけこれを避けたつもりです。しかしなおかつその臭みがありましたら、鼻をつまんでお見逃がし下さい。

はじめは軽く五十章ばかり書きましたが、その後連鎖反応でつぎつぎにあれもこれもと、丁度コレクターが蒐集品の多くなるに従って、だんだん熱をあげるように、古い記憶をたどって凡そ百六十章ばかりになりました。まだ不十分ですが、いちおうこのあたりでまとめることにしました。あらためて読みかえすと、長いもの、短いもの、くわしいもの、はしょったもの等さまざまですが、とにかくそのまま集録することにしました。これはどんなつまらないものでも、それが変り種ならば蒐集品のうちに収蔵するコレクターの心理につながるようです。

そんなわけでこの本の記述は正確に客観的な記録資料ではなく、時に現在の時点から回想して、その比較や、感慨を述べたりしたものもあって、主観的過ぎるきらいがないとは云えません。だからこれは「随筆・わたしの明治商売往来」と題すべきかもしれません。

わたしは決して明治をわがよき古き時代としてのみ、無批判に褒めたり、感傷的に懐かしがっているわけではありません。むしろ今にして思えばあの頃の生活は暗く、地味で、みすぼらしく、単調でした。それに引きかえ現代の庶民生活は、より明るく、より華やかに、より豪奢で、外面的には非常な進歩を遂げたことは確実です。しかしそれにも拘らず、今日の生活環境はあの頃と違って、空気もよごれ、水も濁り、そこに住む隣人たちはただ忙しく、騒々しく動きまわって、まったく人間性を喪失してしまっているありさまは、無惨というほかありません。そしてむかしの美しい伝統や、よい情緒が無理解のため、つぎつぎに廃棄されて、消え去るのを見ると、わたしはたまらなく侘びしい感じに打たれます。この本はわたしがすでに見失ってしまったふるさと・東京下町に捧げる望郷の歌なのです。

この本の刊行につき、特に永井龍男先生のご好意に満ちた序文をいただいて巻頭を飾ることができましたことは、望外の倖いだと存じます。

なおこの『明治商売往来』は昭和四十一年から和木清三郎さんの主宰する雑誌「新文明」に連載されたものを補筆し、さらに一半を新たに書き加えましたが、そのあいだ終始、東京の歴史研究会の萩原龍夫先生からご激励をいただきました。

それからこの本の出版につきましては、青蛙房主人岡本経一さんの一方ならぬご尽力をいただきました。おそらく岡本さんにめぐり逢わなければ、まとめ上げられなかったでしょう。

また挿絵については、故木村荘八氏、山本松谷氏御遺族の山本広路氏、川上澄生氏、金沢復一氏、白井正助氏、平野光雄氏、小野忠重氏その他の方々にご協力を得ました。

ここに銘記して皆様のご庇護を心から感謝いたします。

昭和四十三年十一月

仲田定之助

本書は一九六九年一月七日、青蛙房より刊行された『明治商売往来』を底本にした。

文庫化にあたり、明らかな誤植・誤字・脱字と思われるものはこれを正し、書名・シリーズ名には『　』を、雑誌名・作品名には「　」を付した。編集部で補った注は〈　〉で示した。難読と思われる字には編集部で新たにルビを付した。

また底本には表記の不統一や、現在では使用されない用字等が見られるが、文法的に正しくない表記でも原則的に底本どおりとした。今日の人権意識に照らして差別的と思われる表現や語句もあるが、本書の歴史的・資料的価値に鑑みてそのままとした。読者の御寛容を願いたい。

本文中の「いまの……」という地名表記はすべて底本刊行当時のものである。

（ちくま学芸文庫編集部）

ちくま学芸文庫

明治商売往来

二〇〇三年十二月十日　第一刷発行

著者　仲田定之助（なかだ・さだのすけ）

発行者　菊池明郎

発行所　株式会社　筑摩書房
東京都台東区蔵前二―五―三　〒一一一―八七五五
振替〇〇一六〇―八―四一二三

装幀者　安野光雅
印刷所　株式会社精興社
製本所　株式会社積信堂

ちくま学芸文庫の定価はカバーに表示してあります。
乱丁・落丁本及びお問い合わせは左記へお願いいたします。
筑摩書房サービスセンター
埼玉県さいたま市北区櫛引町二―六〇四　〒三三一―八五〇七
電話番号　〇四八―六五一―〇〇五三

ISBN4-480-08805-9 C0121